Q&A

知っておきたい

会計実務に携わる人のための会社法と会社実務

日本公認会計士協会東京会 編

税務経理協会

序　文

　平成18年5月に会社法が施行されてから，すでに7年の年月が経過しました。会社法の制定は，「会社法制の現代化」といわれ，会社法制に関する諸制度について体系的に一つの法典として再編成し，条文の現代語化が行われました。機関設計の多様化が認められる一方でコーポレート・ガバナンスを強化するための改正，組織再編においては，対価の柔軟化や三角合併が可能となるなど，経済社会の変化に柔軟に対応できるよう諸所の見直しが行われました。また，旧商法で本則に盛り込まれていた会社計算規定は法務省令に移行しました。

　また，会社法の施行後は，国際財務報告基準への対応による企業会計基準の改正や財務諸表等規則の改正に伴う会社計算規則の改正が何度も行われてきました。このうち，平成21年3月の会社計算規則の改正では，企業結合会計基準等における持分プーリング法が廃止されたことに対応した改正が行われました。また，平成23年3月の改正では，「会計上の変更及び誤謬の訂正に関する会計基準」の公表に伴う改正が行われました。会社法施行規則の改正もこの間に行われています。

　さらに，今般，会社法制部会で取りまとめられた「会社法制の見直しに関する要綱案」が平成24年9月7日の法制審議会の総会で承認され，「会社法制の見直しに関する要綱」として法務大臣に答申されています。

　この要綱では，監査・監督委員会設置会社の創設等の企業統治のあり方，多重代表訴訟制度の創設等の親子会社に関する規律の見直し，キャッシュ・アウト制度の見直し等のM&A・組織再編に関する規律の見直しが行われています。

　会社法は，企業行動の規範でもあり，企業会計に大きな影響を与えることも多く，会計実務に携わる人にとっては必須の知識です。

　そこで，本書では，会計実務に携わる人たちが知っておくべき会社法の基本的な論点を整理し，わかりやすくQ&A方式により解説しました。

　また，必要に応じて，旧商法における取扱いからの改正点を取り上げました。

一方で，単に会社法の説明にとどまらず，会計や税務上の留意点とも関連づけることも試みました。さらに，「会社法制の見直しに関する要綱」も取り上げて，改正検討事項について解説しました。

 本書が，会計実務に携わる方々にとって，会社法の知識の整理や実務の一助となれば幸いです。

 本書は，執筆，編集にあたった日本公認会計士協会東京会の出版委員会委員，研修出版部担当役員他関係各位の尽力により刊行されたものであり，心から感謝の意を表します。また，本書の刊行にあたってお世話になりました株式会社税務経理協会のご担当者諸氏に衷心より厚くお礼申し上げます。

 平成25年8月

日本公認会計士協会東京会
会長　柳澤　義一

執筆者一覧　平成23年度出版委員会委員（公認会計士）

第1章	矢澤　利弘	（Q1〜5）
	神足　勝彦	（Q6〜7）
第2章	神足　勝彦	（Q8〜9）
	長島　一郎	（Q10〜13）
	森川　智之	（Q14〜19）
	須田　博行	（Q20〜24）
第3章	伊藤　修平	（Q25〜28）
第4章	徳永　　剛	（Q29〜33）
	福田　秀幸	（Q34〜39）
	山本　孝之	（Q40〜45）
	大谷　泰彦	（Q46〜51）
	岡　　利樹	（Q52〜57）
第5章	中村　弘二	（Q58〜62）
第6章	髙橋　謙輔	（Q63〜65）
第7章	髙橋　謙輔	（Q66〜67）
	喜多　和人	（Q68〜73）
	奈良　　真	（Q74）
第8章	奈良　　真	（Q75〜78）
	綱野　寛之	（Q79〜82）
第9章	永井　寛章	（Q83〜86）
第10章	成田　礼子	（Q87〜91）
	髙畑　明久	（Q92〜93）
第11章	髙畑　明久	（Q94〜95）
	神足　勝彦	（Q96〜100）

目　次

序　文

第1章　総則・設立

- **Q1** 子会社の定義 …………………………………………………… 2
- **Q2** 会社の商号についての規制 …………………………………… 6
- **Q3** 設立の方法と手続 ……………………………………………… 9
- **Q4** 定款の記載事項 ………………………………………………… 12
- **Q5** 最低資本金制度の撤廃 ………………………………………… 18
- **Q6** 発起設立における払込金保管証明書制度 …………………… 20
- **Q7** 発行可能株式総数の設立時の取扱い ………………………… 24

第2章　株　式

- **Q8** 株主の権利 ……………………………………………………… 30
- **Q9** 株主平等原則 …………………………………………………… 32
- **Q10** 種類株式 ………………………………………………………… 35
- **Q11** 譲渡制限株式の譲渡に係る承認手続 ………………………… 45
- **Q12** 発行可能株式 …………………………………………………… 50
- **Q13** 金銭以外の財産の出資 ………………………………………… 54
- **Q14** 自己株式の取得 ………………………………………………… 59
- **Q15** 自己株式の処分 ………………………………………………… 67
- **Q16** 自己株式の消却 ………………………………………………… 69

Q17	子会社による親会社株式の取得 …………………… 70
Q18	株式の併合 ……………………………………………… 73
Q19	株式の分割 ……………………………………………… 75
Q20	株式無償割当て ………………………………………… 77
Q21	単元株制度 ……………………………………………… 80
Q22	募集株式の発行等 ……………………………………… 83
Q23	株券不発行制度 ………………………………………… 89
Q24	所在不明株主の株式売却制度 ………………………… 92

第3章　新株予約権

Q25	新株予約権制度 ………………………………………… 100
Q26	自己新株予約権 ………………………………………… 108
Q27	新株予約権の行使 ……………………………………… 112
Q28	新株予約権の開示 ……………………………………… 115

第4章　株式会社の機関

(1) 株主総会等

Q29	株式会社の機関設計 …………………………………… 120
Q30	株主総会の招集手続・方法 …………………………… 123
Q31	株主総会の招集地 ……………………………………… 126
Q32	株主総会の決議要件 …………………………………… 128
Q33	株主提案権 ……………………………………………… 131
Q34	総会検査役 ……………………………………………… 133

Q35	書面投票・電子投票 …………………………………… 135
Q36	種類株主総会 …………………………………………… 138
Q37	株主総会議事録………………………………………… 139
Q38	基　準　日 ……………………………………………… 140
Q39	株主総会決議事項……………………………………… 141

(2) 株主総会以外の機関

Q40	取締役の権限と責任 …………………………………… 146
Q41	取締役会の権限と決議事項 …………………………… 151
Q42	取締役会の書面決議 …………………………………… 154
Q43	取締役会議事録………………………………………… 157
Q44	特別取締役制度………………………………………… 160
Q45	取締役等の任期………………………………………… 162
Q46	取締役の競業取引，利益相反取引 ………………… 166
Q47	取締役の報酬規制 ……………………………………… 171
Q48	役員報酬に関する会社法上の開示 ………………… 174
Q49	内部統制システム …………………………………… 177
Q50	監査役の権限と責任 ………………………………… 184
Q51	監査役会制度…………………………………………… 188
Q52	会計参与 ………………………………………………… 191
Q53	会計監査人の欠格事由 ………………………………… 198
Q54	会計監査人の選任，解任，報酬 …………………… 201
Q55	会計監査人の権限と責任 …………………………… 204
Q56	委員会設置会社の概要 ……………………………… 207
Q57	役員の状況に関する事業報告上の開示 …………… 210

第5章 計　　算

- **Q58** 剰余金の分配可能額 …………………………………… 216
- **Q59** 剰余金の配当に係る取締役等の責任 ………………… 220
- **Q60** 臨時計算書類 …………………………………………… 223
- **Q61** 資本金の額の減少 ……………………………………… 226
- **Q62** 準備金の額の減少 ……………………………………… 234

第6章　事業報告，計算書類，連結計算書類，決算公告

- **Q63** 計算書類，連結計算書類 ……………………………… 240
- **Q64** 事 業 報 告 …………………………………………… 245
- **Q65** 決 算 公 告 …………………………………………… 251

第7章　定款の変更，事業の譲渡等，解散・清算

- **Q66** 定款変更の手続 ………………………………………… 256
- **Q67** 事後設立規制 …………………………………………… 257
- **Q68** 株式会社の解散 ………………………………………… 259
- **Q69** 株式会社の清算 ………………………………………… 262
- **Q70** 株式会社の清算に関する規制及び規定の合理化 …… 268
- **Q71** 清算中の株式会社の計算・公告 ……………………… 271
- **Q72** 清算中の株式会社の債務の弁済 ……………………… 274
- **Q73** 清算中の株式会社の残余財産の分配 ………………… 276
- **Q74** 特別清算手続 …………………………………………… 278

目　次

第8章　持分会社

- **Q75**　合同会社の概要……………………………………… 284
- **Q76**　持分会社の設立……………………………………… 287
- **Q77**　持分会社の社員……………………………………… 289
- **Q78**　持分会社の定款……………………………………… 293
- **Q79**　業務執行と社員の責任……………………………… 296
- **Q80**　持分会社の会計帳簿・計算書類の規定…………… 299
- **Q81**　利益の配当…………………………………………… 302
- **Q82**　合同会社の清算……………………………………… 305

第9章　社　　　債

- **Q83**　社債の発行…………………………………………… 312
- **Q84**　社債の譲渡…………………………………………… 316
- **Q85**　社債の銘柄統合……………………………………… 320
- **Q86**　新株予約権付社債…………………………………… 322

第10章　組織再編行為

- **Q87**　会社法における組織変更…………………………… 328
- **Q88**　対価の柔軟化………………………………………… 336
- **Q89**　略式組織再編………………………………………… 340
- **Q90**　簡易組織再編………………………………………… 343
- **Q91**　事業譲渡等…………………………………………… 347

- **Q92** 組織再編行為と株式買取請求権 ……………………… 352
- **Q93** 組織再編行為と新株予約権 …………………………… 356

第11章　会社法制の見直し

- **Q94** 取締役会の監督機能 …………………………………… 360
- **Q95** 監査役の監査機能 ……………………………………… 364
- **Q96** 支配株主の異動を伴う第三者割当てによる
  募集株式の発行等 ……………………………………… 368
- **Q97** 多重代表訴訟 …………………………………………… 372
- **Q98** 子会社少数株主の保護 ………………………………… 375
- **Q99** キャッシュ・アウト …………………………………… 377
- **Q100** 会社分割等における債権者の保護 …………………… 381

【資　料】

会社法制の見直しに関する要綱
（法務省法制審議会　平成24年９月７日） ……………………… 385

(利用上の注意)

　本書は，日本公認会計士協会東京会出版委員会の研究成果として公表するものであり，日本公認会計士協会の公式見解ではございません。
　記載内容の利用に伴い結果として発生した不利益については，日本公認会計士協会及び同東京会並びに当委員会では一切の責任を負いかねますので予めご承知おきください。

目　次

― 凡　例 ―

　法令等の略記は，下記によります。

民法：民
会社法：会
金融商品取引法：金商法
株式会社の監査等に関する商法の特例に関する法律：商法特例法
私的独占の禁止及び公正取引の確保に関する法律：独禁法
会社法施行規則：施規
会社計算規則：計規
法人税法施行令：法令
企業内容等の開示に関する内閣府令：開示府令
財務諸表等の用語，様式及び作成方法に関する規則：財務諸表等規則
企業会計基準第1号「自己株式及び準備金の額の減少等に関する会計
　　基準」：自己株式等会計基準
企業会計基準適用指針第9号「株主資本等変動計算書に関する会計基
　　準の適用指針」：「株主資本等変動計算書適用指針」
企業会計基準適用指針第10号「企業結合会計基準及び事業分離等会計
　　基準に関する適用指針」：企業結合適用指針
会社法制の見直しに関する要綱：要綱
会社法制の見直しに関する中間試案：中間試案
会社法制の見直しに関する中間試案の補足説明：中間試案補足説明

＜参照条文の略記＞
　会社法17①一　：会社法第17条第1項第1号

第1章

総則・設立

子会社の定義

Q1

子会社の定義について説明してください。

A

> ●ポイント●
>
> 子会社とは，財務及び営業又は事業の方針の決定を，他の会社によって支配されている法人です。実質的に株式会社の経営を支配しているものと認められる法人が親会社となります。

1　子会社の概念

　会社法上の「子会社」とは「会社がその総株主の議決権の過半数を有する株式会社その他の当該会社がその経営を支配している法人として法務省令で定めるもの」（会2三）をいいます。

　ここで「法務省令で定めるもの」とは「会社が他の会社等の財務及び事業の方針の決定を支配している場合における当該他の会社等とする」とされています（施規3①）。

　現行の会社法では，子会社の概念について，「財務及び事業の方針の決定を支配している」主体を「会社」として，株式会社に限定していません。そのため，合名会社，合資会社，合同会社によって支配されていてもよいことになります（会2一）。ただし，外国会社など，会社法上の会社以外のものによって，その経営が支配されている場合は，会社法上の子会社にはなりません。

　経営が支配されているかどうかについては，議決権の過半数という形式基準のみではなく，実質的に支配しているか否かという基準で判断します。この判断基準には，財務諸表等規則第8条第4項と実質的に同一の基準が採用されて

います。

　具体的に「財務及び事業の方針の決定を支配している場合」とは，次の(1)から(3)の場合をいいます。ただし，次に掲げる場合であっても，財務上又は事業上の関係からみて他の会社等の財務又は事業の方針の決定を支配していないことが明らかであると認められる場合は除かれます（施規3③）。

(1)	支配されるもの（子会社となるもの）の議決権の総数に対する会社（その子会社及び子法人等を含む）の計算において所有している議決権の数の割合が，100分の50を超えている場合。 　ただし，支配されるものが民事再生法の規定による再生手続開始の決定や会社更生法の規定による更生手続開始の決定，破産法の規定による破産手続開始の決定等を受け，有効な支配従属関係が存在しないと認められる場合は除かれます（施規3③一）。
(2)	支配されるものの議決権の総数に対する会社（その子会社及び子法人等を含む）の計算において所有している議決権の数の割合が100分の40以上であって，かつ，以下の①から⑤のいずれかの要件に該当する場合。 ①　自己所有等議決権数（会社と緊密な関係にある者等が所有する議決権数を加算した数）の割合が100分の50を超えている。 ②　支配されるものの取締役会その他これに準ずる機関の構成員の過半数を会社の役員・使用人等が占めている。 ③　会社が支配されるものの重要な財務・事業の方針の決定を支配する契約が存在する。 ④　支配されるものの資金調達額（負債）の総額に対する会社が行う融資（会社と緊密な関係を有する者が行うものを含む。）の割合が100分の50を超えている。 ⑤　その他会社が支配されるものの財務・事業の方針の決定を支配していることが推測される事実が存在する。 　ただし，支配されるものが破産手続開始の決定等を受け，有効な支配従属関係が存在しないと認められる場合を除きます（施規3③一）。
(3)	支配されるものの議決権の総数に対する自己所有等議決権数の割合が100分の50を超え，かつ，上記(2)の②から⑤のいずれかの要件に該当する場合。 　ただし，支配されるものが破産手続開始の決定等を受け，有効な支配従属関係が存在しないと認められる場合を除きます（施規3③一）。

2 旧商法の概念

　会社法施行前は子会社，親会社の概念がどのようになっていたのかを見てみましょう。平成18年の会社法施行前の旧商法及有限会社法においては次のようになっていました。

　旧商法第211条ノ2では「他ノ株式会社ノ総株主ノ議決権ノ過半数又ハ他ノ有限会社ノ総社員ノ議決権ノ過半数ヲ有スル会社（以下親会社ト称ス）ノ株式ハ左ノ場合ヲ除クノ外其ノ株式会社又ハ有限会社（以下子会社ト称ス）之ヲ取得スルコトヲ得ズ」と定められていました。つまり，株式会社が，他の株式会社又は他の有限会社の議決権の過半数を有する場合の当該他の株式会社又は他の有限会社が「子会社」，過半数の議決権を有する株式会社が「親会社」だと規定されていたわけです。

　また，有限会社法第24条第1項は旧商法第211条ノ2を準用していました。つまり，有限会社が，他の株式会社又は他の有限会社の議決権の過半数を有する場合の当該他の株式会社又は他の有限会社が「子会社」であり，過半数の議決権を有する有限会社が「親会社」であるとされていました。

　このように，子会社，親会社として対象となる法人は株式会社及び有限会社のみであり，判定要件は議決権の過半数という形式基準によっていたわけです。

3 子会社の概念の見直し

　それではなぜ，子会社の概念が見直されたのでしょうか。概念の見直しのポイントは，①子会社，親会社として対象となる法人は株式会社及び有限会社に限定しておくのが妥当であるのか否か，そして，②判定要件は議決権の過半数という形式基準だけでよいのかという点です。

　それでは，まず，旧商法において，子会社，親会社に関連する規定にはどのようなものがあったのかを見ておくことにしましょう。主要な規定には以下のようなものがありました。

社外取締役の要件（旧商法第188条第2項七ノ2）	前項ノ登記ニ在リテハ左ノ事項ヲ登記スルコトヲ要ス　取締役ガ其ノ会社ノ業務ヲ執行セザル取締役ニシテ過去ニ其ノ会社又ハ子会社ノ業務ヲ執行スル取締役，執行役又ハ支配人其ノ他ノ使用人トナリタルコトナク且現ニ子会社ノ業務ヲ執行スル取締役若ハ執行役又ハ其ノ会社若ハ子会社ノ支配人其ノ他ノ使用人ニ非ザルモノナルトキハ其ノ旨
子会社による親会社株式の取得の禁止（同第211条ノ2）	他ノ株式会社ノ総株主ノ議決権ノ過半数又ハ他ノ有限会社ノ総社員ノ議決権ノ過半数ヲ有スル会社（親会社）ノ株式ハ左ノ場合ヲ除クノ外其ノ株式会社又ハ有限会社（子会社）之ヲ取得スルコトヲ得ズ 一　株式交換，株式移転，会社ノ分割，合併又ハ他ノ会社ノ営業全部ノ譲受ニ因ルトキ 二　会社ノ権利ノ実行ニ当リ其ノ目的ヲ達スル為必要ナルトキ
監査役の調査権（同第274条ノ3）	親会社ノ監査役ハ其ノ職務ヲ行フ為必要アルトキハ子会社ニ対シ営業ノ報告ヲ求メ又ハ子会社ノ業務及財産ノ状況ヲ調査スルコトヲ得

　それぞれの規定の趣旨を考えると，まず，①対象となる法人を株式会社及び有限会社に限定する合理的な理由はなく，合名会社，合資会社，合同会社を加えてもよいと考えられます。

　また，②単に議決権の過半数であるか否かという形式的基準だけで判定するよりも，実質的支配関係の有無によって判断するほうが適当であると考えられます。

　さらに，旧商法においても，連結計算書類を作成する株式会社においては，「監査役は，連結計算書類に関する職務を行うため必要があるときは，連結子会社に対して会計に関する報告を求め，又は連結子会社の業務及び財産の状況を調査することができる」（商法特例法19の3）との規定が追加されるなどの修正が加えられました。そこで，子会社の概念が見直されることになったわけです。

　現行の子会社の判定基準は，会社法制定前の「議決権の過半数保有」という議決権数の割合だけに着目した形式基準ではなく，実質的基準が採用されています。これは，会社法制定前から存在した証券取引法（現在の金融商品取引

法）に基づく財務諸表等の用語，様式及び作成方法に関する内閣府令の子会社の判定基準を実質的にそのまま採用したものだということができます。

会社の商号についての規制

Q2

会社の商号についての規制について説明してください。

A

> ●ポイント●
>
> 会社は原則として商号を自由に決めることができますが，会社の種類に従って，商号中に株式会社，合名会社，合資会社，合同会社の文字を用いなければならなかったり，不正の目的をもって，他の商人や他の会社であると誤認されるおそれのある名称又は商号を使用してはならないなどの規制があります。

1　商号の選定と制限

　商号とは，商人が営業を行う際に，自己を表示するために使用する名称をいいます。会社を設立するためには，何らかの名称を付けることが必要です。その名称は定款に記載され，登記されます。会社法は，会社について，その名称が商号であるとしています（会6①）。

　それでは，商号をまったく自由に決めてしまってもよいのでしょうか。会社は原則として商号を自由に決めることができますが，商号の中にその会社の種類に従って，それぞれ株式会社，合名会社，合資会社又は合同会社の文字を用いる必要があります（会6②）。また，会社は，商号の中に他の種類の会社で

あると誤認されるおそれのある文字を用いることはできません（会6③）。一方，会社でなければ，名称や商号の中に会社と誤認されるおそれのある文字を用いることはできません（会7）。

従来は，同一市町村区において類似商号の会社が存在している場合，同一の営業のために当該商号を使用して会社を設立することは認められませんでした。しかし，会社法の制定により，この制限が撤廃されました。ただし，商号の登記は，その商号が他人の既に登記した商号と同一であり，かつ，その本店の所在場所が当該他人の商号の登記に係る本店の所在場所と同一であるときはすることができないことになっています（商業登記法27）。

2　不正競争の防止

旧商法の第20条では，第1項で，「商号ノ登記ヲ為シタル者ハ不正ノ競争ノ目的ヲ以テ同一又ハ類似ノ商号ヲ使用スル者ニ対シテ其ノ使用ヲ止ムベキコトヲ請求スルコトヲ得但シ損害賠償ノ請求ヲ妨ゲズ」と規定し，第2項で，「同市町村内ニ於テ同一ノ営業ノ為ニ他人ノ登記シタル商号ヲ使用スル者ハ不正ノ競争ノ目的ヲ以テ之ヲ使用スルモノト推定ス」と規定していました。そのため，同一市町村内で同一の営業のために他人の登記した商号を使用した者は，不正競争のためにその商号を使用しているとの推定が働いていました。

これに対して，会社法には，この旧商法第20条に相当する規定がありません。それでは，不正競争の目的で同一又は類似の商号を使われた会社は保護されないのでしょうか。

この点，会社法は，何人も不正の目的をもって，他の会社であると誤認されるおそれのある名称又は商号を使用してはならない（会8①）との規定を設けており，この規定に違反する名称又は商号の使用によって営業上の利益を侵害され，又は侵害されるおそれがある会社は，その営業上の利益を侵害する者又は侵害するおそれがある者に対し，その侵害の停止又は予防を請求することができます（会8②）。

また，他人の商号等として需要者の間に広く認識されているものと同一若しくは類似の商号等を使用し，又はその商号等を使用した商品を譲渡するなどして，他人の商品又は営業と混同を生じさせる行為をした者に対しては，差止め

（不正競争防止法3，2①一）及び損害賠償請求（同法4，5，2①一）を行うことができることになっています。

3　他人への商号使用を許諾した場合の責任

自己の商号を使用して事業又は営業を行うことを他人に許諾した会社は，当該会社が当該事業を行うものと誤認して当該他人と取引をした者に対し，当該他人と連帯して，当該取引によって生じた債務を弁済する責任を負います（会9）。

4　使用できる文字

商号は，会社の名称として登記する必要がありますが，漢字，ひらがな，カタカナのほか，ローマ字その他の符号を用いることができます（商業登記規則50）。法務省のウェブサイト（http://www.moj.go.jp/MINJI/minji44.html，平成25年7月31日確認）によれば，具体的には以下のとおりです。

商号の登記に用いることができる符号には(1)ローマ字（大文字及び小文字），(2)アラビヤ数字，(3)「＆」（アンパサンド），「'」（アポストロフィー），「,」（コンマ），「-」（ハイフン），「.」（ピリオド），「・」（中点）です。ただし，(3)の符号は，字句（日本文字を含む）を区切る際の符号として使用する場合に限り用いることができます。したがって，会社の種類を表す部分を除いた商号の先頭又は末尾に用いることはできません。ただし，「.」（ピリオド）については，その直前にローマ字を用いた場合に省略を表すものとして商号の末尾に用いることもできます。なお，ローマ字を用いて複数の単語を表記する場合に限り，当該単語の間を区切るために空白（スペース）を用いることもできます。

また，会社には，商号中に使用が義務付けられている文字（例えば，株式会社，合名会社等）を用いなければならないので（会6②），「株式会社」を「K.K.」，「Company Incorporated」，「Co., Inc.」，「Co., Ltd.」などに代えて登記することはできません。

設立の方法と手続

Q3

株式会社の設立の方法とその手続について説明してください。

A

●ポイント●

株式会社の設立には発起設立と募集設立があります。株式会社を設立するためには，基本事項の決定，定款の作成と認証，資本金の払込み，設立登記といった手続が必要となります。

1　設 立 手 続

　株式会社の設立に当たっては，濫用的な設立を防止し，第三者からその存在を明らかにできるように一定の手続が要求されています。
　株式会社の設立方法には発起設立と募集設立があります。

発起設立	発起人が設立時発行株式の全部を引き受けて会社を設立する方法（会25①一）
募集設立	発起人が設立時発行株式を引き受けるほか，残りの設立時発行株式を引き受ける者を募集して会社を設立する方法（会25①二）

　この両者の方法で設立の手続が異なることになります。以下，それぞれを見ていくことにしましょう。

(1)　発 起 設 立

　発起設立の場合，次の手続を経ることになります。

1	発起人が会社の設立を決意する。
2	定款を作成する（会26）。
3	公証人から定款の認証を受ける（会30①）。
4	発起人が株式を引き受ける（会25②）。
5	発起人が出資を履行する（会34）。
6	一定事項について裁判所による検査を受ける（会33）。
7	設立時役員などを選任する（会38～41）。
8	一定事項について設立時役員などが検査する（会46）。
9	設立登記申請を行う（会49）。
10	設立登記の完了により会社が成立する。

(2) **募 集 設 立**

　募集設立では，発起人以外の者が株式を引き受けるため，その者の保護のために，発起設立に比較して複雑な手続が必要になります。募集設立の場合の手続は，以下のとおりです。

1	発起人が会社の設立を決意する。
2	定款を作成する（会26）。
3	公証人から定款の認証を受ける（会30①）。
4	発起人が株式を引き受ける（会25②）。
5	発起人が出資を履行する（会34）。
6	一定事項について裁判所による検査を受ける（会33）。
7	募集設立によること及び関連事項を決定する（会57，58）。
8	引き受けようとする者へ通知する（会59①）。
9	引受けの申込みを行う（会59③，④）。
10	発起人が申込者へ割当てを行う（会60①）。
11	8から10の代わりに，引き受けようとする者と総数引受契約を締結する（会61）。
12	引受人を確定する（会62）。

13	引受人による払込み（会63）。
14	創立総会を招集する（会65）。
15	創立総会を開催する（会67）。
16	発起人が創立総会で会社の設立に関する事項を報告する（会87）。
17	創立総会で設立時役員などを選任する（会88）。
18	一定事項について設立時役員などが検査する（会93①）。
19	設立時取締役が検査事項を創立総会で報告する（会93②）。
20	創立総会で定款変更などその他の決議を行う（会73④）。
21	設立登記申請を行う（会49）。
22	設立登記の完了により会社が成立する。

2　定款の作成と認証

　株式会社を設立するためには，まず，会社の根本規則である定款を作成しなければなりません（会26）。会社設立時に作成された定款を「原始定款」といいます。作成した定款は公証役場で公証人から認証を受ける必要があります。原始定款は利害関係人であれば，認証を行った公証人役場で閲覧・謄本請求することができます。公証人役場での原本の保存期間は20年間です。定款にどのような事項を記載することになるのかについては **Q4** で詳しく見ていくことにします。

3　機関の決定

　発起設立の場合，発起人は，会社を設立した時に取締役となる予定の者を設立時取締役として選任する必要があります。また，募集設立の場合，設立時取締役を創立総会で選任する必要があります。

　なお，機関設計に応じて会計参与，監査役，会計監査人も同様に選任します。選任は発起人の議決権の過半数をもって決します。各設立時取締役などについては，登記の際の添付書類として，選任及び選任を受諾した旨の書面が必要となります。また，取締役会設置会社であれば，代表取締役も選任することにな

ります。

4　設立登記

　以上のような手続を経て、本店所在地の法務局において設立の登記を行います。登記によって会社が成立しますが、登記申請の受理日が設立日となります。登記が完了すれば、株式会社が株主から独立した法人格を有する法人として認められることになります。

定款の記載事項

Q4

　定款にはどのような事項を記載することになるのでしょうか。説明してください。

A

●ポイント●

　定款には絶対的記載事項、相対的記載事項、任意的記載事項があります。現行法では定款による自治が広く認められています。

1　定款の記載内容

　定款とは、会社の目的、組織、活動に関して定めた根本規則をいいます。会社を設立する場合には、必ず定款を定める必要があります（会26）。定款は会社にとっての自治規定であり、定款の一部は商業登記簿に登記され、誰でもこれを閲覧することができます。

　定款に記載する事項には大別して、

第1章　総則・設立

① 定款に必ず記載しなければならない事項（絶対的記載事項）
② 記載しなくてもよいですが，定款に記載しなければ効力が生じない事項（相対的記載事項）
③ 定款に記載しなくてもよいし，定款外において定めても当事者を拘束する事項（任意的記載事項）

の3つがあります。それでは，この3つをみていくことにしましょう。

2　絶対的記載事項

　定款の絶対的記載事項とは，定款に必ず記載しなければならず，記載しなければ定款が無効になってしまう事項のことをいいます（会27，37①，98，113①）。具体的には，

① 目　　的
② 商　　号
③ 本店の所在地
④ 設立に際して出資される財産の価額又はその最低額
⑤ 発起人の氏名又は名称及び住所
⑥ 発行可能株式総数

があげられます。

3　相対的記載事項

　定款の相対的記載事項とは，必ずしも定款に記載しなくてもよいのですが，定款に記載しなければ効力を有しない事項のことをいいます（会28，29，107②，108②，③，214等）。例えば，①設立に際して発行する株式の種類，数及びその割当てに関する事項，②発起設立の場合の設立時の取締役等，③変態設立事項，④株式の内容に関する事項，⑤株券の発行，⑥取締役会を設置しない株式譲渡制限会社において総会の招集期間をさらに短縮すること，⑦株式譲渡制限会社において取締役の任期を伸長すること，⑧株式譲渡制限会社において監査役の監査の範囲を会計に関するものに限定すること，⑨公告の方法を官報と異にする場合の公告方法，⑩株主権行使の基準日を特定の日に設定すること，などがあげられます。

特に変態設立事項については，濫用される危険があるため，定款に記載させ，かつ原則として裁判所の選任する検査役による調査が必要です。変態設立事項とは次の4つの事項をいいます。

現物出資	株式会社における出資は金銭で行うのが原則ですが，発起人に限り金銭以外の現物で出資することができます。現物出資をするときは，出資者の氏名・名称，出資される財産及びその価額，その者に対して割り当てられる株式の数（種類株式を発行するときは種類及び種類ごとの数）を定款に記載しなければなりません（会28一）。
財産引受	発起人が設立中の会社のために，会社の設立を条件として特定の者から一定の財産を譲り受ける契約を結ぶことをいいます。これを行うときは，当該財産及びその価額並びに譲渡人の氏名・名称を定款に記載しなければなりません（会28二）。
発起人の報酬・特別利益	会社設立に貢献した発起人の功労に報いるために，発起人に報酬その他の特別利益を与えることができますが，その場合には，報酬の額その他特別利益の内容及びそれを受ける発起人の氏名・名称を定款に記載しなければなりません（会28三）。
設立費用	成立後の会社の負担とする設立費用の額は定款に記載し，かつ検査により不当と認められなかった範囲で会社の負担とすることができます（会28四）。

4 任意的記載事項

　定款の任意的記載事項とは，絶対的記載事項でも相対的記載事項でもない事項で，定款に記載しなくともよいし，定款外において定めても当事者を拘束する事項のことをいいます（会29）。

　例えば，実務においては，事業年度や決算期などは定款に記載することが多いですが，法律上，定款に記載することが要求されているわけではありません。

　ただし，いったん定款に記載された以上，これらの事項を変更するためには，株主総会決議によって定款を変更する必要があります。

5　定款による自治

　旧商法では，株式会社の機関設計について，会社の規模によって機関設計の選択肢が限定されていました。これに対し，会社法では，最低限のルール以外の部分については会社が自由に機関設計できるようになり（会326～328），また，機関設計以外においても，非公開会社においては特に広く定款自治が認められるようになりました。主な定款自治の例としては次のようなものがあげられます。

■主な定款自治の例

項　目	内　容	条　文
発行可能株式数	非公開会社については4倍制限がない。	会113③但書
株主総会の招集通知期間	通常非公開会社において株主総会の日の1週間前までと定められている株主総会の招集通知を，取締役会非設置会社においては定款で定めることにより期間を短縮することが可能。	会299①
株主による株主総会の招集の請求	少数株主による招集請求の要件である議決権比率（3％）及び保有期間（6ヵ月）を定款規定で引き下げることができる。	会297①
	なお，非公開会社においてはもともと保有期間を要しないとされている。	会297②
株主総会決議要件	株主総会決議において必要な賛成の割合も，定款で定めることにより変更することができる。（ただし，基本的には，要件を加重する方向にしか変更できない。）	会309
会計参与，監査役などの設置	取締役会，会計参与，監査役，監査役会，会計監査人又は委員会は，一定のルールの下，定款に定めることにより設置することができる。	会326②

取締役の資格	非公開会社においては，株主以外の者は取締役になることができないとすることができる。	会331②
取締役，監査役，会計参与の任期	委員会設置会社以外の非公開会社においては，取締役及び会計参与の任期は2年，監査役は4年が原則であるが，定款で定めることによりいずれも最長10年までとすることができる。	会332①，②，334①，336①，②
取締役の業務執行	取締役の業務執行の内容については，定款で定めることができる。	会348①
監査役の権限	監査役会設置会社及び会計監査人設置会社以外の非公開会社においては，監査役の監査の範囲を会計に関するものに限定するように，定款で定めることができる。	会389①
少数株主権の要件緩和	議決権の100分の3以上を有する株主は，株式会社の営業時間内であればいつでも会計帳簿などを閲覧する権利があるが，この割合を下げることを定款で定めることができる。	会433①

6 設立前の定款の変更

　公証人の認証を受けた後，設立前の定款の変更は発起設立の場合と募集設立の場合で範囲と手続が異なります。

(1) 発起設立の場合

　発起設立の場合の定款変更は，公証人の認証を受けた後は，変態設立事項について裁判所が不当と認めたとき（会33⑦，⑨）と，発行可能株式総数を定めていない場合に発起人の全員の同意をもって定めるとき又は発行可能株式総数について既に定めがある場合にそれを変更するとき（会37①，②）に限定されています（会30②）。

　変態設立事項については，濫用される危険があるため，定款に記載させ，原

則として裁判所の選任する検査役による調査を受けさせることにしています（会33①）。定款に変態設立事項が含まれているときは、発起人は公証人の認証を得た後に遅滞なく、当該事項を調査させるために裁判所に対して検査役の選任の申立てをしなければなりません（会33①）。

検査役は必要な調査を行い、調査の結果を記載した報告書又は電磁的記録を裁判所に提出し、同様の書面又は電磁的記録を発起人にも提供しなければなりません（会33④、⑥）。検査役の検査を受けた裁判所は、変態設立事項に関する定款の定めに不当と認める事項があるときは、これを変更する決定をし（会33⑦）、発起人に通知することになります。裁判所の変更の決定に不服がある発起人は、変更決定の確定後1週間以内に限り、株式の引受けを取り消すことができます（会33⑧）。また、変態設立事項の全部又は一部が裁判所によって変更された場合、変更決定確定後1週間以内に限り、発起人全員の同意により裁判所が変更した事項についての定めを廃止する定款の変更をすることができます（会33⑨）。

次に、発起人は、株式会社は発行することができる株式の総数（発行可能株式総数）を定款で定めていない場合には、株式会社の成立の時までに、その全員の同意によって定款を変更して発行可能株式総数の定めを設けなければなりません（会37①）。また、発行可能株式総数を定款で定めている場合、発起人は株式会社成立の時までに、その全員の同意によって、発行可能株式総数についての定款の変更をすることができます（会37②）。

(2) 募集設立の場合

発起人は募集株式の払込期日又はその期間の初日のうち早い日以降は定款の変更をすることはできません（会95）。しかし、創立総会においては、その決議によって定款の変更をすることができます（会96）。

最低資本金制度の撤廃

Q5

会社法では，株式会社の最低資本金規制が撤廃されたそうですが，これについて説明してください。

A

●ポイント●

平成2年の商法改正で導入された株式会社の最低資本金1,000万円の規制は廃止され，1円の出資金でも株式会社の設立は可能です。

1 最低資本金制度

　現行の会社法では，株式会社の設立時に最低資本金規制を設けておらず，出資額を1円とすることも可能です。

　旧商法では，株式会社の最低資本金は1,000万円とされていました（旧商法168ノ4）。これは株式会社の債権者を保護するためのものでした。株式会社は株主から独立した法人であるため，株式会社の債権者は原則として株主に対して支払を要求することはできません。そこで，株主から株式会社に対して最低でも1,000万円が出資されていることを確保し，債権者を保護しようとしたわけです。

　このような最低資本金制度があれば，株式会社に対して最低でも1,000万円の出資がなされることになります。しかし，いったん最低1,000万円の出資がなされたとしても，会社が純損失を計上すれば，その資本金相当額は目減りしていくことになります。そのため，制度が形骸化しているだけではなく，ある程度まとまった元手がなければ，株式会社を設立することができないことから，

起業の妨げであると批判されてきました。

そこで，株式会社の現在の財産が適切に開示されていれば債権者の保護は可能であると考えられることから，最低資本金制度は廃止されたわけです。

2　会計実務上の留意点

会社法では，創立費を資本金又は資本準備金から減額することが可能とされています（計規43①三）。しかし，創立費は，株主との間の資本取引によって発生するものではないことから，会計基準では，創立費を支出時に費用として処理（支出時に費用として処理しない場合には，これまでと同様，繰延資産に計上）することとしています（「繰延資産の会計処理に関する当面の取扱い」企業会計委員会実務対応報告第19号）。

3　会社設立に必要な最低限の費用

会社法においては，設立時の出資額の最低額が定められていませんので，出資額を1円とすることもできます。ただし，会社設立のためには，諸々の費用が発生するため，1円だけで会社が設立できるわけではありません。それでは，実務上どのぐらいの費用が必要なのでしょうか。会社法の規定と旧商法において設立時に必要となる最低金額を比較してみましょう。

	旧　商　法	会　社　法
最低出資額	1,000万円	1円
定款についての公証人の認証に当たっての認証手数料（公証人手数料令第35条）	5万円	5万円
公証人が保存する定款原本についての印紙税（印紙税法別表第1第6号）（電子公証制度を利用した場合は不要）	4万円	4万円
登録免許税（登録免許税法別表第1第24号(1)イ）	15万円	15万円
払込取扱機関の保管証明発行手数料	2万5000円程度（金融機関によって異なっていました）	不要

以上の表のように，実際は1円だけで株式会社が設立できるわけではないものの，会社を設立して起業するための最低限の費用は大幅に下がったということができます。

《参考文献》
『一問一答　新・会社法〔改訂版〕』相澤哲著，商事法務，平成21年
『新版会社法要説』田邊光政著，税務経理協会，平成18年
『会社法コンメンタール1　総則・設立(1)』江頭憲治郎編，商事法務，平成20年
『なるほど図解　会社法のしくみ』今津泰輝，中央経済社，平成24年
『起業から1年目までの会社設立の手続と法律・税金』須田邦裕・出澤秀二，
　日本実業出版社，平成17年

発起設立における払込金保管証明書制度

Q6

発起設立における払込金保管証明制度について説明してください。

A

●ポイント●

　設立時における払込金保管証明制度とは，設立に際して行われた払込みの事務を取り扱う機関が，発起人等の請求に応じて払い込まれた金銭の額を証明する義務を負い，当該証明について一定の責任を負う制度です。
　ある時点の残高を証明するに過ぎない単なる残高証明ではなく，「払込みがあったことを証する書面」が必要とされています。

1 設立時における払込金保管証明制度とは

　株式会社の設立登記に際しては,「払込みがあったことを証する書面」が設立登記の申請書の添付書面とされており,そのうち募集設立の場合には,払込金保管証明書が必要であるとされています（商業登記法47②五）。設立時における払込金保管証明制度とは,設立に際して行われた払込の事務を取り扱う機関が,発起人等の請求に応じて払い込まれた金銭の額を証明する義務を負い,当該証明について一定の責任を負う制度です。

2 会社法での取扱い

　株式会社の設立の方法には,発起設立と募集設立があります。

発起設立	発起人が設立時発行株式の全部を引き受けて会社を設立する方法（会25①一）
募集設立	発起人が設立時発行株式を引き受けるほか,残りの設立時発行株式を引き受ける者を募集して会社を設立する方法（会25①二）

　会社法においては,募集設立については,発起人は払込みの取扱いをした銀行等に対して,払い込まれた金額に相当する金銭の保管に関する証明書である株式払込金保管証明書の交付を請求することができる（会64）とされています。
　しかしながら,発起設立については,金融機関で払込みを行う旨の規定（会34②）はありますが,保管証明書に関する規定はないことから,設立に際して払込みの事務を取り扱う機関に対して払込金保管証明を行う義務を課していないことになります。
　その結果,発起設立の場合は,銀行口座の残高証明等の任意の方法によって,設立に際して払い込まれた金銭の額を証明することにより,設立手続を行うことができるようになっています。
　会社法では,このように,発起設立の場合と募集設立の場合とで規律に差異を設けていますが,これは,次のような理由によるものです。

① 株式会社の設立手続の遂行主体である発起人のみが出資者である場合には，出資者自身が，その出資された財産の保管に携われることから，特段の措置を設ける必要がないこと
② 設立手続の遂行主体でない者が出資をする場合であって，かつ出資の対象である株式会社がいまだ法主体としては成立していない状況にある募集設立においては，出資者が出資した財産の保管状況を明らかにする払込金保管証明制度を維持することが相当であること

(「立案担当者による新・会社法の解説」別冊商事法務No.295，18ページ）

この結果，発起設立においては，払込金保管証明書が不要とされています。

3　実務上の取扱い

上記のとおり，発起設立の場合には，払込金保管証明制度が廃止されたため，発起設立により株式会社を設立する場合には，払込取扱金融機関に対する株式払込金保管証明書の交付請求権が存しないことから，設立登記の申請の添付書類として，株式払込金保管証明書は要求されておらず，それ以外の「払込みがあったことを証する書面」でよいこととされています。

具体的には，「会社法の施行に伴う商業登記事務の取扱いについて」（平成18年3月31日付け法務省民商第782号法務局長，地方法務局長あて法務省民事局長通達）においては，「会社法第34条第1項の規定による払込みがあったことを証する書面」として，
(1) 払込金受入証明書（別紙1）
(2) 設立時代表取締役又は設立時代表執行役の作成に係る払込取扱機関に払い込まれた金額を証明する書面に
　① 払込取扱機関における口座の預金通帳の写し
　又は
　② 取引明細表その他の払込取扱機関が作成した書面
のいずれかを合てつしたものでも足りる，とされています（同通達第2部第1の2(3)オ）。

別紙1

(別紙)

| 使用区分 (○印) | 会社法人用・登記用 |

払込金受入証明書

払 込 金 額	
法 人 名	
証明書発行の目的	☐ 株式会社　　　　（発起設立　　募集株式） ☐ 新株予約権　　　（募集　　　　行使） ☐ 合同会社　　　　（設立　　　　社員の加入） ☐ 投資法人　　　　（募集投資口） ☐ 有限責任事業組合（設立　　　　社員の加入） ☐ その他（　　　　　　　　　　　　　　　）
摘　　　要	

　当行は、払込取扱場所として、その払込事務を取扱い、上記のとおり払込金を受け入れたことを証明します。
　　　　平成　　年　　月　　日

　　　　証明者　　所 在 地
　　　　　　　　　銀行名・店名　　　　　　　　　　　印
　　　　　　　　　代 表 者

注　1．この証明書は、払込期日・期限以後（当日を含む）の日をもって2通
　　　（会社法人用・登記用）作成し、当該会社・法人に交付する。
　　2．払込金額はチェックライター等により記入する。
　　3．目的欄の該当にレ点を付すとともに、設立等の該当個所に○を付す。
　　　なお、目的欄に該当しない払込金を受け入れる場合には、「その他」に目
　　　的を記載する。

(B 5判)

（注）　法務省ウェブサイト「会社法の施行に伴う商業登記事務の取扱いについて」
　　　より作成。

発行可能株式総数の設立時の取扱い

Q7

発行可能株式総数の設立時の取扱いについて説明してください。

A

●ポイント●

発行可能株式総数は，会社が発行することができる株式の総数であり，発行可能株式総数は定款の絶対的記載事項です。ただし，発行可能株式総数は，株式会社の設立に際し，定款作成時（公証人の認証を受ける時点）に定める必要はなく，設立手続の完了時までに定款に定めればよいこととされています。

1　発行可能株式総数の設立時定款への記載

設立に際して最初に作成する定款には，目的，商号，本店の所在地，設立に際して出資される財産の価額又はその最低額，発起人の氏名又は名称及び住所を記載しなければなりません（会27）が，発行可能株式総数の記載は必要とされていません。旧商法では，設立に際して発行される株式の総数が定款に記載されていましたが，出資される財産の総額のいかんにかかわらず，設立に際して発行する株式のみが先に定まるべきこととすると，設立手続を硬直化させるおそれがあるとの指摘がありました。

そこで，会社法においては，発行可能株式総数は，株式会社が成立するまでの間に定款を変更することにより定めることができ，また，一度定めた発行可能株式総数についても，設立時発行株式の引受状況や失権状況を見極めながら，株式会社が成立するまでの間に，定款を変更してその数を変更することができ

るようになっています。

　具体的には，発起設立の場合には発起人全員の同意により，募集設立の場合には創立総会の決議により，発行可能株式総数を定め，又は，その数を変更することができることとされています（会37①，②，96，98）。

2　発行可能株式総数の上限及び下限

　設立の過程において，公開会社である株式会社が発行することができる発行可能株式総数については，設立時発行株式の総数が発行可能株式総数の4分の1を下回ることができないとなっています（会37③）。

　ただし，非公開会社では，いわゆる4倍制限（発行可能株式総数が発行済株式総数の4倍を超えないこと）の制約はなく，発行済株式総数とは無関係に発行可能株式総数を設定することが可能となっています（会37③但書）。この取扱いは，平成13年の商法改正で既に株式譲渡制限会社については，会社の設立の際に発行する株式の総数が授権株式数の4分の1を下回ることができないという制限が廃止され，かつ，授権株式数を発行済株式数の4倍を超えて増加することができないという制限が撤廃されており，会社法でもそのまま引き継がれているものです。

3　実務上の取扱い

　発起設立の場合の発起人全員の同意による定款変更や，募集設立の場合の創立総会決議に係る手間を考えると，発行可能株式総数が決まっている場合には，原始定款において発行可能株式総数を定めておくことが望ましいと考えられます。

　また，非公開会社においては，発行可能株式総数を発行済株式数の4倍を超えて設定することも可能ですので，将来的に定款の変更なしに増資する可能性を想定して発行可能株式総数を決めておくこともできます。

　なお，定款の記載例として旧商法と会社法とでは以下のように見直しがされているのが一般的となります。「但し書き」が削除されたのは，旧商法では，自己株式の消却に際して，消却した株式数が発行済株式総数並びに発行可能株式総数から減少されるという登記上の取扱いに関連して設けていることが多

かったものですが，会社法のもとでは，株式の消却・併合が行われた場合，当然には当該株式会社の発行可能株式総数には影響を与えないものとされているためです。ただし，現行会社法においても，定款で旧商法の但し書きのような規定を設けることが可能であり，設けた場合には有効であると解されています。

旧　商　法	会　社　法
第2章　株式 （発行する株式の総数） 第○条　当会社が発行する株式の総数は，○○○万株とする。ただし，株式の消却が行われた場合には，これに相当する株式数を減ずる。	第2章　株式 （発行可能株式総数） 第○条　当会社の発行可能株式総数は，○○○万株とする。

4　会社法制の見直しに関する要綱

　上記のとおり，現行の会社法では，公開会社の設立時発行株式の総数は，発行可能株式総数の4分の1を下ることができないものとされています（会37③）。

　他方で，新設合併等における設立株式会社（新設合併設立株式会社，新設分割設立株式会社又は株式移転設立完全親会社）の設立においては，この規定の適用は除外されています（会814①）。また，現行法では，公開会社でない株式会社が定款の変更により公開会社となる場合についても，いわゆる4倍規制を定める規定はありません。

　しかしながら，上記の設立株式会社の設立の場合及び公開会社でない株式会社が公開会社となる場合のいずれについても，既存株主の持株比率が低下することについての歯止めが必要であると考えられます。そこで，平成24年9月7日の法制審議会の総会において承認された「会社法制の見直しに関する要綱」では，以下のようにこれらの場合もいわゆる4倍規制を及ぼすこととされています。

・公開会社でない株式会社が定款を変更して公開会社となる場合には，当該定款の変更後の発行可能株式総数は，当該定款の変更が効力を生じた時における発行済株式の総数の4倍を超えることができないものとする（要綱第3部第3・4②）。

・新設合併等における設立株式会社（第814条第1項）の設立時発行株式の総数は，発行可能株式総数の4分の1を下ることができないものとする。ただし，設立株式会社が公開会社でない場合は，この限りでないものとする（要綱第3部第3・4③）。

第 2 章

株　式

株主の権利

Q 8

株主の権利について説明してください。

A

●ポイント●

●ポイント●
　株主の権利とは，株主が，株主たる地位に基づいて会社に対して有している様々な権利のことをいいます。
　権利行使の「内容」による分類として，自益権・共益権に分類されます。
　また，株主権の行使の「要件」による分類として，単独株主権・少数株主権に分類されます。

1　自益権と共益権

　株主は，株主たる地位に基づいて会社に対して様々な権利を有しています。株主の権利については，包含される権利の内容の面から，自益権・共益権の2種類に分類されます。
　自益権とは，株主が会社から直接に経済的利益を受ける権利で，剰余金の配当請求権と残余財産分配請求権がその中心となります。自益権は，すべて各株主が独自に行使できる単独株主権です。
　共益権とは，株主が会社経営に参与しあるいは取締役等の行為を監督是正する権利をいいます。共益権は，自益権と異なり，権利行使の効果が他の株主にも及びます。そこで，共益権には，各株主（単元未満株主を除く）が独自に行

使できるもの（単独株主権）と一定の議決権数，総株主の議決権の一定割合又は発行済株式の一定割合を有する株主のみが行使できるもの（少数株主権）との区別が設けられています。

株式会社は，自己株式については議決権その他の共益権を有さず（会308②），また，剰余金配当請求権，残余財産分配請求権などの自益権も有しません（会453，504③）。また，自己株式に新株の割当てを受ける権利や株式無償割当てを受ける権利も認められません（会202②，186②）。

2　単独株主権と少数株主権

上記のとおり，共益権には，株主権の行使の要件により，単独株主権と少数株主権に分類されます。

少数株主権は，共益権の一部につき，権利行使の効果が他の株主にも及ぶこと，1単元株主にも認めると権利の濫用による弊害が起こりかねないことから定められている制度です。

主な株主の権利について，自益権，共益権の別，単独株主権，少数株主権の別にまとめると以下の表のようになります。

	議決権数・株式数の要件	保有期間	権利の内容	根拠条文
自益権	単独株主権	要件なし	剰余金の配当請求権	会453
			残余財産分配請求権	会504
			株式買取請求権	会116など
			株主名簿名義書換請求権	会133
			株券発行請求権	会215④，217⑥
			など	
共益権	単独株主権	要件なし	議決権	会105①三
			累積投票請求権	会342①
			取締役会の招集請求権	会367
			株式発行等の無効訴権	会828②二〜四
			設立・資本金額減少，組織変更等の無効訴権	会828②五〜十二
		6カ月間の継続保有（公開会社の場合）	代表訴訟提起権	会847
			違法行為の差止請求権	会360，491

共益権	少数株主権	総株主の議決権の1％以上の議決権または300個以上の議決権（取締役会設置会社の場合）	6カ月間の継続保有（公開会社である取締役会設置会社の場合）	株主提案権	会303, 305
		総株主の議決権の1％以上の議決権	6カ月間の継続保有（公開会社である取締役会設置会社の場合）	検査役の選任請求権	会306①
		総株主の議決権の3％以上の議決権	6カ月間の継続保有（公開会社の場合）	総会招集請求権	会297
			要件なし	役員等の責任免除に対する異議権	会426⑤
		総株主の議決権の3％以上の議決権または発行済株式の3％以上	6カ月間の継続保有	役員の解任請求権	会854①, ②
			要件なし	会社帳簿閲覧権	会433
		総株主の議決権の10％以上の議決権または発行済株式の10％以上	要件なし	解散請求権	会833①

株主平等原則

Q9

株主平等原則について説明してください。

A

●ポイント●

株主平等原則は，株式会社における基本的な原則の一つであり，

第2章 株　　式

> 株主が有する株式の内容及び数に応じて平等に取り扱われます。
>   ただし，公開会社でない株式会社の場合，配当請求権，残余財産分配請求権，議決権について，株主ごとに異なる取扱いをすることができます。

1　会社法での明文規定

　株式会社には，株主平等原則があり，株主が有する株式の内容及び数に応じて，株主は平等に取り扱われるのが原則であることが，会社法では明文化されています（会109①）。
　すなわち，会社は，権利内容等の異なる株式（種類株式）を発行することができますが，同一種類の株式相互間においては，株主はその権利等に関し，持株数に応じて比例平等的に取り扱われなければなりません。そして，この原則に反する定款，株主総会・取締役会決議，取締役の業務執行等は無効とされています。
　株主平等の原則は，機能的には，支配株主の資本多数決の濫用等による差別的取扱いから一般株主を守る作用があるとされています。

2　株主平等原則の例外

　公開会社でない株式会社においては，剰余金の配当を受ける権利，残余財産の分配を受ける権利及び株主総会における議決権に関する事項について，株主ごとに異なる取扱いを行う旨の定めを定款に設けることができます（会109②）。
　公開会社でない株式会社においては，株主の異動が乏しく，株主相互の関係が緊密であることが通常であることから，株主に着目して異なる取扱いを認めるニーズがあるとともに，これを認めても特段の不都合がないため，このような取扱いを認めることとしたものです。
　株主ごとに異なる取扱いの例としては，以下のようなものが挙げられます。配当請求権については，株式数100株を上限として，100株以上の持株でも100株分の配当しか受けることができないとする定め，あるいは，残余財産につい

て株主の頭数で分配するといった定めをおくことができると考えられます（会105①参照）。

　なお，株主に対して，配当請求権及び残余財産分配請求権の全部を与えないとすることはできません（会105②）。

　このような株主ごとに異なる取扱いの定めを新設し，又は変更する（廃止する場合を除く）定款変更は，総株主の半数以上（これを上回る割合を定款で定めた場合はその割合以上）であって，かつ総株主の議決権の4分の3（これを上回る割合を定款で定めた場合はその割合）以上の賛成による特殊の決議によらなければなりません（会309④）。

　会社法第109条第2項の規定に従って，株主ごとの異なる取扱いをすることとした場合には，その異なる取扱いが株式に着目したものではないため，各株主が有している株式が種類株式に該当するものではありません。しかしながら，実質的に種類株式と特に異なるところはないため，各株主が有している株式を種類株式とみなして会社法が適用されることになります（会109③）。

3　株主優待制度と株主平等原則

　株主優待とは，株式会社が一定の数以上の株式を権利確定日に有する株主に対して，何らかの優待を与える制度をいいます。

　株主優待制度の内容として，自社の扱うサービスや商品について，例えば，映画館などの入場券，鉄道の無料乗車券，無料航空券や商品の割引券などが，必ずしも持株数に比例的にではなく交付されることが，株主平等原則に反するのではないかが問題となります。

　この問題については，株主優待制度が個人株主作りや自社製品・施設の宣伝等の経営政策上の合理的必要性があり，かつ，優待の程度が軽微であれば，株主平等原則には反しないとの見方が多数であり，多くの企業で行われている株主優待制度は適法と解されています。

4　買収防衛策と株主平等原則

　会社が買収防衛策として，一部の株主にだけ行使できない新株予約権を割り当てることは，株主を「その有する株式の内容及び数に応じて平等に取り扱

う」(会109①)ことにはならないから、株主平等の原則の趣旨に照らして問題があることになります。

しかしながら、最高裁判所の決定(ブルドックソース事件、最決平成19年8月7日)では、差別的な新株予約権の無償割当が買収防衛策として必要かつ相当である場合には株主平等原則に反しないとしました。

すなわち、「株主平等の原則は、個々の株主の利益を保護するため、会社に対し、株主をその有する株式の内容及び数に応じて平等に取扱うことを義務付けるものであるが、個々の株主の利益は、一般的には、会社の存立、発展なしには考えられないものであるから、特定の株主による経営支配権の取得に伴い、会社の存立、発展が阻害されるおそれが生ずるなど、会社の企業価値が毀損され、会社の利益ひいては株主の共同の利益が害されることになるような場合には、その防止のために当該株主を差別的に取扱ったとしても、当該取扱いが衡平の理念に反し、相当性を欠くものでない限り、これを直ちに同原則の趣旨に反するものということはできない。

そして、特定の株主による経営支配権の取得に伴い、会社の企業価値が毀損され、会社の利益ひいては株主の共同の利益が害されることになるか否かについては、最終的には、会社の利益の帰属主体である株主自身により判断されるべきものであるところ、株主総会の手続が適正を欠くものであったとか、判断の前提とされた事実が実際には存在しなかったり、虚偽であったなど、判断の正当性を失わせるような重大な瑕疵が存在しない限り、当該判断は尊重されるべきである。」との判断を示しました。

種類株式

Q10

種類株式について説明してください。

A

> ●ポイント●
>
> 株式の権利等の内容が異なる複数の種類の株式を種類株式といいます。種類株式を発行することにより，株式会社は多様な資金調達を行うことが可能となります。

1 種類株式

(1) 種類株式とは

　株式の権利等の内容（剰余金の配当，残余財産の分配等）が異なる複数の種類の株式を種類株式といい，株式会社は権利内容等の異なる2以上の種類の株式を発行することができます（会108①）。株式会社の株主には，多様な経済的又は支配関係に関するニーズがあることから，このような種類株式の発行が認められており，これにより株式会社は資金調達又は支配関係の多様化を図ることが可能となります。

　会社法第108条第1項各号に掲げる事項（下記(2)参照）について2以上の種類の株式を発行する株式会社を種類株式発行会社といい（会2十三），2以上の種類の株式を発行する場合，会社は異なる権利の内容等の一定事項及び発行可能種類株式総数を定款で定めなければなりません（会108②）。

　なお，異なる内容とすることができるのは，他の明文規定がある場合（会164①，322②等）を除き，会社法第108条第1項各号に列挙された事項に限定されます。

(2) 株式の種類

　会社法第108条第1項に規定されている事項は以下のとおりです。

権利等の内容	異なる定め
① 剰余金の配当	剰余金の配当に関する異なる定め
② 残余財産の分配	残余財産の分配に関する異なる定め
③ 議決権の制限	株主総会で議決権を行使することができる事項についての異なる定め（議決権制限株式）
④ 譲渡の制限	譲渡による当該種類株式の取得について承認を要することの定め（譲渡制限株式）
⑤ 取得請求権の付与	当該種類株式について，株主が会社に対しその取得を請求できることの定め（取得請求権付株式）
⑥ 取得条項の付与	当該種類株式について，会社が一定事由の生じたことを条件としてこれを取得できることの定め（取得条項付株式）
⑦ 全部取得条項の付与	当該種類株式について，会社が株主総会の特別決議によって，その全部を取得できることの定め（全部取得条項付株式）
⑧ 拒否権の付与	株主総会（取締役会設置会社では株主総会又は取締役会）において決議すべき事項のうち，当該決議のほか，当該種類株式の種類株主総会の決議を必要とすることの定め（拒否権付種類株式）
⑨ 種類株主総会における取締役等選任	当該種類株式の種類株主総会において取締役又は監査役を選任することの定め（取締役等選任種類株式）

(3) 種類株式の導入手続

　新たな種類株式を設ける場合には，定款に当該種類の内容を規定することが必要になります（会108②）。また，既発行株式の内容を変更する場合，定款に変更内容を規定することが必要となります（会322①一ロ）。定款変更には株主総会の特別決議が必要であり（会466, 309②十一），種類株式の追加，既発行株式の内容変更により，ある種類株式の種類株主に損害を及ぼすおそれがある場合には，当該種類の株式の種類株主を構成員とする種類株主総会の特別決議も必要となります（会322①，324②四）。

そのほか，種類株式の発行後にその種類株式を譲渡制限株式とする場合，Q11 2に記載する手続が必要になります（会111②，324③一）。さらに，全部取得条項の定めを設ける場合，取得条項の定めを設ける場合，取得条項について定款変更する場合，種類株主総会を排除する旨の定めを設ける場合，特定の株主からの自己株式の取得に関する定款の定めを設ける場合には，各々のケースで特殊な手続（株主全員の同意等）が必要になります。

2 各種類株式の特徴，留意点及び活用方法

各種類株式の主な特徴，留意点及び活用方法は以下のとおりです。

(1) 剰余金の配当，残余財産の分配

特徴，留意点	説　明
① 優先株式，劣後株式	他の株式に先んじて剰余金の配当又は残余財産の分配（以下「配当等」という。）を受け取る権利がある株式は優先株式，他の株式の配当等の後にしか配当等を受け取れない株式は劣後株式と呼ばれ，標準となる株式は普通株式と呼ばれます。
② 累積型，非累積型	剰余金の配当に関する優先株式については，累積型，非累積型の別があります。累積型とは，ある年度に定款所定の優先配当金全額を受領できなかった場合に，翌期以降の分配可能額から不足分が補填されるものであり，非累積型は不足分の繰越しが行われないものです。
③ 参加型，非参加型	参加型とは，定款所定の優先配当金を受領した後，さらに残余の分配可能額から配当を追加して受領できるものであり，非参加型とは追加の受領がないものです。 なお，残余財産の分配に関しても参加型，非参加型があります。

活用方法	説明
① トラッキング・ストック	トラッキング・ストックとは，会社の特定の子会社又は特定の事業部門の業績等に応じて当該会社の株主に剰余金の配当等を行うよう設計された株式です。子会社上場と異なり，子会社に対する支配力を維持したままで資金調達が可能となる等のメリットがあります。 　日本では，平成13年にソニー㈱が子会社ソニーコミュニケーションネットワーク㈱を対象としたトラッキング・ストックを初めて発行し，上場されましたが，平成17年にソニー㈱普通株式に転換され，上場廃止となっています。トラッキング・ストックは，ほとんど利用されていないのが現状です。
② ベンチャー企業等	ベンチャー企業においては，事業が失敗するリスクもあり，会社清算時に残余財産優先分配権を与えることで，投資企業の投資リスクをある程度低減させることが可能となります。

(2) 議決権制限株式

特徴，留意点	説明
① 完全無議決権株式	株主総会のすべての事項に関し議決権を有しない株式を完全無議決権株式といいます。
② 権利の差異	議決権に係る権利内容の差異は，一定の事項に関し議決権を行使できるか否かであって，1株に複数議決権を付与することは認められません。
③ 議決権制限株式の発行数	種類株式発行会社が公開会社である場合，議決権制限株式数が発行済株式総数の2分の1を超えることになった場合には，会社は直ちに2分の1以下にするための必要な措置をとらなければなりません（会115）。
④ 上場会社	上場会社も議決権制限株式を発行できます。ただし，議決権制限株式の上場に関しては一定の制約があります。

活用方法	説　　明
① 資本多数決によらない支配権分配	優先配当を与える等の代わりに議決権の行使を制限することにより，支配権を維持しながら，株式を発行し資金調達する等の活用方法が考えられます。 　また，同族会社のオーナーが後継者に議決権付株式を相続させ，それ以外の相続人に議決権制限株式を相続させることも考えられます。
② フェイスブックの事例（米国）	平成24年5月に，フェイスブック株式はナスダック証券取引所に上場されました。新規公開時に募集され又は売り出されたA種株式は，創業者等が保有するB種株式に比べ，議決権が10分の1に制限されており（B種株式は1株につき10議決権），創業者の支配権を維持しながら多額の資金調達が行われています。 　これに対し，日本では，1株に複数議決権を付与することは認められておらず，この方法は採用できません。

(3) 譲渡制限株式

Q11 をご参照ください。

(4) 取得請求権付株式

特徴，留意点	説　　明
① 取得の対価	金銭，株式，社債，新株予約権だけでなく，その他の財産も交付できます。会社法制定前においては，対価が金銭による場合，義務償還株式，対価が他の株式の場合，転換予約権付株式と呼ばれていました。
② 発行可能株式総数との関係	**Q12** 5(2)をご参照ください。
③ 分配可能額との関係	取得の対価が株式以外の財産の場合，当該財産の帳簿価額が請求日における分配可能額以下であるときに限り，取得請求権の行使が認められます（会166①）。

第2章　株　式

活用方法	説　明
① ベンチャー企業等	ベンチャーキャピタル等へ、転換時に普通株式が対価として交付される優先配当付きの取得請求権付株式を発行するケース、上場を断念した場合には金銭が対価として交付される取得請求権付株式を発行するケース等、多様な活用方法が考えられます。
② 東京電力㈱の事例	平成24年7月に東京電力㈱は、 ・A種優先株式（議決権付、非累積・非参加型優先配当権付、非参加型残余財産優先分配権付、普通株式の取得請求権付、B種優先株式の取得請求権付）及び ・B種優先株式（無議決権、非累積・非参加型優先配当権付、非参加型残余財産優先分配権付、普通株式の取得請求権付、A種優先株式の取得請求権付） を発行し、原子力損害賠償支援機構が全株式を引き受けました。優先配当権はありますが、損害賠償資金の支払が優先されることから、配当の支払は難しいものと考えられます。再建が順調に進めば、A種からB種への転換により経営関与を薄め、改革が不十分な場合は、B種からA種への転換等により経営関与を強めることを想定しています。この株式発行で、原子力損害賠償支援機構は50.11％の議決権を保有することになり、取得請求権の行使により最大希釈化のケースで95.44％の議決権を保有することになります。

(5) 取得条項付株式

特徴、留意点	説　明
① 取得の対価	金銭、株式、社債、新株予約権だけでなく、その他の財産も交付できます。会社法制定前においては、対価が金銭による場合、強制償還型の随意償還株式、対価が他の株式の場合、強制転換条項付株式と呼ばれていました。
② 分配可能額との関係	取得の対価が株式以外の財産の場合、当該財産の帳簿価額が取得事由の発生日における分配可能額を超えているときには、取得の効力は発生しません（会170

41

活用方法	説　　明
① ベンチャー企業等	株式上場の決定を，株式を強制的に取得できる「一定事由」として定め，普通株式に転換する優先配当付きの取得条項付株式を発行する等が考えられます。
② 種類株式の消滅	煩雑な事務手続，種類株主間の利害調整といった，種類株式のデメリットを排除するために，将来の一定事由により普通株式を交付するような取得条項を付した各種種類株式を発行することが考えられます。
③ 敵対的買収防衛策	株式に取得条項を付すことにより，敵対的買収者が現れた場合に株式を金銭で取得したり，議決権制限株式に転換する等によって，買収防衛を図ることができます。ただし，既発行株式に取得条項を付すには株主全員の同意が必要となるため（会111①），買収者が取得条項を付していない株式の一部を既に購入している場合は，有効とはいえません。

(6) 全部取得条項付株式

特徴，留意点	説　　明
① 取得の対価	金銭，株式，社債，新株予約権だけでなく，その他の財産も交付できます。
② 分配可能額との関係	取得の対価が株式以外の財産の場合，当該財産の帳簿価額が取得の効力発生日における分配可能額を超えることはできません（会461①四，173①）。
③ 会社法制の見直しに関する要綱	会社法制の見直しに関する要綱は，全部取得条項付株式の取得に関し，事前開示手続と事後開示手続，及び一定の場合における株主による差止請求の創設を盛り込んでいます。
活用方法	説　　明
① 会社再建	会社再建を図る等の目的で，既存の全株主を株主でなくした上で，新たな出資者に出資を求める場合，全部取得条項付株式を用いるスキームをとることが考えられます。

② 完全子会社化		例えば，A社（B社株式の議決権3分の2以上を保有する会社）が，B社を完全子会社化する場合，（ステップ1）普通株式を全部取得条項付株式にするための定款変更を行う，（ステップ2）全部取得条項付株式の取得を株主総会の特別決議で決定し，取得の対価として別種類の株式を交付する。この場合，A社以外の株主には1株未満の端数のみが割り当てられるように決定する，（ステップ3）端数の株式は競売，売却，B社による買取りにより現金化し，端数を割り当てられた株主に交付する，というスキームをとることが考えられます。上場子会社を完全子会社化し，上場廃止とする場合等に散見されるスキームです。 　現金を対価とする完全子会社化の手法としては，上記のほか，現金を対価とする株式交換の手法がありますが，税務上，非適格株式交換になるため，それほど利用されていません。なお，会社法制の見直しに関する要綱には，現金を対価とする完全子会社化の手法として，全部取得条項付株式を用いた手法より簡便なキャッシュ・アウト（特別支配株主の株式等売渡請求）という制度が盛り込まれています。

(7) 拒否権付種類株式

特徴，留意点	説　　明
① 黄　金　株	拒否権付種類株式は，その影響力が非常に大きいため，一般に「黄金株」と呼ばれることがあります。
② 上　場　会　社	上場会社による拒否権付種類株式の発行は，一般株主の権利を害するおそれがあるため，金融商品取引所の規則により一定の制限がなされています。平成24年8月時点で拒否権付種類株式を発行している上場会社は，国際石油開発帝石㈱のみで，当該種類株式保有者は経済産業大臣です。
③ 譲　渡　制　限	拒否権付種類株式は，その影響力が非常に大きいため，譲渡制限株式にしておくことが考えられます。

活用方法	説　　　明
① ベンチャー企業等	少ない株式数しか保有しないベンチャーキャピタル，創業者等が，拒否権付種類株式の活用により拒否権を握ることにより，大きな発言権を得ることが可能となります。
② 敵対的買収防衛策	友好的な株主に対し，合併承認決議，取締役選任決議等に係る拒否権を持たせることにより，買収防衛を図ることができます。

(8) **取締役等選任種類株式**

特徴，留意点	説　　　明
① 発行の制限	委員会設置会社及び公開会社（**Q11**の1(2)を参照）は，当該種類株式を発行することはできません。
② 選任される総会	全体の株主総会ではなく，各種類の株主総会単位で選任されることになります。

活用方法	説　　　明
① ベンチャー企業等	少ない株式数しか保有しないベンチャーキャピタル等が，当該種類株式の活用により取締役選任権を握ることにより，大きな発言権を得ることが可能となります。

3　その他

(1)　会計基準

　種類株式に関係する会計基準として，「種類株式の貸借対照表価額に関する実務上の取扱い」（企業会計基準委員会実務対応報告第10号）が，平成15年3月13日に公表されています（改正：平成20年3月10日）。

(2)　税務上の取扱い

　平成19年3月に「種類株式の評価について（情報）」が国税庁より公表されており，その中で配当優先の無議決権株式，社債類似株式，拒否権付株式の評価方法が明示されています。

第2章　株　　式

　また，研究資料ではありますが，日本公認会計士協会が「種類株式の時価評価に関する検討」（租税調査会研究資料第1号）を平成19年12月13日に公表しています。

譲渡制限株式の譲渡に係る承認手続

Q11

譲渡制限株式の譲渡に係る承認手続について説明してください。

A

●ポイント●

　譲渡制限株式の株主又は譲渡制限株式を取得した株式取得者は，譲渡制限株式の取得について承認するか否かの決定を会社に請求できます。
　この場合，承認の如何については，株主総会等の決議が必要です。否決された場合には，株主又は株式取得者からの請求に応じて，当該株式会社等は譲渡制限株式を一定の手続のもとに買い取らなければなりません。なお，上記のほかに，会社法はみなし承認の手続を規定しています。

1　譲渡制限株式

(1)　譲渡制限株式とは

　株式は自由に譲渡できるのが原則ですが（会127），株式会社は，その発行する全部の株式の内容として（会107①一），又は種類株式の内容として（会108①四），譲渡による当該株式の取得について当該株式会社の承認を要する旨を

定めることができます。当該株式を「譲渡制限株式」といいます（会２十七）。譲渡制限株式とする場合，譲渡により取得することについて会社の承認が必要な旨等を定款に規定する必要があります（会107②一，108②四，108③）。

(2) 公開会社とは

発行する全部又は一部の株式の内容として，上記の定款の定めを設けていない株式会社を公開会社といい（会２五），一部の株式について譲渡制限を定める株式会社も公開会社となります。全部の株式について譲渡制限を定める株式会社は公開会社ではありません（非公開会社）。なお，上場会社でない会社の多くが非公開会社であり，上場会社に関しては各金融商品取引所の規則が譲渡制限株式の上場を認めていません。

公開会社であるか否かにより適用される規定も異なるため，この区分には注意が必要です。発行可能株式総数の４倍制限（会37③，113③），取締役等選任種類株式の発行（会108①九），株主ごとの異なる取扱い（会109②），株主への通知の公告による代替（会158②等），通常の株式募集の決定機関（会201①），株券の発行時期（会215④），株主総会の招集通知期限（会299①），株主提案権の要件（会303③），取締役会の設置義務（会327①），監査役の設置義務（会327②但書），大会社（委員会設置会社以外）の監査役会設置義務（会328①），取締役の任期（会332②），監査役の任期（会336②），会計監査のみの監査役（会389①），新株発行無効の訴えの提訴期間（会828①二），代表訴訟提起権の要件（会847②）等の取扱いが公開会社と非公開会社では異なります。

2　譲渡制限の導入手続

原始定款でなく定款変更により譲渡制限の規定を設ける場合，株主の権利に重大な制約を与えることになるので，発行する全株式を譲渡制限株式とするケースでは株主総会の特殊決議（株主総会において議決権を行使できる株主の頭数の半数以上で，かつ当該株主の議決権の３分の２以上の賛成）が必要になります（会309③一）。

また，種類株式の発行後にその種類株式を譲渡制限株式とする場合，株主総会の特別決議のほか，譲渡制限の定めを設ける種類株式に係る種類株主総会の

特殊決議等が必要になります（会111②，324③一）。どちらの場合も反対株主には株式買取請求権が与えられます（会116①一，二）。

3　譲渡制限株式の譲渡に係る承認手続

(1)　承認機関

　譲渡制限株式を他人に譲渡しようとする株主は，会社に対し，当該他人が譲渡制限株式を取得することについて承認するか否かを決定するよう請求することができます（会136）。

　また，譲渡制限株式の取得者は，会社に対し，譲渡制限株式を取得したことについて承認するか否かを決定するよう請求することができます（会137①）。これらの場合においては，株式譲受人又は株式取得者の氏名（名称），株式数等，一定事項を明らかにする必要があります（会138）。

　承認するか否かの決定は，取締役会設置会社においては取締役会の決議，それ以外の会社では株主総会の決議（普通決議）によらなければなりません。ただし，定款に別段の定めを設けることは可能です（会139①）。

(2)　承認，買取りのステップ

①　譲渡承認等の請求

　上記(1)をご参照ください（会136，137①，138）。なお，譲渡制限株式を取得した者が承認請求する場合，原則として，その取得株式の株主として株主名簿に記載された者等と共同して請求しなければなりません（会137②，例外は施規24に規定）。

　譲渡承認の請求に加えて，譲渡制限株式を譲渡しようとする株主又は譲渡制限株式を取得した者は，会社が承認しない場合に，会社又は会社の指定する者（指定買取人）が譲渡制限株式を買い取るよう請求できます（会138一ハ，138二ハ）。

②　承認機関での決議

　上記(1)をご参照ください（会139①）。なお，会社は，決定の内容を承認請求者へ通知しなければならず（会139②），承認請求の日から２週間以内に通知をしなかった場合，会社と請求者とが別段の合意をしない限り，譲渡承認の決定

をしたものみなされます（会145一）。

③ 承認しない場合

承認請求者が，上記①で記載の買取りを請求している場合，会社は，譲渡を承認しない時は会社が買い取る旨の決定又は指定買取人の指定を行う必要があります（会140①，④）。

会社が買い取る旨の決定は，株主総会の特別決議により行う必要があり（会140②，309②一），指定買取人の指定は，定款に別段の定めがない場合には，取締役会設置会社では取締役会決議，それ以外の会社では株主総会の特別決議により行わなければなりません（会140⑤，309②一）。

会社又は指定買取人は，一定期間内に，株式買取り等に関する一定事項を承認請求者に通知しなければならず（会141①，142①），一定期間内に通知がない場合，会社と承認請求者とが別段の合意をしない限り，会社は対象株式の譲渡承認の決定をしたものとみなされます（会145二）。

④ 会社又は指定買取人による買取り

会社又は指定買取人が譲渡制限株式を買い取る場合，③で記載した買取り等に関する一定事項の通知に際し，会社又は指定買取人は1株当たり純資産額に対象株式数を乗じて得た額を，会社の本店所在地の供託所に供託し，かつ，当該供託を証する書面を承認請求者に交付しなければなりません（会141②，142②）。

対象株式が株券発行会社の株式である場合，会社又は指定買取人から供託を証する書面の交付を受けた承認請求者は，交付を受けた日から1週間以内に対象株式の株券を会社の本店所在地の供託所に供託し，遅滞なく，当該供託した旨を会社又は指定買取人に通知しなければなりません（会141③，142③）。

なお，1週間以内に株券を供託しなかった場合は，会社又は指定買取人は対象株式の売買契約（会140①二）を解除できます（会141④，142④）。

⑤ 売買価格の決定

売買価格は，以下のように決定されます（会144）。

ケース	売買価格
買取り等に関する一定事項の通知があった日から20日以内に、会社（指定買取人）と承認請求者の協議が整った場合	協議により決定された価格
同20日以内に、会社（指定買取人）又は承認請求者が、裁判所に対し価格決定の申立てを行った場合	裁判所が定めた価格（裁判所は承認請求時の会社の資産状態その他一切の事項を考慮して決定しなければなりません）
同20日以内に、協議も整わず、裁判所に対する価格決定の申立ても行われない場合	1株当たり純資産額（施規25）に対象株式数を乗じて得た額

4 その他

(1) みなし承認

　一定の場合においては承認したものとみなし、譲渡制限に係る会社の承認を不要とすることが可能です。この場合、一定の場合において承認したものとみなす旨及び当該一定の場合の内容について定款に規定することが必要です（会107②一ロ、108②四）。

　この「一定の場合」とは、特定の者（他の株主、従業員等）が取得する場合等が考えられます。ただし、「一定の場合」の定め方が株主平等原則（会109①）に反するときには、定款の定めが無効になります。

(2) 相続その他の一般承継

　相続その他の一般承継により譲渡制限株式を取得した者に対し、会社は当該株式を会社に売り渡すよう請求できる旨を定款で定めることができます（会174）。

　ただし、当該定款の規定に基づき売渡しの請求を行う場合は、その都度、株主総会の特別決議が必要になります（会175①、309②三）。

(3) 譲渡承認がない譲渡

会社の事前承認なしに行われた譲渡制限株式の譲渡は，会社に対する関係では効力を生じませんが，譲渡当事者間では有効と解されています（最判昭和48年6月15日）。

発行可能株式

Q12

発行可能株式総数の設立後の取扱いについて説明してください。

A

●ポイント●

発行可能株式総数は，定款を変更して増減させることが可能です。ただし，公開会社における一定の制限等，留意すべき事項があります。また，発行可能株式総数と発行済株式総数，発行可能種類株式総数及び新株予約権等との関係についても注意が必要です。

1 定款変更による発行可能株式総数の増減

発行可能株式総数は定款の絶対的記載事項であり，発行可能株式総数を増減させるためには，原則として株主総会の特別決議により定款変更することが必要です（会466，309②十一）。なお，例外的取扱いとなる株式分割については，下記3(1)をご参照ください。

株式会社は定款を変更して発行可能株式総数についての定めを廃止することはできません。また，定款を変更して発行可能株式総数を減少させる場合は，変更後の発行可能株式総数は，定款変更の効力が生じたときにおける発行済株

式総数を下回ることはできません。さらに，定款を変更して発行可能株式総数を増加させる場合は，変更後の発行可能株式総数は，非公開会社でない限り，定款変更の効力が生じたときにおける発行済株式総数の4倍を超えることができません（会113①〜③）。これを表に示すと，以下のようになります。

増 減 等	会社区分	規　　　　定
発行可能株式総数の廃止		定款変更により廃止することはできません。
発行可能株式総数の増加	公開会社	（定款変更後の発行可能株式総数）≦（発行済株式総数）×4でなければなりません。
	非公開会社	上記の規定はありません。
発行可能株式総数の減少		（定款変更後の発行可能株式総数）≧（発行済株式総数）でなければなりません。

2　新株を発行する場合の留意事項

　発行可能株式総数を超えて新株発行したい場合には，定款変更が必要となります。この手続を経ずに発行可能株式総数を超えて新株発行した場合には，定款違反となり，株主による新株発行の差止め請求（会210一），株主等による新株発行無効の訴え（会828①二）等の措置が講じられています。

3　株式分割，株式消却，株式併合を行う場合の留意事項

(1)　株式分割

　現に二以上の種類株式を発行している会社でない株式会社が株式分割を行う場合，株主総会の特別決議を経ずに定款を変更し，発行可能株式総数を分割比率に応じて増加させることが可能です（会184②）。上記の条件で株式分割により発行可能株式総数が増加しても，発行可能株式総数に対する発行済株式総数の比率は減少しないため，株主総会の特別決議は不要とされています。

　ただし，現に二以上の種類の株式の発行がある場合，発行可能株式総数の変更は既存株主の利害にかかわるので，株主総会の特別決議を経ず定款を変更することはできません。

(2) 株式消却，株式併合

　株式消却，株式併合を行うことにより発行済株式総数は減少します。株式消却，株式併合を行う場合の発行可能株式総数の取扱いについては，会社法上別段の定めは設けられていないことから，株式消却又は株式併合によって発行可能株式総数が減少することはありません。

　したがって，株式消却，株式併合により減少した発行済株式数だけ，株式消却又は株式併合後に発行可能な株式数が増加することになります。

　公開会社における発行可能株式総数と発行済株式総数の規制については，株式消却又は併合によって，（発行可能株式総数）＞（発行済株式総数）×4 となることに問題はありません。発行可能株式総数が発行済株式総数の4倍を超過しても，発行可能株式総数を減少させたり，発行済株式総数を増加させる必要はありません。

　なお，会社法制の見直しに関する要綱には，株式併合の場合における発行可能株式総数に係る改正が盛り込まれていますが，これについては，下記6をご参照ください。

4　新株予約権を発行する場合の留意事項

　新株予約権の行使により新株予約権者が取得する株式数は，発行可能株式総数から発行済株式総数（自己株式数を除く）を控除して得た数を超過できません（会113④）。これを算式で表すと以下のようになります。新株予約権の行使期間の初日前であれば，この算式が満たされていなくても構いませんが，行使期間の初日にはこの算式が満たされる必要があります。

$$発行可能株式総数 - (発行済株式総数 - 自己株式数) > 新株予約権の行使により取得する株式数$$

5　種類株式を発行する場合の留意事項

(1) 発行可能種類株式総数

　種類株式を発行する場合には，発行可能種類株式総数を定款で定めなければなりません（会108②）。発行可能種類株式総数の合計が発行可能株式総数に一

致しなければならないという規定は設けられておらず，前者が後者以上でも未満でも問題はありません。なお，定款を変更して，ある種類株式の発行可能種類株式数を減少させるときは，変更後の当該種類株式の発行可能種類株式総数は，定款変更の効力が生じたときにおける当該種類株式の発行済株式総数を下回ることができません（会114①）。

(2) 取得請求権付株式等

取得請求権付株式又は取得条項付株式を発行している場合であって，取得請求権等の行使により発行済株式総数が発行可能株式総数を超えることが予想されるケースでは，取得請求権等の行使条件が成立する前に発行可能株式総数を増加させておかなければ，適法にその取得を実現できないことになります（会114②一，二）。

(3) 種類株主総会の決議

発行可能株式総数，発行可能種類株式総数を増加させる定款変更が，いずれかの種類の株式の株主に損害を及ぼすおそれがある場合には，当該種類株主を構成員とする種類株主総会の決議を必要とします（会322①一ハ）。

6 会社法制の見直しに関する要綱

会社法制の見直しに関する要綱では，株式併合を行う場合における発行可能株式総数についての規律を以下のように改めるとしています。

(1) 株主総会決議による発行可能株式総数の定め

株式併合を行う際に株主総会の決議（特別決議）によって定めなければならない事項（会180②）に，株式併合の効力発生日における発行可能株式総数が追加されるとしています。なお，この場合，効力発生日に発行可能株式総数に係る定款変更が行われたものとみなすとしています。

(2) 発行可能株式総数と発行済株式総数の関係

公開会社における上記(1)で定めた発行可能株式総数は，株式併合の効力が生

じたときにおける発行済株式総数の4倍を超えることができないとしています。

現行法においては，株式併合を行っても発行可能株式総数が減少しないことから，株式併合後に第三者割当増資を行った場合，大規模な希釈化が生じることがあり得ました。この要綱では，既存株主の保護を図るため，上記の改正が盛り込まれることとなりました。

金銭以外の財産の出資

Q13

金銭以外の財産の出資について説明してください。

A

●ポイント●

株式会社の設立時，募集株式発行時等に金銭以外の財産で出資する場合には，検査役の選任等の一定手続が必要になります。ただし，検査役の選任を要しない場合も会社法では認められています。

1　現物出資とは

金銭以外の財産により出資することを現物出資といい，その目的となる財産は，動産，不動産，債権，有価証券，知的財産権，事業の全部又は一部等があり得ます。目的となる財産を過大に評価することは，他の株主及び会社債権者を害することになるため，会社法では検査役の調査等，一定の手続を規定しています。

2 株式会社における現物出資

(1) 設立時における現物出資

　変態設立事項として，定款への記載（相対的記載事項）が必要になるほか，原則として裁判所が選任する検査役の調査が求められます。

　定款には，現物出資者の氏名又は名称，出資の目的である財産及び財産の価額，出資者に割り当てられる設立時発行株式数が記載されます（会28一）。なお，現物出資者に重い責任を課すことが妥当と考えられることから，設立時においては発起人のみが現物出資を行うことができます。目的物が過大に評価され，定款に記載された価額に著しく不足する場合には，発起人等に対し財産価額補填責任等の重い責任が課せられることになります（会52，53，103）。

　定款で変態設立事項を定めた場合には，発起人は，公証人の認証後遅滞なく，当該事項を調査させるため，裁判所に対し検査役の選任の申立てをしなければなりません（会33①）。検査役の資格は法定されていませんが，弁護士が選任されることが多いようです。

　検査役は，必要な調査を行い，当該調査の結果を記載・記録した書面又は電磁的記録（検査役調査報告書）を裁判所に提供し報告するとともに（会33④），発起人に対しても書面の写し等を提供しなければなりません（会33⑥）。また，募集設立の場合，発起人は，検査役調査報告書等を創立総会に提出する必要があります（会87②）。

　現物出資を行う場合，原則として検査役の調査が必要となりますが，以下の場合には検査役の調査は不要となります（会33⑩）。

検査役の調査が不要となる場合	調査不要となる事項
① 定款に記載された現物出資財産の価額の総額が500万円を超えない場合	当該現物出資財産の価額等
② 現物出資財産が市場価格のある有価証券であって，定款に記載された価額が市場価格として法務省令で定める方法により算定されるものを超えない場合	当該有価証券についての現物出資財産の価額等
③ 定款に記載された現物出資財産の価額が相当であることについて，弁護士，弁護士法人，公認会計士，監査法人，税理士，税理士法人の証明を受けた場合（現物出資財産が不動産である場合は，不動産鑑定士の鑑定評価が必要）	証明を受けた現物出資財産の価額等

なお，上記の場合，検査役の調査は不要となりますが，設立時取締役等は，その選任後遅滞なく，上表①及び②については定款に記載された価額が相当であること，③については弁護士等の証明が相当であることを調査しなければなりません（会46①，93①）。

(2) 募集株式発行時における現物出資

募集株式の発行が行われる場合，株主総会の決議等により，

① 募集株式の数
② 募集株式の払込金額又はその算定方法
③ 現物出資の場合には，その旨，現物出資財産の内容及び価額
④ 払込（給付）期日又は払込（給付）期間
⑤ 株式を発行するときは増加する資本金及び資本準備金に関する事項

等を定める必要があります（会199〜201）。

会社は，募集事項として現物出資を定めた場合には，募集事項の決定後，遅滞なく裁判所に対し検査役の選任を申し立てなければなりません（会207①）。ただし，以下の場合，検査役の調査は不要となります（会207⑨）。

検査役の調査が不要となる場合	調査不要となる事項
① 募集株式の引受人に割り当てる株式総数が発行済株式総数の10分の1を超えない場合	当該募集株式の引受人の現物出資財産の価額
② 募集事項で定めた現物出資財産の価額の総額が500万円を超えない場合	当該現物出資財産の価額
③ 現物出資財産が市場価格のある有価証券であって，募集事項で定めた価額が市場価格として法務省令で定める方法により算定されるものを超えない場合	当該有価証券についての現物出資財産の価額
④ 募集事項で定めた現物出資財産の価額が相当であることについて，弁護士，弁護士法人，公認会計士，監査法人，税理士，税理士法人の証明を受けた場合（現物出資財産が不動産である場合は，不動産鑑定士の鑑定評価が必要）	証明を受けた現物出資財産の価額
⑤ 現物出資財産が株式会社に対する金銭債権であり（デット・エクイティ・スワップのケース），かつ，弁済期が到来しているものであって，募集事項で定めた価額が当該金銭債権に係る負債の帳簿価額を超えない場合	当該金銭債権についての現物出資財産の価額

なお，完全子会社に対する現物出資であっても，また，株主全員が同意したとしても，法定の例外事項に該当しないのであれば検査役の調査を省略することはできません。

現物出資者は，募集株式の株主となったときにおける現物出資財産の価額が募集事項で定めた価額に著しく不足する場合，会社に対し不足額を支払う義務を負います（会212①二）。

ただし，不足することに関し，善意でかつ重大な過失がない場合は，現物出資者は募集株式の引受けを取り消すことが可能です（会212②）。

(3) 新株予約権行使時における現物出資

株主総会の決議等で新株予約権の権利内容を定めることにより，新株予約権の行使に際し現物出資を行うことが可能です（会236①三，281②）。この場合

も原則として検査役の調査が必要となりますが（会284①），上記(2)の表と同様の場合には，検査役の調査は不要となります（会284⑨）。

3 財産引受，事後設立

現物出資に係る規制を逸脱する方法として，財産引受又は事後設立が用いられるおそれがあるため，会社法は一定の規定を設けています。

財産引受とは，発起人が会社のため会社の成立を条件として特定の財産を譲り受けることを約する契約をいいます（会28二）。当該契約において，目的物を過大に評価して不当に多額の対価を与えると会社の財産的基礎を危うくするおそれがあるため，現物出資と同様に変態設立事項としての定款への記載，検査役による調査が求められています（会28二，33）。

なお，財産引受に係る規律は設立時のものであり，設立時の現物出資のケースと同様に，上記2(1)の表中①〜③の場合は，検査役の調査は不要となります（会33⑩）。

事後設立とは，会社成立前から存在し事業のために継続して使用する財産を，会社の成立後2年以内に，一定以上の対価（当該財産の対価として交付する財産の帳簿価額の合計額が会社の純資産額の5分の1以上）で取得する契約です。当該契約に関しては検査役の調査は不要ですが，株主総会の特別決議が必要となります（会467①五，309②十一）。

4 持分会社の現物出資

持分会社においても，設立時及び社員加入時に，定款に出資の目的及びその価額又は評価の標準を記載・記録することにより現物出資は可能です（会576①六）。なお，株式会社と異なり検査役の調査は不要です。

5 その他

(1) 会計基準

現物出資に関係する会計基準として，「デット・エクイティ・スワップの実行時における債権者側の会計処理に関する実務上の取扱い」（企業会計基準委員会実務対応報告第6号）が平成14年10月9日に公表されています（改正：平

成20年3月10日)。

(2) 税務上考慮すべき事項

現物出資がそれほど多く行われていない理由として,煩雑な検査役調査のほかに,税務上のデメリットが挙げられます。適格現物出資の要件を満たさない場合,出資財産に含み益が生じていれば,現物出資者に課税所得が生じることになります。したがって,税務上の取扱いについては事前に検討しておくことが必要です。

《参考文献》

『株式会社法 第4版』江頭憲治郎,有斐閣,平成24年

『新・会社法実務問題シリーズ・2 株式・種類株式』森・濱田松本法律事務所(編),戸嶋浩二(著),中央経済社,平成24年

『会社法実務解説』宍戸善一監修,岩倉正和,佐藤丈文編著,平成23年

『論点解説 新・会社法 千問の道標』相澤哲,葉玉匡美,郡谷大輔編著,商事法務,平成18年

自己株式の取得

Q14

自己株式の取得について説明してください。

A

●ポイント●

自己株式については,会社法において取得できる場合が限定列挙され,取得手続,財源規制などの規定が定められています。

1 自己株式の取得規制

(1) 自己株式が取得できる場合

会社法では自己株式の取得を原則禁止としておらず，株式会社は次に掲げる場合に限り当該株式会社の株式を取得することができるとしています（会155）。

① 取得条項付株式の取得
② 譲渡制限株式の譲渡等承認請求を認めない場合の取得
③ 株主総会決議等による取得
④ 取得請求権付株式の株主からの取得請求に基づく取得
⑤ 全部取得条項付種類株式の取得に関する決定の決議に基づく取得
⑥ 相続人等に対する売渡しの請求に基づく取得
⑦ 単元未満株式の買取りの請求に基づく取得
⑧ 所在不明株主の株式の取得
⑨ 一に満たない端数の処理に基づく取得
⑩ 他の会社（外国会社を含む。）の事業の全部を譲り受ける場合において当該他の会社が有する自己株式の取得
⑪ 合併後消滅する会社からの承継
⑫ 吸収分割をする会社からの承継
⑬ 法務省令で定める場合（施規27）

　a．無償取得
　b．他の会社が行う剰余金の配当又は残余財産の分配による自己株式の交付
　c．保有している株式の発行会社が行う次に掲げる行為に際して受け取る自己株式の交付
　　イ．組織の変更
　　ロ．合併
　　ハ．株式交換（法以外の法令（外国の法令を含む。）に基づく株式交換に相当する行為を含む。）
　　ニ．取得条項付株式（これに相当する株式を含む。）の取得
　　ホ．全部取得条項付種類株式（これに相当する株式を含む。）の取得
　d．保有している新株予約権等をその発行会社が当該新株予約権等の定め

に基づき取得することと引換えに交付された自己株式の取得
- e．組織再編等に反対する株主からの株式買取請求に基づく取得
- f．合併後消滅する法人等（会社を除く。）からの承継
- g．他の法人等（会社及び外国会社を除く。）の事業の全部を譲り受ける場合の取得
- h．その権利の実行に当たり目的を達成するために当該株式会社の株式を取得することが必要かつ不可欠である場合

(2) 財源規制

　会社法では，自己株式の取得は株主に対する会社財産の払い戻しと同じものと考えられているため，剰余金の配当と同様に財源規制があります。しかし，単元未満株式の買取りの請求に基づく取得，事業の全部譲受に伴う自己株式の取得，合併・吸収分割に伴う自己株式の取得は，会社の意思によらないやむを得ない取得であること等を理由として，財源規制の対象外となっています。

　具体的には，(1)の①から⑥及び⑧，⑨の自己株式の取得は分配可能額を超えて行うことはできないとされています（会461①一〜七）。

　また，事後規制として財源規制に違反した場合の取締役等の欠損填補責任等も，剰余金の配当と同様に適用されることとなります（会462）。

2　自己株式の取得手続

　株主総会決議等による取得の手続は，以下のように分けられます。

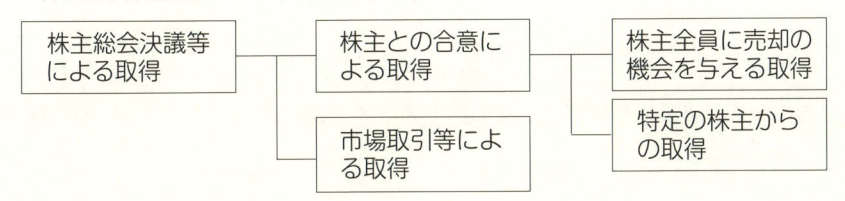

```
株主総会決議等 ─┬─ 株主との合意 ─┬─ 株主全員に売却の
による取得      │  による取得    │  機会を与える取得
                │                └─ 特定の株主から
                │                   の取得
                └─ 市場取引等に
                   よる取得
```

(1) 株主との合意による取得
①　株主全員に売却の機会を与える取得

　株主総会決議等により，株主全員に売却の機会を与える取得を行う場合の手続は，次のとおりとなります。

株主総会決議（株式の取得に関する事項の決定）

　株式会社が株主との合意により当該株式会社の株式を有償で取得するには，あらかじめ，次に掲げる事項を株主総会で決議する必要がある。
1．取得する株式の数（種類株式発行会社にあっては株式の種類及び種類ごとの数）
2．株式を取得するのと引換えに交付する金銭等の内容及びその総額
3．株式を取得することができる期間（1年を超えることはできない）

↓

取締役会決議（取得条件の決定）

　株式会社は，株主総会決議に従い自己株式を取得しようとするときは，その都度，次に掲げる取得条件を定める必要がある。
1．取得する株式の数（種類株式発行会社にあっては，株式の種類及び数）
2．株式1株を取得するのと引換えに交付する金銭等の内容及び数若しくは額又はこれらの算定方法
3．株式を取得するのと引換えに交付する金銭等の総額
4．株式の譲渡しの申込みの期日

↓

株主に対する通知

　株主（種類株式発行会社にあっては，取得する株式の種類の種類株主）に対し，取得条件についての決定事項を通知する。
※　公開会社においてはこの通知は公告をもってこれに代えることができる。

↓

譲渡しの申込み

　株式の譲渡しをしようとする株主は申込株式の数を明らかにして申込みをする。

↓

譲受けの承諾

　株主から譲渡しの申込みがあった場合，株式会社は，取得の決議において定めた申込みの期日において，株主が申込みをした株式の譲受けを承諾したものとみなされる。

a．株式の取得に関する事項の決定

　株式会社が株主との合意により当該株式会社の株式を有償で取得するには，あらかじめ，次に掲げる事項を株主総会で決議する必要があります（会156）。
1．取得する株式の数（種類株式発行会社にあっては，株式の種類及び種類ごとの数）
2．株式を取得するのと引換えに交付する金銭等の内容及びその総額
3．株式を取得することができる期間　（この期間は1年を超えることはできない）

b．取得条件の決定

　株式会社は，株主総会決議に従い自己株式を取得しようとするときは，その都度，次に掲げる取得条件を定める必要があります（会157）。なお，取締役会設置会社においては取得条件の決定は取締役会の決議によらなければなりません（会157②）。
1．取得する株式の数（種類株式発行会社にあっては，株式の種類及び数）
2．株式1株を取得するのと引換えに交付する金銭等の内容及び数若しくは額又はこれらの算定方法
3．株式を取得するのと引換えに交付する金銭等の総額
4．株式の譲渡しの申込みの期日
　（注）　取得条件は取締役会等による決定ごとに均等に定めなければなりません（会157③）。

c．株主に対する通知等

　株式会社は，株主（種類株式発行会社にあっては，取得する株式の種類の種類株主）に対し，取得条件についての決定事項を通知しなければなりません（会158①）。ただし，公開会社においてはこの通知は公告をもってこれに代えることができます（会158②）。

d．譲渡しの申込み

　通知を受けた株主は，その有する株式の譲渡しの申込みをしようとするときは，会社に対して申込株式の数（種類株式発行会社にあっては，株式の種類及び数）を明らかにして申込みしなければなりません（会159①）。

　株主から譲渡しの申込みがあった場合，株式会社は，自己株式を取得する

ことができる期日において，株主が申込みをした株式の譲受けを承諾したものとみなされます（会159②）。

ただし，株主が申込みをした株式の総数（申込総数）が取締役会等で決議した取得する株式の数（取得総数）を超えるときは，取得総数を申込総数で除して得た数に株主が申込みをした株式の数を乗じて得た数（その数に一に満たない端数がある場合は，これを切り捨てる）の株式の譲受けを承諾したものとみなします（会159②但書）。

$$取得株数 = 申込株数 \times \frac{取得総数}{申込総数}$$

② 特定の株主からの取得

株主総会の決議に従って特定の株主から自己株式を取得する場合，他の株主に特定の株主に自己を加えたものを株主総会の議案とすることを要求できる権利（売主追加請求権）があるため，①の手続に加え株主総会に先立って株主への通知が必要となります。

株主への通知
株主（種類株式発行会社にあっては，取得する株式の種類の種類株主）に対し，特定の株主に自己をも加えたものを株主総会の議案とすることを請求することができる旨を通知する。

↓

特定株主外からの売主追加請求
自らを特定株主に追加することを望む株主は，株主総会の日の5日前（定款でこれを下回る期間を定めた場合には，その期間）までに，特定の株主に自己をも加えたものを株主総会の議案とすることを請求する。

↓

株主総会決議（株式の取得に関する事項の決定）

↓

取締役会決議（取得条件の決定）

↓

第2章　株　　式

株主に対する通知
特定の株主に対してのみに行う。

↓

譲渡しの申込み

↓

譲受けの承諾

a．株主への通知

　特定の株主から自己株式を取得しようとする場合には，株式会社は，株式の取得に関する事項の株主総会決議において，特定の株主から株式を取得する旨を決議する必要がありますが（会160①），特定の株主から株式を取得する旨の決定をしようとするときは，株主（種類株式発行会社にあっては，取得する株式の種類の種類株主）に対し，特定の株主に自己をも加えたものを株主総会の議案とすることを請求することができる旨を通知しなければなりません（会160②）。

　なお，株主への通知期限は以下のとおりとなります（施規28）。

原則：株主総会の2週間前

例外：株主総会の招集通知を発すべき時が株主総会の日の2週間を下回る期間前である場合，招集通知を発すべき時（ただし，1週間前を下回ることはできない）

　　　招集手続を経ない場合は，株主総会の1週間前

b．株主からの請求

　自らを特定株主に追加することを望む株主は，株主総会の日の5日（定款でこれを下回る期間を定めた場合には，その期間）前までに，特定の株主に自己をも加えたものを株主総会の議案とすることを請求する必要があります（会160③，施規29）。

c．株主総会

　取得の対象となる株主は，取得に関する事項を決議する株主総会において議決権を行使することができません。ただし，取得の対象となる株主以外の株主の全部が当該株主総会において議決権を行使することができない場合は，

65

この限りではありません（会160④）。
d．株主に対する取得条件の通知
　　特定の株主からの自己株式の取得の場合は，取得条件についての決定事項の通知は特定の株主に対してのみに行うこととなります（会160⑤，会158①）。
e．譲渡しの申込み
　　通知を受けた株主の譲渡しの申込み手続及び売買の成立時期については，株主全員からの取得手続の場合と同じです。
　③　市場価格のある株式等の取得の特則（売主追加請求権の例外）
　　特定の株主からの取得にあたって，以下の場合には，株主に対し，特定の株主に自己をも加えたものを株主総会の議案とすることを請求することができる旨を通知することは不要となります。
a．取得する株式が市場価格のある株式である場合において，当該株式1株を取得するのと引換えに交付する金銭等の額が当該株式1株の市場価格として法務省令で定める方法により算定されるものを超えないとき（会161）
b．株主の相続人その他の一般承継人からその相続その他の一般承継により取得した当該株式会社の株式を取得する場合（会162）（ただし，次のいずれかに該当する場合は除く）
　　イ．株式会社が公開会社である場合
　　ロ．当該相続人その他の一般承継人が株主総会又は種類株主総会において当該株式について議決権を行使した場合
c．株式会社がその子会社の有する当該株式会社の株式を取得する場合（会163）
d．株式の取得について会社法第160条第1項の規定による決定をするときは同条第2項及び第3項の規定を適用しない旨を定款で定めている場合（会164）
　　なお，株式の発行後に定款を変更して売主追加請求権を排除しようとするときは，当該株式を有する株主全員の同意が必要となります（会164②）。

(2)　市場取引等による自己株式の取得
　　株式会社が市場において行う取引又は金融商品取引法第27条の2第6項に規定する公開買付けの方法によって自己株式を取得する場合に必要な手続は，原則として株主総会の普通決議のみとなります（会165①）。

また，取締役会設置会社は，市場取引等により自己株式を取得することを取締役会の決議によって定めることができる旨を定款で定めることができます（会165②，③）。

```
┌──────────────────────────────┐
│       取締役会決議等          │
└──────────────────────────────┘
              ↓
┌──────────────────────────────┐
│       譲渡しの申込み          │
└──────────────────────────────┘
              ↓
┌──────────────────────────────┐
│       譲受けの承諾            │
└──────────────────────────────┘
```

3 自己株式の取得の会計処理

取得した自己株式は，取得原価をもって純資産の部の株主資本から控除します。

期末に保有する自己株式は，純資産の部の株主資本の末尾に自己株式として一括して控除する形式で表示します（自己株式等会計基準7，8）。

自己株式の処分

Q15

自己株式の処分について説明してください。

A

●ポイント●

会社法において自己株式の処分は通常の新株の発行と同様の性格を有することから募集株式の発行等の規定に準じています。

1 自己株式の処分の手続

旧商法では取得した自己株式は遅滞なく処分することが求められていましたが、会社法においては取得した自己株式の保有期間についての規制はなく、いつでも処分又は消却できることとされています。また、自己株式の処分のための手続についても、自己株式の処分は通常の新株の発行と同様の性格を有していることから、処分する自己株式を引き受ける者の募集の手続は募集株式の発行と同じ手続となっています（会199）。

※ 手続の詳細は Q22 参照

2 自己株式の処分の会計処理

自己株式を募集株式の発行等の手続で処分する場合、自己株式の処分は株主との間の資本取引と考えられ、自己株式の処分に伴う処分差額は損益計算書には計上せず、純資産の部の株主資本の項目を直接増減することが適切であるとされており（自己株式等会計基準36）、具体的には、以下のとおり処理することとされています。

- 自己株式処分差益は、その他資本剰余金に計上する（自己株式等会計基準9）
- 自己株式処分差損は、その他資本剰余金から減額する（自己株式等会計基準10）
- その他資本剰余金の残高が負の値となった場合には、会計期間末において、その他資本剰余金を零とし、当該負の値をその他利益剰余金（繰越利益剰余金）から減額する（自己株式等会計基準12）

第2章 株　　式

自己株式の消却

Q16

自己株式の消却について説明してください。

A

> ●ポイント●
>
> 　会社法において，取締役会等の会社の意思決定機関の決議によって自己株式の消却をできることとされています。

1　自己株式の消却手続

　取締役会設置会社は取締役会の決議によって自己株式を消却することができます。取締役会決議では，消却する自己株式の数（種類株式発行会社にあっては，自己株式の種類及び種類ごとの数）を決議する必要があります（会178）。

2　自己株式の消却の会計処理

　会社法では，取締役会等による会社の意思決定をもって，保有する自己株式を消却することができるとされていますが，会計上は自己株式処分差損の場合と同様に，消却の対象となった自己株式の帳簿価額を，資本剰余金から減額するか，利益剰余金から減額するかが問題となります。

　従来は，資本剰余金又は利益剰余金のいずれから減額するかは，会社の意思決定に委ねることとし，消却した場合に減額するその他資本剰余金又はその他利益剰余金（繰越利益剰余金）については，取締役会等の会社の意思決定機関で定められた結果に従い，消却手続が完了したときに会計処理することとしました。しかし，会社計算規則において優先的にその他資本剰余金から減額することが規定された（計規24③）ため，平成18年改正の自己株式等会計基準では，

これに合わせることとされました（自己株式等会計基準44, 45）。

したがって，自己株式を消却した場合には，消却手続が完了したときに，消却の対象となった自己株式の帳簿価額をその他資本剰余金から減額します（自己株式等会計基準11）。

また，その他資本剰余金の残高が負の値となった場合には，会計期間末において，その他資本剰余金を零とし，当該負の値をその他利益剰余金（繰越利益剰余金）から減額します（自己株式等会計基準12）。

子会社による親会社株式の取得

Q17

子会社による親会社株式の取得について説明してください。

A

●ポイント●

子会社による親会社株式の取得は原則として禁止されています。また，例外的に取得した場合も相当の時期に処分しなければならないとされています。

1　子会社による親会社株式の取得の禁止と例外規定

会社法においては，自己株式の取得と異なり，子会社による親会社株式の取得は原則として禁止されています（会135①）。

ただし，次に掲げる場合には，例外的に取得できることとされています（会135②）。

① 他の会社（外国会社を含む。）の事業の全部を譲り受ける場合において当

該他の会社の有する親会社株式を譲り受ける場合
② 合併後消滅する会社から親会社株式を承継する場合
③ 吸収分割により他の会社から親会社株式を承継する場合
④ 新設分割により他の会社から親会社株式を承継する場合
⑤ 前各号に掲げるもののほか，法務省令で定める場合（施規23）
  a．吸収分割に際して親会社株式の割当てを受ける場合
  b．株式交換に際してその有する自己の株式（持分その他これに準ずるものを含む。）と引換えに親会社株式の割当てを受ける場合
  c．株式移転に際してその有する自己の株式と引換えに親会社株式の割当てを受ける場合
  d．親会社株式を無償で取得する場合
  e．その有する他の法人等の株式につき当該他の法人等が行う剰余金の配当又は残余財産の分配（これらに相当する行為を含む。）により親会社株式の交付を受ける場合
  f．その有する他の法人等の株式につき当該他の法人等が行う次に掲げる行為に際して当該株式と引換えに当該親会社株式の交付を受ける場合
    イ．組織の変更
    ロ．合併
    ハ．株式交換
    ニ．株式移転
    ホ．取得条項付株式（これに相当する株式を含む。）の取得
    ヘ．全部取得条項付種類株式（これに相当する株式を含む。）の取得
  g．その有する他の法人等の新株予約権等を当該他の法人等が当該新株予約権等の定めに基づき取得することと引換えに親会社株式の交付をする場合において，当該親会社株式の交付を受けるとき
  h．会社法第135条第1項の子会社である者（会社を除く。）が行う次に掲げる行為に際して当該者がその対価として親会社株式を交付するために，その対価として交付すべき当該親会社株式の総数を超えない範囲において当該親会社株式を取得する場合
    イ．組織の変更

ロ．合併
　　ハ．会社法以外の法令に基づく吸収分割に相当する行為による他の法人等がその事業に関して有する権利義務の全部又は一部の承継
　　ニ．会社法以外の法令に基づく株式交換に相当する行為による他の法人等が発行している株式の全部の取得
　i．他の法人等（会社及び外国会社を除く。）の事業の全部を譲り受ける場合において，当該他の法人等の有する親会社株式を譲り受けるとき。
　j．合併後消滅する法人等（会社を除く。）から親会社株式を承継する場合
　k．吸収分割又は新設分割に相当する行為により他の法人等（会社を除く。）から親会社株式を承継する場合
　l．親会社株式を発行している株式会社（連結配当規制適用会社に限る。）の他の子会社から当該親会社株式を譲り受ける場合
　m．その権利の実行に当たり目的を達成するために親会社株式を取得することが必要かつ不可欠である場合（前各号に掲げる場合を除く。）
　なお，子会社は，相当の時期に取得した親会社株式を処分しなければなりません（会135③）。

2　子会社が保有する親会社株式の会計処理

(1)　連結財務諸表
①　連結貸借対照表上の表示
　連結子会社が保有する親会社株式は，親会社が保有している自己株式と合わせ，純資産の部の株主資本に対する控除項目として表示します。株主資本から控除する金額は親会社株式の親会社持分相当額とし，少数株主持分から控除する金額は少数株主持分相当額とします。
②　親会社株式売却損益
　連結子会社における親会社株式の売却損益（内部取引によるものを除いた親会社持分相当額）の会計処理は，親会社における自己株式処分差額の会計処理と同様です。少数株主持分相当額は少数株主利益（又は損失）に加減します。
③　持　分　法
　持分法の適用対象となっている子会社及び関連会社が親会社株式等（子会社

においては親会社株式，関連会社においては当該会社に対して持分法を適用する投資会社の株式）を保有する場合は，親会社等（子会社においては親会社，関連会社においては当該会社に対して持分法を適用する投資会社）の持分相当額を自己株式として純資産の部の株主資本から控除し，当該会社に対する投資勘定を同額減額します。

持分法の適用対象となっている子会社及び関連会社における親会社株式等の売却損益（内部取引によるものを除いた親会社等の持分相当額）は，親会社における自己株式処分差額の会計処理と同様とし，また，当該会社に対する投資勘定を同額加減します。

(2) 個別財務諸表

売買目的有価証券又はその他有価証券に分類し，時価をもって貸借対照表価額とするとともに，評価差額をそれぞれの保有目的区分に係る方法に基づいて処理します。

株式の併合

Q18

株式の併合について説明してください。

A

●ポイント●

株主総会の特別決議によって株式の併合を行うことができます。株式の併合はその内容によっては株主の利益を損なうおそれがあるため株主への通知又は公告の手続が規定されています。

1　株式の併合の手続

　株式会社は株主総会の特別決議によって株式の併合を行うことができます（会180①）。株式の併合はその内容によっては株主の利益を損なうおそれがあるため株主への通知又は公告の手続が規定されています。

株主総会決議
次に掲げる事項を決議 　1．併合の割合 　2．株式の併合がその効力を生ずる日 　3．株式会社が種類株式発行会社である場合には，併合する株式の種類

↓

株主に対する通知等
株式の併合がその効力を生ずる日の2週間前までに，株主等に対し，株主総会での決議事項を通知又は公告しなければならない。

↓

効力の発生

(1)　株主総会決議

　株式会社は，株式の併合をしようとするときは，その都度，株主総会の決議によって，次に掲げる事項を定めなければなりません（会180②）。

① 　併合の割合
② 　株式の併合がその効力を生ずる日
③ 　株式会社が種類株式発行会社である場合には，併合する株式の種類

　また，取締役は，株主総会において株式の併合をすることを必要とする理由を説明しなければなりません（会180③）。

(2)　株主に対する通知等

　株式会社は，株式の併合がその効力を生ずる日の2週間前までに，株主（種類株式発行会社にあっては，併合する種類の種類株主）及びその登録株式質権者に対し，株主総会での決議事項を通知しなければなりません（会181①）。ま

た，この通知は公告をもってこれに代えることができます（会181②）。

(3) 効力の発生

株主は，株式の併合がその効力を生ずる日に，その日の前日に有する株式（種類株式発行会社にあっては併合する種類の株式）の数に併合割合を乗じた数の株式の株主となります（会182）。

2 株式の併合が行われた場合の1株当たり情報に関する注記

会計上の変更及び誤謬の訂正に関する会計基準等の改正に伴って，平成24年3月期より，株式会社が当該事業年度又は当該事業年度の末日後において株式の併合をした場合において，当該事業年度の期首に株式の併合をしたと仮定して1株当たりの当期純利益金額又は当期純損失金額を算定したときは，その旨を注記することとされました（計規113三）。

株式の分割

Q19

株式の分割について説明してください。

A

●ポイント●

取締役会等の決議によって株式の分割を行うことができます。

1 株式の分割の手続

株式会社は取締役会等の決議によって株式の分割を行うことができます（会

183①)。株式分割は,株式併合と異なり,既存の株式が1株未満の端数となること等により株主の利益を損なうおそれがないため,株主への通知又は公告の手続等の保護手続は規定されていません。

取締役会決議
次に掲げる事項を決議 1. 株式の分割により増加する株式の総数の株式の分割前の発行済株式（種類株式発行会社にあっては,分割する種類の発行済株式）の総数に対する割合及び当該株式の分割に係る基準日 2. 株式の分割がその効力を生ずる日 3. 株式会社が種類株式発行会社である場合には,分割する株式の種類 ※ 取締役会設置会社以外の会社では,株主総会決議

↓

効力の発生

(1) **取締役会等の決議**

株式会社は,株式の分割をしようとするときは,その都度,株主総会（取締役会設置会社にあっては,取締役会）の決議によって,次に掲げる事項を定めなければなりません（会183②）。

① 株式の分割により増加する株式の総数の株式の分割前の発行済株式（種類株式発行会社にあっては,分割する種類の発行済株式）の総数に対する割合及び当該株式の分割に係る基準日

② 株式の分割がその効力を生ずる日

③ 株式会社が種類株式発行会社である場合には,分割する株式の種類

(2) **効力の発生等**

基準日において株主名簿に記載され,又は記録されている株主は株式の分割がその効力を生ずる日に,基準日に有する株式の数に株式の分割により増加する株式の総数の株式の分割前の発行済株式の総数に対する割合を乗じた数の株式を取得します（会184①）。

株式分割を行った場合,株式会社（現に2以上の種類の株式を発行しているものを除く。）は,株主総会の決議によらないで,株式の分割がその効力を生

ずる日における発行可能株式総数をその日の前日の発行可能株式総数に上記割合を乗じて得た数の範囲内で増加する定款の変更をすることができます（会184②）。

2　株式の分割が行われた場合の1株当たり情報に関する注記

　株式併合と同様に，株式会社が当該事業年度又は当該事業年度の末日後において株式の分割をした場合において，当該事業年度の期首に株式の分割をしたと仮定して1株当たりの当期純利益金額又は当期純損失金額を算定したときは，その旨を注記することとされました（計規113三）。

株式無償割当て

Q20

株式無償割当てについて説明してください。

A

●ポイント●

　株式無償割当てとは，株主に対してその有する株式の数に応じて，新たに払込みをさせずに株式を発行したり，自己株式の交付を行ったりすることをいいます。
　株式併合や株式分割等と同様，会社の資本政策や株主対策として一般的に用いられる手法です。
　株式無償割当てを行う場合，取締役会決議（取締役会設置会社でない場合は株主総会の普通決議）が必要となります。

1 株式無償割当てとは

　株式会社は，株主（種類株式発行会社にあっては，ある種類の種類株主）に対して新たに払込みをさせずに当該株式会社の株式の割当てをすることができます（会185）。これを，株式無償割当てと言います。

2 株式無償割当ての手続

　定款に別段の定めがある場合を除き，株式無償割当てを行うには，その都度，取締役会の決議（取締役会設置会社でない場合は株主総会の普通決議）によって以下の事項を決定しなければなりません（会186①，③）。
(1) 株主に割り当てる株式の数（種類株式発行会社にあっては，株式の種類及び種類ごとの数）又は割り当てる数の算定方法
(2) 株式無償割当ての効力発生日
(3) 会社が種類株式発行会社であれば，割り当てる株式の種類

　会社は，株式無償割当ての効力の発生後遅滞なく，株主及びその登録株式質権者に対し，その株主が割当てを受けた株式の数（種類株式発行会社では，株式の種類及び種類ごとの数）を通知する必要があります（会187②）。

　ここで，株式無償割当てが，法令・定款違反又は著しく不公正な方法によってなされた場合には，会社法第210条（募集株式の発行の差止請求権）や会社法第247条（募集新株予約権の発行差止請求権）の類推適用により，株主による差止請求の対象になると解されています（ブルドックソース事件　最決平成19年8月7日参照）。

　また，株式の無償割当てによって，ある種類の株主に損害を及ぼすおそれがある場合には，原則として，その種類株主に係る種類株主総会の決議が必要となりますが，その種類株主総会において議決権を行使することができる種類株主が存在しないときは，当該決議は不要です（会322①三）。

　なお，種類株式発行会社は，ある種類株式について種類株主総会の決議を要しない旨を定款で定めることができますが，その種類株式発行後に当該定款の定めを設ける場合には，その種類株式の株主全員の同意が必要となります（会322④）。

そして，このような定款の定めが設けられた場合には，株式の無償割当てがなされることによってある種類株主に損害を及ぼすおそれがある場合，当該株式の無償割当てに反対する当該種類株主について，株式買取請求権が認められています（会116①三ロ）。

3 株式無償割当てと資本政策

株式会社が証券市場に上場するために満たさなければならない上場基準の一つとして，上場時に必要な流通株式数等が定められています。この基準は各市場において異なりますが，上場準備会社は，当該基準に満たない場合，その会社の発行済株式数を増加させる必要が生じてきます。ここで，資金調達を特に必要とせず，単純に発行済株式数のみを増加させようとした場合には，従来（特に会社法施行前）は一般的に株式分割が用いられていたと思われますが，株式分割は，同一種類の株式数が単純に増加するのみであるため，それ以外の効果としては限定的であったと考えられます。

ある種類株式を有する株主に対し，異なる種類の株式を交付することができる株式無償割当てを選択肢の一つとして加えることで，上場基準を単に満たすだけでなく，その後の会社の資本政策を鑑みた株式・株主構成にすることによって，会社の資本政策の幅自体を広げることが可能となり，単純に株式数を増加する以上の効果が期待できると考えられます。

【株式数に係る上場基準】

市　　場	必　要　株　式　数
東証一部	流通株式数　20,000単位以上
東証二部	流通株式数　4,000単位以上
東証マザーズ	流通株式数　2,000単位以上
大証一部	浮動株式数　20,000単位以上
大証二部	浮動株式数　2,000単位以上
大証JASDAQ	公募又は売出し株式数が上場株式数の10％又は1,000単位のいずれか多い株式数以上（公開株式数）

4　株式の分割との異同点

(1) 共 通 点

上述したように，株式無償割当ては株式分割と同様，資金調達を伴わないで発行済株式数を増加させる手段としては共通の効果が得られます。また，決定機関が取締役会設置会社では取締役会，それ以外の会社では株主総会であるという点でも共通しています。

(2) 相 違 点

ただし，株式無償割当ては同一又は異なる種類の株式を株主に取得させることができるのに対し，株式分割は，同一種類の株式数が増加することとなる点において，大きく相違することとなります。

また，自己株式を有していた場合において，株式無償割当ては自己株式には株式を割り当てることができないのに対し，株式分割は分割割合に応じてすべての株式が等しく分割することとなるため，自己株式の数も増加することとなります。

したがって，株式無償割当ての場合には，当然に自己株式を交付することもできますが，株式分割についてはその性質上，自己株式の交付は生じないこととなります。

単元株制度

Q21

単元株制度について説明してください。

第2章 株　　式

A

> ●ポイント●
>
> 　単元株制度とは，一定の数未満の株式（単元未満株式）には株主総会での議決権を認めないとすることができる制度です。
> 　会社は，定款で定めることにより，当該制度を採用することができます。

1　単元株制度とは

　株式会社は，その発行する株式について，一定の数の株式（以下，単元株式数）をもって株主が株主総会又は種類株主総会において1個の議決権を行使することができる1単元の株式とする旨を定款で定めることができます（会188①）。この制度は，発行済株式総数，株主数ともに多くなってしまった会社が導入することにより，株主の管理コストの節減に資するものとなります。

　ただし，上記「一定の数」，すなわち単元株式数については，1,000及び発行済株式の総数の200分の1に当たる数を超えることはできないものとされています（会188②，施規34）。また，取締役は，当該単元株式数を定める定款の変更を目的とする株主総会において，単元株式数を定めることを必要とする理由を説明しなければならず（会190），種類株式発行会社においては，単元株式数は，株式の種類ごとに定めなければなりません（会188③）。

　なお，株券発行会社であっても，単元未満株式に係る株券を発行しないことができる旨を定款で定めることができます（会189③）。

2　単元未満株主の権利の制限

　単元未満株主は，その有する単元未満株式について，株主総会・種類株主総会における議決権（会189①）及び株主総会の招集請求権や議題提案権，議案の要領の通知請求権等，株主総会・種類株主総会に関する権利（会297，会303，会305，会325）は行使できませんが，株主であることに変わりはないため，そ

81

れ以外については，当然に株主としての権利を有するのが原則です。しかし，会社は，単元未満株主の権利を，以下の権利を除いて，定款の定めにより制限することができます（会189②，会847①）。
(1) 全部取得条項付種類株式の取得対価の交付を受ける権利
(2) 取得条項付株式の取得と引換えに金銭等の交付を受ける権利
(3) 株式無償割当てを受ける権利
(4) 単元未満株式の買取請求権
(5) 残余財産の分配を受ける権利
(6) その他法務省令（施規35）で定める権利（定款や株主名簿の閲覧請求権，相続や会社分割・株式交換及び株式移転の発生による株主名簿の名義書換請求権，株式の併合・分割・新株予約権の無償割当て・剰余金の配当・組織変更により金銭等の交付を受ける権利，合併や株式交換・株式移転により金銭等の交付を受ける権利等）

3　単元未満株式の買取請求権と売渡請求権

(1) 単元未満株式の買取請求権

単元未満株主は，会社に対し，自己の有する単元未満株式を買い取ることを請求することができるとされています（会192）。これは，単元未満株式については権利が制限されていること，また，株主の投下資本の回収の観点から認められています。

また，単元株制度を採用している会社は，単元未満株主がその有する単元未満株式と併せて1単元の株式となる数の株式を売り渡すべき旨を会社に請求することができる旨を定款に定めることができます（会194①）。この制度は，単元未満株主が単元株主になる機会を広げるためのものですが，定款で定めるべきこととされた趣旨は，募集株式の発行等の手続によらないで自己株式の処分を認めるという点で例外的な制度である点を考慮したためとされています。

(2) 単元未満株式の売渡請求権

株式会社は，単元未満株主が，当該単元未満株主が有する単元未満株式の数と併せて単元株式数となる数の株式を売り渡すことを会社に対して請求するこ

とができる旨を，定款で定めることができます（会194①）。単元未満株式売渡請求を受けた株式会社は，当該単元未満株式売渡請求を受けた時に会社がその請求により譲渡すべき数の株式を有しない場合を除き，自己株式を当該単元未満株主に売り渡さなければならないこととされています（会194③）。

募集株式の発行等

Q22

募集株式の発行等について説明してください。

A

●ポイント●

募集株式とは，会社設立後に，株式会社が，募集に応じて株式の引受けの申込みをした者に対して割り当てる株式のことをいいます。
募集株式の発行等により資金調達を行うには，新たに株式を発行するほか，会社が有する自己株式を割り当てることも可能です。
また，割当ての仕方によって，株主割当てとそれ以外の場合（公募及び第三者割当増資）とがあり，既存株主の保護の観点から，それぞれ取扱いが異なります。

1 募集株式の発行等に係る規制と会社設立時に係る規制との異同点

(1) 共通点

会社設立後の募集株式の発行等においても，会社設立時に係る規制と同様，会社財産確保の観点及び株主・株式引受人間の公平性の観点から，以下の点に

おいて共通することとなります。
① 金銭出資の全額払込み（会208①）
② 現物出資財産の全部給付（会208②）
③ 相殺禁止（会208③）
④ 現物出資の調査等（会207）
⑤ 現物出資者・取締役・執行役の目的物価額不足額填補責任（会212①二，213）
⑥ 証明・鑑定評価者の責任（会213③）
⑦ 申込みについて心裡留保・通謀虚偽表示の不適用，錯誤による無効主張，詐欺・強迫による取消しの制限（会211）
⑧ 権利株の譲渡の会社への対抗不可（会208④）等

(2) 相 違 点

　会社設立時には，設立される会社の財産的基礎について株式引受人を保護する必要性が強く働きます。これに対し，募集株式の発行等の場合には，会社の財産的基礎がある程度出来上がっているものと推察されるため，規制が緩和されている点で異なってくることになります。また，会社設立時には会社自身の監視体制が未整備であるため，会社外部の裁判所や，会社設立時の創立総会の関与を強くすることにより，当該監視体制の未整備を補完しているのに対し，募集株式の発行等の場合には機動的な資金調達を果たす必要性が高いこと等から，定款に定められた会社が発行する株式の種類と数の範囲内においては，募集株式の発行等に係る事項の決定権限を，定款に定めのない限り，原則として取締役会に委ねることを認めています。

2　募集株式の発行等の手続

　募集株式の発行は，主に以下のような手続の流れとなっています。
・募集事項（募集株式の発行等に関する事項）の決定
・募集事項の株主等に対する通知・公告
・募集株式の申込み・割当て
・出資の履行

(1) 募集事項の決定

　募集事項については，公開会社では原則として取締役会にその決定権限がありますが（会201①），公開会社以外の会社においては，株主総会の特別決議によって定めるのが原則となっています（会199②，会309②五）。ただし，公開会社以外であっても，株主割当ての場合には，取締役会設置会社にあっては取締役会，取締役会非設置会社にあっては取締役に定款で委任することが可能です。なお，第三者割当ての場合には，定款による委任はできず，委任の決議（会200①）が必要となっています（会199①，会202①，③）。さらに，株主割当ての場合で，ある種類の種類株主に損害を及ぼすおそれがあるときは，定款で別段の定めを置かない限り，当該種類株主の種類株主総会の特別決議が必要です（会322①四，会324②四）。

　他方，第三者割当ての場合であって，譲渡制限株式を発行する場合にも種類株主総会が必要となりますが（会199④等），この場合には，種類株主に損害を及ぼすおそれの有無にかかわらず必要となります。

　なお，会社が定めなければならない募集事項等は以下のとおりです（会199①各号）。

① 募集株式の数（種類株式発行会社にあっては，募集株式の種類及び数）
② 募集株式の払込金額（募集株式1株と引換えに払い込む金銭又は給付する金銭以外の財産の額）又はその算定方法
③ 金銭以外の財産を出資の目的とするときは，その旨並びに当該財産の内容及び価額
④ 募集株式と引換えにする金銭の払込み又は財産の給付の期日（以下「払込期日」という。）又はその期間（以下「払込期間」という。）
⑤ 株式を発行するときは，増加する資本金及び資本準備金に関する事項
　さらに，株主割当ての場合には，上記に加えて，以下の事項の定めも必要となります（会202①各号）
⑥ 株主に対し，募集株式の申込みをすることにより当該募集株式（種類株式発行会社にあっては，当該株主の有する種類の株式と同一の種類のもの）の割当てを受ける権利を与える旨
⑦ 上記募集株式の引受けの申込みの期日

(2) 募集事項の株主等に対する通知・公告
① 株主に対する通知又は公告

　公募・第三者割当ての場合，公開会社では，払込期日又は払込期間初日の２週間前までに，募集事項を通知又は公告しなければなりません（会201③，④）。払込期日又は払込期間初日の２週間前までに，金融商品取引法に基づく有価証券届出書等の届出を行っている場合には，この通知・公告は不要となります（会201⑤）。また，公開会社以外の会社にはこの通知・公告義務は課せられません。

　株主割当ての場合には，公開会社・公開会社以外の会社ともに，募集株式の引受けの申込期日の２週間前までに，募集事項，株主が割当てを受ける募集株式の数，及び募集株式の引受けの申込期日を通知する必要があります（会202④）。

② 株式引受人に対する通知

　会社は，募集に応じて株式の引受けの申込みをしようとする者に対して，会社の商号，募集事項等を通知しなければなりません（会203①）。ただし，株式の引受けの申込みをしようとする者に対して，金融商品取引法に基づく目論見書等が交付されている場合は，通知・公告は不要です（会203④）。

(3) 募集株式の申込み・割当て
① 募集株式の申込み

　募集株式の募集に応じて株式の引受けの申込みをする者は，次に掲げる事項を記載した書面を株式会社に交付しなければなりません（会203②）。

　　a．申込みをする者の氏名又は名称及び住所
　　b．引き受けようとする募集株式の数

　なお，書面の交付に代えて，会社の承諾を得て，同項の書面に記載すべき事項を電磁的方法により提供することもできます（会203③）。

② 募集株式の割当て

　会社は，申込者の中から募集株式の割当てを受ける者を定め，かつ，その者に割り当てる募集株式の数を定め（この場合，会社は，当該申込者に割り当てる募集株式の数を，申込者の申し込んだ募集株式の数よりも減少することがで

きます）（会204①），払込期日又は払込期間初日の前日までに，申込者に対し，割り当てる募集株式の数を通知しなければなりません（会204③）。

なお，募集株式を引き受けようとする者がその総数の引受けを行う契約を締結する場合には，上述した株式引受人に対する通知は不要です（会205）。

(4) 出資の履行

募集株式の引受人は，払込期日又は払込期間内に，会社が定めた銀行等の払込みの取扱いの場所において，それぞれの募集株式の払込金額の全額を払い込み，又は払込金額の全額に相当する現物出資財産の給付をしなければなりません（会208①，②）。当該募集株式の引受人が出資の履行をしないときは，募集株式の株主となる権利を失うこととなります（会208⑤）。

払込み又は現物出資財産の給付をした引受人は，払込期日を定めた場合には当該期日において，払込期間を定めた場合には出資の履行をした日において，募集株式の株主となります（会209）。

なお，参考として，募集株式の発行等に係る「株式会社変更登記申請書」，「株式申込証」，「資本金の額の計上に関する証明書」，「臨時株主総会議事録」，「募集事項の決定に関する取締役の決定書」，「取締役会議事録」等の記載例・雛形が法務省のホームページに提示されています（平成25年3月31日現在）。

http://www.moj.go.jp/ONLINE/COMMERCE/11-1.html

3 第三者割当増資の活用例

第三者割当てによる募集株式の発行は，会社が特定の第三者に対して新株を発行するものであることから，M＆Aを実施する際や，敵対的買収を仕掛けられた際の対抗手段として用いられることもあります。

(1) M＆Aと第三者割当増資の活用

第三者割当増資においては，既発行分の株式は既存株主がそのまま保有することとなるため，支配権を獲得するというよりも，資本提携などの場合に利用されるケースが多いものと考えられます。

業績不振に陥った会社で資金需要が高まった場合においては，資本提携先と

なる企業に対して第三者割当てによる新株の発行を行うことで，その対価として現金を入手することが可能となります。

(2) 敵対的買収と第三者割当増資の活用

第三者割当増資は，公開会社において敵対的買収を仕掛けられた際には，友好関係にある企業に対して実施することにより，買収を仕掛けた者の持株比率を低下させることができるため，敵対的買収の対抗手段として利用されることもあります。

ただし，この場合には，新たに発行される株式の発行価額と発行目的に留意する必要があります。新株の発行価額が第三者にとって特に有利なものである場合には，株主総会での特別決議が必要となり（会201①，会199②，会309②五），取締役は，当該株主総会において，その発行価額でその者の募集をすることを必要とする理由を説明しなければなりません（会201①，会199③）。

また，会社の支配権をめぐる争いがある中で，取締役・執行役が専ら会社支配を確保・維持するために自己又は友好関係にある企業に対して株式を割り当てる場合には，著しく不公正な方法による募集株式の発行に該当するおそれがあります。

ただし，あくまでも会社に資金調達の必要があり，それを主要な目的として発行される場合には，その募集株式の発行等を著しく不公正なものとみることはできないと解されています（主要目的ルール）（秀和対忠実屋・いなげや事件　東京地決平成元年7月25日，ベルシステム24事件　東京地決平成16年7月30日，東京高決平成16年8月4日等）。

(3) 第三者割当増資実施の際の留意点

第三者割当増資を実施する際に，特に有利な発行価額に該当するかどうか，また，著しく不公正な方法に該当するかどうかについての判断については，過去にも争いが多く，議論となっているところです。

特に有利な発行価額に該当するかどうかについては，日本証券業協会の自主規制ルール（「第三者割当増資の取扱いに関する指針」日本証券業協会　平成22年4月1日）が一定の合理性ある指標として，また，著しく不公正な方法に

第2章 株　　式

該当するかどうかは，上述の「主要目的ルール」が近年主張されているため，これらも参考にしながら，その判断に当たっては慎重な対応が必要と考えられます。

> **（参考）　日本証券業協会の自主規制ルール**
> 　　　　（「第三者割当増資の取扱いに関する指針」平成22年4月1日）
> 　上場銘柄の発行会社（外国会社を除く）が，第三者割当てにより株式の発行を行う場合に，日本証券業協会が当該発行会社に対して要請しているもので，その内容は以下の通りとなります（当該価額よりも低い価額で新株を発行する場合に，株主総会の特別決議が必要となる）。
>
> ↓
>
> 　第三者割当増資についての取締役会決議の直前日の価額（直前日における売買が無い場合には当該直前日からさかのぼった直近日の価額）の90％以上，又は，当該取締役会決議の日から払込金額を決定するために適当な期間（最長6か月）をさかのぼった日から当該決議の直前日までの間の平均の価額の90％以上。

株券不発行制度

Q23

株券不発行制度について説明してください。

A

●ポイント●

株券不発行制度とは，株券を廃止し，原則として上場会社におい

89

> ては振替機関における振替口座簿への記載をもって，また，非上場会社においては株主名簿への記載をもって株主権の根拠とする制度のことをいいます。
> 　株券を発行することができるのは，定款にその旨の定めがある会社に限られています。

1　株券不発行制度下における株式の譲渡方法

　株式会社においては，株券を発行する旨を定款に定めない限り，株券を発行できないものとされています（会214）。これは，公開会社以外の会社においては，その株式の流通性が乏しいため，株券の発行を強制する必要は少ないことがその理由として挙げられます。また，社債，株式等の振替に関する法律の対象となる上場会社などの株式については，株式取引の迅速な決済を可能とするために，「株式等の取引に係る決済の合理化を図るための社債等の振替に関する法律等の一部を改正する法律」（通称，株式等決済合理化法）が平成16年6月に成立したことにより，現在ではそもそも株券を発行することができないものとされています。

　したがって，株式の譲渡方法についても，それぞれの会社で異なることとなっています。

(1)　株券発行会社の場合

　株券を発行する旨の定款の定めがある会社を株券発行会社といい，株券発行会社における株式の譲渡は，原則としてその株式に係る株券を交付しなければその効力が生じないものとされています（会128①）。また，その株式を取得した者の氏名・名称及び住所を株主名簿に記載・記録（株主名簿の名義書換）しなければ，会社に対抗することができないとされています（会130）。

(2)　株券発行会社以外の会社の株式のうち，振替株式の場合

　株券を発行する旨の定款の定めがない会社の株式（譲渡制限株式を除く）で

振替機関が取り扱うこととなっているものを振替株式といいます。この振替株式の譲渡方法は，譲渡人による振替の申請により，株式の譲受人がその口座における保有欄に当該譲渡に係る数の増加の記載・記録を受けなければ，その効力を生じないものとされています。

(3) 株券発行会社以外の会社の株式のうち，振替株式ではない場合

この場合，株式の譲渡は当事者間の譲渡の意思表示のみによってその効力が生じるものとされており（原則として，名義人と譲受人が共同で請求），その株式を取得した者の氏名・名称及び住所を株主名簿に記載・記録（株主名簿の名義書換）しなければ，株式会社その他の第三者に対抗することができないものとされています（会130①）。

2 株券不発行制度下における権利の推定と善意取得

(1) 株券発行会社の場合

株券発行会社においては，株券の占有者は，その株券に係る株式についての権利を適法に有するものと推定されます（会131①）。そこで，株券発行会社においては，悪意又は重過失がなく株券の交付を受けた者は，その株券に係る株式についての権利を取得するものとされています（善意取得）（会131②）。

(2) 株券発行会社以外の会社の株式のうち，振替株式の場合

振替機関の加入者は，その口座における記載・記録がされた振替株式についての権利を適法に有するものと推定されます。そして，振替の申請によりその口座において特定の銘柄の振替株式についての増加の記載・記録を受けた加入者は，悪意又は重過失があるときを除いて，その銘柄の振替株式についての当該増加の記載・記録に係る権利を取得するものとされています。

(3) 株券発行会社以外の会社の株式のうち，振替株式ではない場合

この場合，権利の推定や善意取得が生じる余地はないことになります。したがって，株主名簿上の記載・記録の重要性は非常に高いものとなっています。

3　会社法施行前より存続している会社の取扱い

　旧商法においては，原則としてすべての株式について株券を発行するものとされ，例外として定款で定めれば，株券を発行しないことができるものとされていました。これが，平成18年5月の会社法施行と同時に原則と例外が逆転することとなりましたが，旧商法時に株券を発行しない旨を定めていた会社を除いて，会社法施行時に自動的に株券発行会社となり，法務局の職権で，登記簿謄本（履歴事項全部証明書）に，「当会社の株式については，株券を発行する」旨の登記がされています。

　したがって，会社法施行前より存続している会社においては，会社法の原則が株券不発行であるにも係わらず，現在でも株券発行義務が残ったままになっている会社も多いものと考えられます。

　このような会社において株券を不発行にするためには，株券を発行する旨の定めを廃止する定款変更決議を株主総会の特別決議により行い，当該定款の変更の効力が生ずる2週間前までに，(1)その株式（種類株式発行会社では，全部の種類の株式）に係る株券を発行する旨の定款の定めを廃止する旨，(2)定款変更の効力発生日，及び(3)定款変更の効力の発生日に会社の株券は無効となる旨を公告し，かつ，株主及び登録株式質権者には，格別にこれを通知しなければならないものとされています（会218①）。ただし，株式の全部について株券を実際に発行していない会社の場合には，(1)及び(2)を株主及び登録株式質権者に通知又は公告すれば足りることとされています（会218③，④）。

　また，以上の移行手続に加えて，株券を発行しない旨の変更登記も必要となります。

所在不明株主の株式売却制度

Q24

所在不明株主の株式売却制度について説明してください。

A

> ●ポイント●
>
> 5年間継続して所在が不明な株主の有する株式については，会社は，当該株式に係る事務の合理化のため，取締役会の決議により当該株式を売却することができます。

1 売却対象となる株式に係る要件

　株式会社は，次のいずれにも該当する株式を競売し，かつ，その代金をその株式の株主に交付することができることとされています（会197①）。

(1) 株式会社が株主に対してする通知又は催告が5年以上継続して到達しない場合（会196①），又は，取得条項付新株予約権（株式会社がその株主の同意なく，一定の事由が生じたことを条件に新株予約権者から新株予約権を取得する条項を付した新株予約権）を取得するのと引換えに当該新株予約権の新株予約権者に対して当該株式会社の株式を交付する場合において，新株予約権証券（無記名式のものに限る）が提出されない場合（会294②）に，その株式の株主に対して通知又は催告をすることを要しないもの

(2) その株式の株主が，継続して5年間剰余金の配当を受領しなかったもの

　ただし，株券喪失登録がされた株券に係る株式については，会社法第197条第1項の規定による競売又は同条第2項の規定による売却をすることができません（会230④）。

　また，その株式について，質権者の氏名又は名称及び住所，質権の目的である株式について株主名簿に記載され，又は記録された質権者（以下「登録株式質権者」という。）があるときは，当該登録株式質権者の利益を保護するため，当該登録株式質権者も，通知又は催告が5年以上継続して到達していない場合であって，かつ，継続して5年間，会社法第154条第1項の規定により受領することができる剰余金の配当を受領しなかった場合でなければ，株式会社はその株式を競売ないし売却することはできないものとされています（会197⑤）。

93

2 通知又は催告について

株式会社が株主に対してする通知又は催告は，株主名簿に記載し，又は記録した当該株主の住所（当該株主が別に通知又は催告を受ける場所又は連絡先を当該株式会社に通知した場合にあっては，その場所又は連絡先）にあてて発すれば足りるものとされています（会126①）。また，その通知又は催告は，その通知又は催告が通常到達すべきであった時に到達したものとみなされます（同②）。

なお，当該通知又は催告については，実務上，招集通知等法定のものに限定されず，株主通信や株主優待物等の株主サービスとしての任意の送付物も含まれ，また，株主名簿上の住所宛の郵送，宅配便等による書面等の送付のほか，メールアドレス等，発行会社に通知した宛先への電子メール等の電磁的方法によるものも含まれるものと解されています（「所在不明株主の株式売却制度事務取扱指針」2(2)　全国株懇連合会理事会　平成23年8月26日）。

3 競売及び売却手続について

(1) 事前の公告及び催告

株式会社は，所在不明株主の株式を競売又は売却するには，その株式について，①株式の競売又は売却をする旨，②当該株式の株主として株主名簿に記載又は記録がされた者の氏名又は名称及び住所，③競売対象株式の数（種類株式発行会社にあっては，競売対象株式の種類及び種類ごとの数），④当該株式につき株券が発行されているときは，当該株券の番号及び⑤利害関係人は異議があれば一定の期間（当該期間は3か月を下回ることはできません）内に述べるべき旨を公告し，かつ，株主及び登録株式質権者に各別に催告しなければなりません（会198①，施規39）。この催告は，株主名簿に記載し，又は記録した株主及び登録株式質権者の住所（当該株主又は登録株式質権者が別に通知又は催告を受ける場所又は連絡先をその会社に通知した場合には，その場所又は連絡先を含む）にあてて発しなければならないとされています（会198②）。

そして，売却の対象となった株式に係る株券が発行されている場合において，上述した一定の期間内に利害関係人が異議を述べなかったときは，その株券は

当該期間の末日に無効となります（会198⑤）。

(2) 売却方法

　株式会社は，競売による方法の他，市場価格のある株式はその市場価格でもって売却し，市場価格のない株式については，裁判所の許可を得て競売以外の方法によって売却することができるものとされています。なお，当該裁判所への許可の申立ては，取締役が2人以上いる場合には，取締役全員の同意が必要です（会197②）。

　また，会社は，①買い取る株式の数（種類株式発行会社にあっては，株式の種類及び種類ごとの数）及び②株式の買い取りと引換えに交付する金銭の総額を定めた上で，当該売却する株式の全部又は一部を買い取ることができます（会197③）。ただし，その取得価額の総額は，当該株式の買取りがその効力を生ずる日における分配可能額を超えてはなりません（会461①六）。

　これらの決定は，取締役会設置会社においては，取締役会の決議によらなければならないものとされています（会197④）。

(3) 売却後の手続

　会社が株式を売却等した場合には，その従前の株主（所在不明株主）に当該売却代金を支払わなければなりません（会197①）。この債務の弁済は，会社の住所地においてなされるべきことになりますが（会196②，③），当該売却代金の支払請求権は金銭債権であり，その消滅時効は10年であるため（民167），債権者である従前の株主が現れない場合，最長で10年間は，会社は当該債務を負ったままの状態が継続することとなってしまいます。そこで，会社が，その過失がなくて債権者を確知することができない場合には，当該売却代金を供託して，その債務を免れることができることとされています（民494）。

> **（参考②） 供託手続きについて**
>
> 　供託の意義・手続は，以下の通りとなっています（法務省ウェブサイト http://www.moj.go.jp/MINJI/minji07.html，平成25年7月31日現在）。

第1　供託とは

　供託とは，金銭，有価証券などを国家機関である供託所に提出して，その管理を委ね，最終的には供託所がその財産をある人に取得させることによって，一定の法律上の目的を達成しようとするために設けられている制度です。

　ただし，供託が認められるのは，法令（例えば，民法，商法，民事訴訟法，民事執行法等）の規定によって，供託が義務付けられている場合または供託をすることが許容されている場合に限られています。

第2　供託の種類（省略）

第3　供託所とは

　一般的には国の機関である法務局・地方法務局またはそれらの支局もしくは法務大臣の指定する出張所が供託所として，供託事務を取り扱っています。供託すべき供託所は，供託の種類によって異なります。例えば，

(1)　弁済供託の場合　→　債務履行地に所在する供託所

(2)～(4)（省略）

第4　供託の手続

　1　地代・家賃の弁済供託ができる主な例

　　(1)　支払日に地代・家賃を持参したが，地代・家賃の値上げや土地・建物の明渡要求などの理由で受領を拒否された場合（受領拒否）

　　(2)　地主・家主と争いが続いていて，あらかじめ地代・家賃の受領を拒否され，地代・家賃を持参しても受け取ってもらえないことが明らかな場合（受領拒否）

　　(3)　地主・家主等受取人が行方不明の場合（受領不能）

　　(4)　地主・家主であると称する複数の者から地代・家賃の支払請求を受け，いずれの者に支払ってよいかわからない場合または地主・家主が死亡し，その相続人が誰であるか不明の場合（債権者不確知）

　2　供託に必要なもの

　　供託には概ね次のような書類が必要となります。

(1) 供託書－用紙は，供託所でお渡しします。記載例等は，「供託の申請」のページを併せてご覧ください。
(2) 資格証明書－会社・法人が供託する場合，作成後3か月以内のものが必要です。
(3) 委任状－代理人の方が申請する場合に必要となります。
(4) 封筒及び郵便切手－弁済供託等の通知を要する場合に必要となります。
(5) 賃貸借契約書等－地代・家賃の弁済供託の場合は，賃貸物件の所在，地番，構造，種類，賃料，支払日等を記載していただきますので，賃貸借契約書等を持参願います。
3　供託金の納入
　　供託金の納入については，直接供託所の窓口で取り扱う供託所と日本銀行又はその代理店に納めていただく供託所とがあります。
　　また，納入の方法については，現金の納付のほかに，電子納付を選択することもできます。詳しくは，事前に供託所にお尋ね下さい。
第5～第6　（省略）
第7　その他
　　供託は，手続の終了までに多少の時間を要しますので，ご協力をお願いいたします。
　　月末，年末は特に混雑するため，長くお待ちいただく場合がありますので，ご了承ください。
　　詳しくは，最寄りの法務局・地方法務局（供託所）にお尋ねください。

4　その他の留意点

　オーナー企業等の場合，創業当時から数十年が経過し，その間，相続等が繰り返された結果，実際には会社の経営に関与していない株主が多数存在することがあります。こういった株主の中から，突然帳簿閲覧権や株主総会への参加，更には第三者への株式の売却等，株主としての権利を主張する者が出てくる可能性もあるため，会社としては，経営への介入を強く主張されたり，また，株

式の買取りを実質的に迫られたりする等のリスクが常に存在することとなります。したがって，会社経営の安定化を図るためには，こうした株主の所有する株式を整理・処分することも重要であり，当該制度の活用を検討することも一つの方法だと考えられます。

《参考文献》

『リーガルマインド会社法　第12版』弥永真生著，有斐閣，平成21年

東京証券取引所ウェブサイト「上場審査基準概要（一・二部）」
　　http://www.tse.or.jp/rules/listing/stlisting.html

大阪証券取引所ウェブサイト「上場審査」
　　http://www.ose.or.jp/self_regulation/ 677

あずさ監査法人ウェブサイト「新会社法と公開準備会社の留意点(1)−資本政策
　【2】　株式無償割当とデッド・エクイティ・スワップ」
　　http://www.azsa.or.jp/ b _info/ipo/ 200605 /ipo_200605_02.html

法務省ウェブサイト「商業・法人登記申請」
　　http://www.moj.go.jp/ONLINE/COMMERCE/ 11−1.html

「なるほど図解 M＆Aのしくみ第３版」小本恵照，尾関純編著，中央経済社，平成21年

全国株懇連合会ウェブサイト「「所在不明株主の株式売却制度事務取扱指針」の改正について」
　　http://ww.kabukon.net/new/index.html

第3章

新株予約権

新株予約権制度

Q25

新株予約権の内容・発行について説明してください。

A

●ポイント●

新株予約権とは，新株予約権発行後の一定期間内に行使することにより，その会社の株式について，一定の価格で交付を受けることができる権利をいいます。新株予約権は役員・従業員のモチベーション向上のためのストック・オプションとしてのみでなく，昨今では，資金調達や企業買収防衛策の一手段としても利用されています。

新株予約権を発行する場合，新株予約権の内容を定め，原則として，公開会社においては取締役会，非公開会社は株主総会の決議が必要です。

1 新株予約権の発生

会社法においては，募集新株予約権（会社の募集に応じて当該新株予約権の引受けの申込みをした者に対して割り当てる新株予約権）を発行する場合以外に，下記のケースにおいても新株予約権を発行することができます。

第3章 新株予約権

交付相手		新株予約権が発行されるケース	参照条文
通常時	潜在株主 通常時	募集新株予約権の発行	会238
	潜在株主 取得条項付新株予約権保有者	取得条項付新株予約権の取得対価として他の新株予約権を交付する	会236①七
	株主 普通株主	新株予約権無償割当	会277
	株主 取得請求権付株式保有者	取得請求権付株式の取得対価として新株予約権を交付する	会166, 107②二
	株主 取得条項付株式保有者	取得条項付株式の取得対価として新株予約権を交付する	会168, 108②七
	株主 全部取得条項付種類株式保有者	全部取得条項付種類株式の取得対価として新株予約権を交付する	会171, 107②三
組織再編時	合併 合併消滅会社株主	消滅会社の株式に代わるものとして，存続会社・新設会社の新株予約権を交付する	会749①二, 753①八
	合併 合併消滅会社の新株予約権者	消滅会社の新株予約権に代わるものとして，存続会社・新設会社の新株予約権を交付する	会749①四, 753①十
	分割 分割会社株主	分割会社の事業に関する権利義務の全部または一部に代わるものとして，承継会社・新設会社の新株予約権を交付する	会758四, 763八
	分割 分割会社の新株予約権者	分割会社の新株予約権に代わるものとして，承継会社・新設会社の新株予約権を交付する	会758五, 763十
	株式交換・株式移転 完全子会社株主	完全子会社の株式に代わるものとして，完全親会社の新株予約権を交付する	会768①二, 773①七
	株式交換・株式移転 分割会社の新株予約権者	完全子会社の新株予約権に代わるものとして，完全親会社の新株予約権を交付する	会768①四, 773①九
組織変更	持分会社 社員	持分会社の持分に代わるものとして，新株予約権を交付する	会746七

2 新株予約権の内容

　会社が新株予約権を発行するときは，以下に掲げる事項を新株予約権の内容とする必要があります（会236）。
(1) 新株予約権の目的である株式の数（種類株式発行会社にあっては，株式の種類及び種類ごとの数）又はその数の算定方法
(2) 新株予約権の行使に際して出資される財産の価額又はその算定方法
(3) 金銭以外の財産を新株予約権の行使に際して出資の目的とするときは，

その旨並びに財産の内容及び価額
(4)　新株予約権を行使することができる期間
(5)　新株予約権の行使により株式を発行する場合における増加する資本金及び資本準備金に関する事項
(6)　譲渡による新株予約権の取得について，会社の承認を要することとするときはその旨
(7)　会社が，一定の事由が生じたことを条件として新株予約権を取得することができることとするときは，その旨及びその事由等
(8)　合併，吸収分割等の組織再編を行う場合，新株予約権者に対して存続会社等の新株予約権を交付することとするときは，その旨及びその条件
(9)　新株予約権者に交付する株式の数に1株に満たない端数がある場合において，これを切り捨てるものとするときは，その旨
(10)　新株予約権証券を発行することとするときは，その旨
(11)　新株予約権証券を発行するときに，新株予約権者が記名式と無記名式との間の転換請求の全部又は一部をすることができないこととするときは，その旨

会社が権利行使の条件を定める場合には，上記と同様に新株予約権の内容とする必要があります（会911③十二ハ）。

3 募集新株予約権の発行

(1) 新株予約権の発行手続

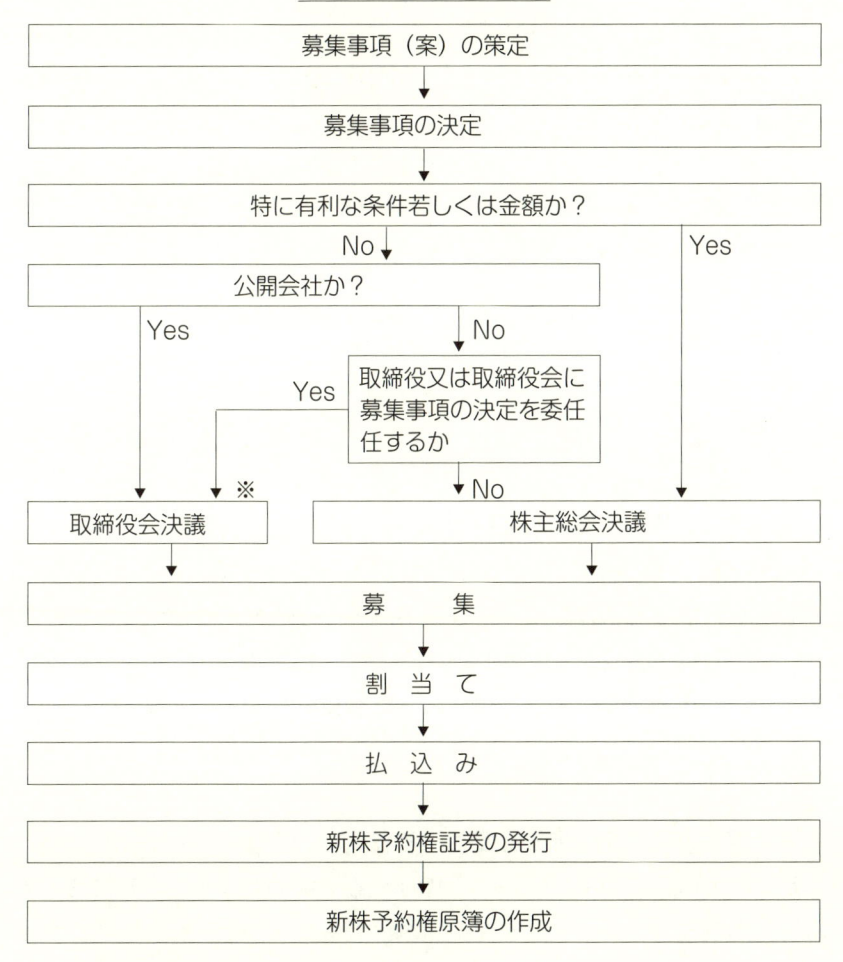

新株予約権の発行手続

```
募集事項（案）の策定
        ↓
募集事項の決定
        ↓
特に有利な条件若しくは金額か？
   No ↓              ↓ Yes
公開会社か？
 Yes ↓   ↓ No
        取締役又は取締役会に
   Yes→  募集事項の決定を委任
        任するか
            ↓ No
   ※
取締役会決議      株主総会決議
        ↓           ↓
          募　集
            ↓
         割　当　て
            ↓
         払　込　み
            ↓
      新株予約権証券の発行
            ↓
      新株予約権原簿の作成
```

※ 一部事項は株主総会で定める必要あり

(2) 募集事項の決定

　新株予約権の募集を行う場合，以下の募集事項を定める必要があります（会238）。

103

① 募集新株予約権の内容及び数
② 募集新株予約権と引換えに金銭の払込みを要しないこととするときは，その旨
③ 募集新株予約権の払込金額又はその算定方法
④ 募集新株予約権の割当日
⑤ 募集新株予約権と引換えにする金銭の払込みの期日を定めたときはその払込期日
⑥ 募集新株予約権が新株予約権付社債に付されたものである場合には，会社法に規定される募集社債の募集事項（会676）
⑦ 募集新株予約権が新株予約権付社債に付されたものである場合に，新株予約権の買取請求の方法につき別段の定めをするときにはその定め（会118①，777①，787①，808①）

なお，募集事項は，募集を行うごとに均等に定める必要があります（会238⑤）。

(3) 特に有利な条件若しくは金額

募集新株予約権と引換えに金銭の払込みを要しないこととすることが新株予約権者に特に有利な条件のとき，又は募集新株予約権の払込金額が新株予約権者に特に有利な金額である場合は，取締役は株主総会において，これらの条件又は金額で募集新株予約権を引き受ける者の募集をすることを必要とする理由を説明しなければなりません（会238③）。

(4) 募集事項決定の取締役又は取締役会への委任

非公開会社であっても，株主総会の特別決議で募集事項の決定を取締役（取締役会設置会社においては取締役会）に委任することができます（会239①，309②六）が，この場合，株主総会で以下の事項を定める必要があります（会239①）。

① 募集新株予約権の内容及び数の上限
② 募集新株予約権につき金銭の払込みを要しない場合には，その旨
③ 募集新株予約権の払込金額の下限

(5) 募　　集

　募集新株予約権の申込者は割当日に新株予約権の新株予約権者になります（会245①一）。取締役又は取締役会が株主総会の委任を受けて定める割当日は、株主総会決議日から１年以内の日である必要があります（会239③）。

　会社は、新株予約権の募集において、株主に新株予約権の割当てを受ける権利を与えることができますが、この場合は募集事項のほかにその旨及び引受けの申込期日を定める必要があります（会241①二）。

　取締役会決議によって募集事項を定めた場合、割当日の２週間前までに株主に対し募集事項を通知（又は公告）する必要があります（会240②、③）が、株主の利益保護に欠けることがないような場合には、必要がありません（会240④）。

(6) 割　当　て

　新株予約権の割当方法には、募集・申込による場合と募集新株予約権の総数の引受けを行う契約による場合があります（会242～244）。

① 募集・申込による場合

　会社は、募集新株予約権の引受けの申込をしようとする者に対して、会社の商号、募集事項、金銭払込みの取扱場所、発行可能株式総数、取得請求権・取得条項を株式の内容として定めているときはその内容等を通知する必要があり、申込をしようとする者は、氏名又は名称及び住所、引受けようとする募集新株予約権の数を記載した書面を会社に交付する必要があります（会242①、②、施規54）。

　会社の通知は、通常、到達すべきであったときに到達したとみなされます（会242⑧）。

② 総数の引受けを行う契約による場合

　募集新株予約権の総数の引受けを行う契約による場合、①のような手続は要求されていません（会244①）。

　募集新株予約権の申込者及び募集新株予約権の総数を引き受けた者は、割当日に新株予約権者になります（会245①）。

(7) 払込み

新株予約権者は，募集新株予約権の権利行使期間の初日の前日，若しくは募集新株予約権の金銭の払込期日を定めるときはその期日までに，会社が定めた銀行等の払込場所において，募集新株予約権の払込金額の全額を払い込まなければなりません（会246①）。

新株予約権者は，会社の承諾を得て，金銭の払込みに代えて，払込金額に相当する金銭以外の財産を給付し，又は会社に対する債権をもって相殺することができます（会246②）。

新株予約権者は，募集新株予約権の払込期日までに，払込金額全額の払込み（払込みに代えてする金銭以外の財産の給付又は会社に対する債権をもってする相殺を含む）をしないときは，募集新株予約権を行使することができず，新株予約権は消滅します（会246③，287）。

(8) 新株予約権証券の発行

会社が新株予約権証券を発行する場合，その旨を新株予約権の内容として定める必要があり（会236①十），また，証券発行新株予約権（証券を発行する新株予約権）を発行した場合には，発行日以後遅滞なく，新株予約権証券を発行する必要があります（会288①）。ただし，会社は，新株予約権者から請求があるときまでは，新株予約権証券を発行しないことができます（会288②）。

新株予約権証券には記名式と無記名式のものがありますが，いずれも以下の事項を記載し，会社の代表取締役がこれに署名又は記名押印することが必要です（会289）。

① 会社の商号
② 証券発行新株予約権の内容及び数
③ 新株予約権証券の番号

新株予約権者は，新株予約権を発行する際に新株予約権の内容として別途に定めている場合を除いて，いつでも，その記名式の新株予約権証券を無記名とし，又はその無記名式の新株予約権証券を記名式とすることを請求することができます（会236①十一，290）。

(9) **新株予約権原簿の作成**

会社は，新株予約権を発行した日以後遅滞なく新株予約権原簿を作成し，新株予約権の区分に応じて下記の事項を記載し又は記録する必要があります（会249）。

① 無記名式の新株予約権証券が発行されている新株予約権
   a．新株予約権証券の番号，無記名式新株予約権の内容，数
② 無記名式の新株予約権付社債に付された新株予約権
   a．新株予約権付社債券の番号，新株予約権の内容，数
③ 上記①及び②以外の新株予約権
   a．新株予約権者の氏名又は名称，住所
   b．新株予約権の内容，数
   c．新株予約権取得日
   d．証券発行新株予約権である場合，新株予約権証券の番号
   e．証券発行新株予約権付社債に付されたものであるときは，新株予約権付社債券の番号

会社は，新株予約権原簿をその本店（株主名簿管理人がある場合はその営業所）に備え置く必要があります（会252①）。

株主及び債権者（新株予約権者を含む）は，請求の理由を明らかにした上で，会社の営業時間内はいつでも新株予約権原簿の閲覧又は謄写の請求をすることができ，会社は，株主又は債権者の権利の確保又は行使に関する調査の目的以外の事由による請求等の場合以外，これを拒むことができません（会252②，③）。

4　会社法制の見直し

現在，会社法制の見直しが行われており，新株予約権に関して，以下の事項の改正が検討されています。

① 公開会社における募集新株予約権の割当て等の特則として，募集新株予約権の割当てを受けた申込者又は募集新株予約権の総数を引受けた者（以下「引受人」という）について，aに掲げる数のbに掲げる数に対する割合が50％を超える場合，公開会社は原則として，割当日の2週間前までに，

株主に対し，引受人の氏名又は名称及び住所，引受人についてのａ．に掲げる数その他一定の事項を通知若しくは公告しなければならないこととすることが検討されています。

ａ．引受人（その子会社等を含む）がその引受けた募集新株予約権に係る交付株式の株主となった場合に有することとなる議決権の数のうち最も多い数

ｂ．総株主の議決権の数のうち最も多い数

また，総株主の議決権の10％以上の議決権を有する株主が上記の通知日若しくは公告日から２週間以内に引受人による募集新株予約権の引受けに反対する旨を公開会社に対し通知したときは，公開会社は，原則として株主総会で引受人に対する割当て又は引受人との総数引受契約を承認することが必要とする旨が検討されています。

② 新株予約権の無償割当に関する割当通知

会社は，株主に対する新株予約権の無償割当を行った場合，無償割当の効力発生日後遅滞なく，かつ新株予約権の権利行使期間の末日の２週間前までに，株主及びその登録株式質権者に対し，株主が割当てを受けた新株予約権の内容及び数を通知しなければならないこととする旨が検討されています。

自己新株予約権

Q26

自己新株予約権の取得・処分・消却について説明してください。

A

> ●ポイント●
>
> 　会社が自社の発行する新株予約権を買い取った場合，「自己新株予約権」と呼びます。中でも，対価が現金ではなく，株式を渡す形式である「取得条項付新株予約権」は，新株予約権の行使による株式転換のタイミングを実質的に会社側が決定することができることから，必要な時に会社の友好的株主の持分比率を増加させる買収防衛策として利用することが可能です。
> 　会社は，自己新株予約権を自由に取得することができ，また，保有している自己新株予約権を一定の手続を経ることによって処分・消却することができます。

1　自己新株予約権の取得

　会社が自己新株予約権を取得するケースは，会社法上，以下のケースが定められていますが，自己株式のケースとは異なり様々なケースがあると考えられています。

(1)　取得条項付新株予約権（会236①七イに掲げる事項についての定めがある新株予約権）を会社が取得する場合（会273）

(2)　特定の定款変更決議を行う場合に，これに反対する新株予約権者から会社に対して新株予約権を公正な価額で買取ることを請求された場合（会118）

2　取得条項付新株予約権の取得

　会社は，一定の事由が生じた日に取得条項付新株予約権の取得をすることができる旨を定めることができます。一定の事由には，会社が別途定める日付の到来を取得事由にする場合と取得条項付新株予約権の一部を取得する旨の定めがある場合の事由が考えられます。なお，いずれの場合においても，会社は，

取得条項付新株予約権の新株予約権者及びその登録新株予約権質権者に対して，一定の事由が生じた後，遅滞なく，事由が生じた旨を通知又は公告する必要があります（会275④）。

(1) 会社が別途定める日付の到来を取得事由にする場合

会社は，新株予約権の内容を決定する際，会社が別に定める日が到来することを一定の事由とするときは，取得条項付新株予約権の内容として別段の定めがある場合を除いて，「別に定める日」を株主総会（取締役会設置会社にあっては取締役会）決議（普通決議）によって定める必要があります（会273①）。

この場合，会社は，新株予約権者及びその登録新株予約権質権者に対して「別に定める日」の2週間前までに当該日を通知又は公告しなければなりません（会273②，③）。

(2) 取得条項付新株予約権の一部を取得する旨の定めがある場合

会社は，一部の取得条項付新株予約権を取得しようとする場合，取得条項付新株予約権の内容として別段の定めがある場合を除いて，株主総会（取締役会設置会社にあっては取締役会）の決議によって，その取得する取得条項付新株予約権を決定しなければなりません（会274①，②）。

この場合，決定した取得条項付新株予約権の新株予約権者及びその登録新株予約権質権者に対して，直ちに取得条項付新株予約権を取得する旨を通知又は公告しなければなりません（会274③，④）。

(3) 効力の発生等

会社は，一定の事由が生じた日に取得条項付新株予約権を取得します（会275①）。

なお，会社が取得する取得条項付新株予約権が新株予約権付社債に付されたものである場合には，一定の事由が生じた日に新株予約権付社債についての社債を取得します（会275②）。

新株予約権者は，一定の事由が生じた日に，会社から交付される財産（株式，社債等）の権利者になります（会275③）。

3　自己新株予約権の処分

　会社は自己新株予約権を処分することができますが，この場合，発行手続と同様の手続は要求されていません。

　証券発行新株予約権を譲渡する場合，原則として新株予約権証券の交付が必要とされていますが，自己新株予約権の処分による証券発行新株予約権の譲渡については，新株予約権証券交付は効力発生要件とはされていません（会255①）。同様に，証券発行新株予約権付社債に付された新株予約権の譲渡をする場合にも，原則として新株予約権付社債券の交付が必要とされていますが，自己新株予約権付社債の処分による自己新株予約権付社債に付された新株予約権の譲渡については，新株予約権付社債券交付は効力発生要件とはされていません（会255②）。また，自己新株予約権付社債の処分による自己新株予約権付社債の社債譲渡についても社債券交付は効力発生要件とはされていません（会256④，687）。

　会社は，自己新株予約権として保有する証券発行新株予約権を処分した場合には，遅滞なく，自己新株予約権を取得した者に対し，新株予約権証券を交付しなければなりませんが，自己新株予約権取得者から請求がある時まで，新株予約権証券を交付しないことができます（会256①，②）。同様に，証券発行自己新株予約権付社債についても，これを処分した日以後遅滞なく，自己新株予約権付社債を取得した者に対し，新株予約権付社債券を交付しなければなりません（会256③）。

4　自己新株予約権の消却

　会社は，自己の新株予約権を取得した場合，消却する自己新株予約権の内容及び数を定めた上で，取締役会決議（取締役会設置会社の場合）により自己新株予約権を消却することができます（会276）。

新株予約権の行使

Q27

新株予約権の行使について説明してください。

A

●ポイント●

新株予約権を行使する場合，①行使に係る新株予約権の内容及び数，②行使する日を明らかにし，行使する日までに金銭若しくは金銭以外の財産の払込み・給付をすることが必要です。新株予約権を行使した新株予約権者は，権利行使日に株主となります。

1　新株予約権者の手続

　新株予約権者が新株予約権を行使する場合の手続及び留意点は以下のとおりです。

		行　使　者		関連条文
		金銭による払込み	金銭以外の財産による給付	
手続	意思表示	新株予約権の行使は，その行使に係る新株予約権の内容，数，新株予約権行使日を明らかにする必要があります。		会280①
		新株予約権が共有されている場合，権利行使者を1人決めて，会社に対してその者の氏名または名称を通知しなければ権利行使することができません（ただし，会社が権利行使することに同意した場合を除きます）。		会237
	証券の提出	新株予約権証券が発行されている場合，証券新株予約権を行使しようとするときは，新株予約権者は，新株予約権証券を会社に提出する必要があります（新株予約権証券が発行されていない場合を除きます）。		会280②
		証券発行新株予約権付社債に付された新株予約権を行使しようとするときは，新株予約権者は，新株予約権付社債券を会社に提示する必要があります（権利行使により社債が消滅するときは提出する必要があります）。		会280③，④

第 3 章 新株予約権

		証券発行新株予約権付社債について，社債の償還後に当該新株予約権を行使しようとする場合，当該新株予約権付社債券を会社に提出する必要があります。		会280⑤
	払込・給付	金銭を権利行使日に全額払込みする必要があります。	金銭以外の財産を権利行使日に全額給付する必要があります。	会281①，②
		新株予約権者が会社に対して債権を有する場合に，当該払込みまたは給付をする債務と会社に対する債権とを相殺することはできません。		会281③
不足額の取扱			金銭以外の財産の価額が新株予約権の内容として定められていた価額よりも不足している場合，その不足額相当の金銭を払込む必要があります。	会281②
		以下の場合，新株予約権を行使した新株予約権者は，新株予約権の公正な価額に達するまで当該不足額を支払う義務があります。		会285①，②
		① 募集新株予約権について金銭の払込みを要しないこととすることが著しく不公正な条件であるとき（取締役と通じて引き受けた場合に限る） ② 取締役と通じて著しく不公正な払込価額で新株予約権を引き受けたとき	③ 金銭以外で給付した現物出資財産の価額が著しく不足する場合（新株予約権者が，当該事実について善意かつ重過失がないときは，新株予約権の行使に係る意思表示を取り消すことができます。）	
制約	行使制限	自己新株予約権は行使できません。		会280⑥
効力	発生	権利行使日に株主になります。		会282
	消滅	新株予約権者がその有する新株予約権を行使することができなくなったときは，当該新株予約権は，消滅することになります。		会287

2 新株予約権発行会社の手続・責任

　新株予約権を行使された場合に，新株予約権発行会社が実施する手続・責任は以下のとおりです。

		発 行 会 社	関連条文
	証券の提示	当該証券発行新株予約権付社債に付された新株予約権が消滅した旨を記載する必要があります。	会280③
		給付があった後，遅滞なく，当該財産の価額を調査させるため，裁判所に対し検査役の選任の申立てをしなければなりません。 　ただし，以下のケースにおいては，それぞれ下記に記載されている事項について検査役の調査を行う必要がありません。	

手　続	検査役選任	① 新株予約権者が交付を受ける株式の総数が，発行済株式総数の10%以下の場合：給付する現物出資財産の価額 ② 現物出資財産の価額の総額が5百万円以下の場合：現物出資財産の価額 ③ 市場価格のある有価証券が現物出資財産になっている場合で，所定の方法で算定された価額になっている場合：有価証券についての現物出資財産の価額 ④ 現物出資財産の価額が相当であることについて，弁護士，弁護士法人，公認会計士，監査法人，税理士または税理士法人の証明を受けた場合：証明を受けた現物出資財産の価額 ⑤ 現物出資財産が，会社に対する金銭債権であって，当該金銭債権に係る負債の帳簿価額を超えない場合：金銭債権についての現物出資財産の価額		会284
不足時の取　扱		金銭以外で給付した現物出資財産の価額が，新株予約権の内容として定められた現物出資財産の価額に比して著しく不足する場合，取締役等は，会社に対して当該不足額を支払う義務を負います（ただし，現物出資財産の価額について，検査役の検査を経た場合，取締役等がその職務を行うことについて注意を怠らなかったことを証明した場合を除きます）。		会286①，②，③

3　1株に満たない端数の取扱い

　新株予約権を行使した場合において，新株予約権者に交付する株式の数に1株に満たない端数があるときは，会社は新株予約権者に対して，以下に掲げる区分に応じて，各区分に定める額にその端数を乗じて得た額に相当する金銭を交付しなければなりません（会283，施規58）。

(1)　株式が市場価格のある株式である場合
・株式1株の市場価格として次に掲げる額のいずれか高い金額
　① 新株予約権の権利行使日における取引市場における最終価格（権利行使日に売買取引がない場合又は行使日が市場の休業日に当たる場合は，その後最初になされた売買取引の成立価格）
　② 新株予約権の権利行使日において株式が公開買付け等の対象であるときは，行使日における公開買付け等に係る契約における株式の価格

(2) 上記(1)以外の場合
・1株当たり純資産額

　ただし，会社が新株予約権を発行する際に，新株予約権を行使した新株予約権者に交付する株式の数に1株に満たない端数があるときは，これを切り捨てるものとする旨を新株予約権の内容として定めた場合には，会社は，新株予約権者に端数に相当する金銭を交付する必要はありません（会283但書）。

新株予約権の開示

Q28

新株予約権の事業報告上の記載について説明してください。

A

●ポイント●

　事業年度末に公開会社である場合，①事業年度末現在に役員等が有している新株予約権の内容の概要や人数，②事業年度中に使用人，子会社の役員及び使用人に付与した新株予約権の内容の概要や人数等を事業報告上に記載する必要があります。

1　会社法上の取扱い

　公開会社においては，新株予約権等に関する事項として以下の事項を事業報告に記載することが求められています（施規119四，123）。
(1) 事業年度の末日において会社役員（事業年度の末日における在籍者）が有する新株予約権等のうち，職務執行の対価として交付されたものについて，

新株予約権等の内容の概要及び新株予約権等を有する者の人数
(2) 事業年度中に使用人等に対して交付された新株予約権等について，新株予約権等の内容の概要及び交付された者の人数
(3) その他，新株予約権等に関する重要な事項

2 記載上の注意事項

(1) 会社役員が有する新株予約権等については，①取締役（執行役を含む），②社外取締役，③取締役以外の会社役員の区分ごとに記載する必要があります（施規123一）。また，事業年度末日に役員が新株予約権等を保有している場合，毎期継続開示する必要があります。

(2) 使用人等に付与した新株予約権等については，会社の使用人と子会社の役員・使用人に区分して記載する必要があります（施規123二）。また，事業年度中に使用人等でなくなった者について，交付時に使用人等であった場合には開示する必要があります。

(3) いずれの記載についても，新株予約権等の交付を受けた者の氏名等を個別に記載することは求められていません。

(4) 新株予約権の内容の概要については，①新株予約権の数，②新株予約権の目的である株式の数，③新株予約権の発行価額，④新株予約権の払込価額，⑤新株予約権の行使に際して出資される（金銭以外の）財産の価額，⑥新株予約権を行使することができる期間，⑦新株予約権の行使の条件等について記載することが一般的です。

(5) 新株予約権の行使の条件等については，行使時における在籍要件の有無，相続時の取扱い等について記載し，詳細な条件については「新株予約権割当契約に定めるところによる。」等の開示を行うことも考えられます。

(6) 新株予約権等の交付が複数回行われている場合は，取締役会等における決議ごとに記載します。

(7) 取得条項付新株予約権等の場合，取得事由及び条件を記載しているケースもあります。

3　会計実務上の留意点

　新株予約権に係る開示については，事業報告上での記載のほか，以下の項目においても関連開示項目が要求されているため，それぞれの項目の記載に当たっては，記載事項の整合性が確保される必要があります。

(1) **株主資本等変動計算書に関する注記**

　会社法においては，株主資本等変動計算書に係る注記事項として，事業年度末日において，会社が発行している新株予約権の目的となる株式の数（行使期間の初日が到来していないものを除き，種類株式発行会社については，種類及び種類ごとの数）を個別注記表に記載することが求められています（計規105四）。

(2) **連結株主資本等変動計算書に関する注記**

　会社法においては，連結株主資本等変動計算書に係る注記事項として連結会計年度末日において，会社が発行している新株予約権の目的となる株式の数（行使期間の初日が到来していないものを除き，種類株式発行会社については，種類及び種類ごとの数）を連結注記表に記載することが求められています（計規106三）。

　なお，連結注記表を作成する会社については，個別注記表における新株予約権に係る注記を省略することができます（計規105）。

(3) 公開会社については，企業会計基準適用指針第9号「株主資本等変動計算書に関する会計基準の適用指針（以下「株主資本等変動計算書適用指針」という。）」が適用される有価証券報告書等を作成している会社も多いかと思いますが，有価証券報告書等の新株予約権に関する開示では以下の相違がある点に留意する必要があります（株主資本等変動計算書適用指針13）。

① 新株予約権の目的となる株式の数については，当期首及び当期末の数並びに当期に増加及び減少する株式の数（変動事由の概要を含む）を記載する必要があります。

② 権利行使期間の初日が到来していない新株予約権については，それが明らかになるように記載する必要があります。

③ 新株予約権の期末残高を親会社の新株予約権と連結子会社の新株予約権

に区分して記載する必要があります。
④　自己新株予約権について，新株予約権との対応が明らかになるように記載する必要があります。
⑤　ストック・オプション等については，「ストック・オプション等に関する会計基準」（企業会計基準第8号）で別途の注記事項が定められています。
⑥　希薄化効果を有する潜在株式を有している場合，潜在株式調整後1株当たり当期純利益及びその算定上の基礎を開示する必要があります。

《参考文献》
『会社法決算の実務　計算書類等の作成方法と開示例　第6版』有限責任あずさ監査法人編，中央経済社，平成24年
『新株予約権の税・会計・法務の実務Q&A　第5版』税理士法人山田&パートナーズ，優成監査法人，TFPコンサルティンググループ株式会社，中央経済社，平成20年
『ストック・オプションのすべて-会計・税務・手続-　第2版』太陽ASG有限責任監査法人，税務研究会出版局，平成23年

第4章

株式会社の機関

（1） 株主総会等

株式会社の機関設計

Q29

株式会社の機関設計のパターンを説明してください。

A

●ポイント●

株式会社の機関設計に当たっては，一定の制約の下，各株式会社の実態に見合った自由な機関設計が可能です。

1 機関設計が柔軟化された経緯

旧商法では，株式会社の機関設計について，会社の規模（資本金及び負債の金額）により，会社の選択可能な機関設計は限られていました。

実際の社会には，大小様々な規模の会社が存在しており，会社の規模と機関設計とを常に関連して捉えた場合，会社の実態に不相応な機関設計をとらざるを得ないというような状況が存在していました。

そこで，会社法では，会社の規模だけを基準として機関設計を選択するのではなく，機関設計について一定の制約のもと，各株式会社が定款において比較的自由に会社の実態に見合った機関設計を選択できることとしました（会326～328）。

2 機関設計における一定の制約

会社法における機関設計の一定の制約としては，以下のことが定められてい

ます。
- 株式会社という企業形態（出資と経営の分離）であることから，株主総会と取締役は設置する必要があります（会295①，326①）。
- 取締役会を設置する場合には，監査役（監査役会を含む）又は三委員会等^(※1)のいずれかを設置する必要があります（会327①二，三，327②）。
（ただし，大会社^(※2)でなく，かつ公開会社でない会社において，会計参与を設置している場合を除く）
- 公開会社には，取締役会を設置する必要があります
（会327①一）。
- 取締役会を設置しない場合，監査役会及び三委員会等を設置することはできません（会327①二，三）。
- 会計監査人を設置するためには，監査役（監査役会を含む）又は三委員会等のいずれかを設置する必要があります（会327③，⑤）。
- 監査役（監査役会を含む）と三委員会等の両方を同時に設置することはできません（会327④）。
- 会計監査人を設置しない場合，三委員会等を設置することができません（会327⑤）。
- 大会社には，会計監査人を設置する必要があります（会328）。

　※1　**三委員会等**：指名委員会，監査委員会，報酬委員会，執行役（委員会設置会社における業務を執行する機関）
　※2　**大会社**：最終事業年度に係る貸借対照表において，以下の要件のいずれかを満たした会社のことをいいます。
　　　① 資本金の額が5億円以上
　　　② 負債の額が200億円以上である会社

3　機関設計のパターン

　会社法に定められた機関設計の制約に基づいて，会社分類別に機関設計のパターンを考えると，選択可能な機関の形態は以下のようにまとめることができます。

　※　**会社分類の観点**
　（1）　株式の譲渡制限の有無（公開会社か否か）

(2) 会社の規模（大会社か否か）

公開大会社
- 取締役会＋監査役会＋会計監査人
- 取締役会＋三委員会等＋会計監査人

大会社でない公開会社
- 取締役会＋監査役
- 取締役会＋監査役会
- 取締役会＋監査役＋会計監査人
- 取締役会＋監査役会＋会計監査人
- 取締役会＋三委員会等＋会計監査人

非公開大会社
- 取締役＋監査役＋会計監査人
- 取締役会＋監査役＋会計監査人
- 取締役会＋監査役会＋会計監査人
- 取締役会＋三委員会等＋会計監査人

大会社でない非公開会社
- 取締役
- 取締役＋監査役
- 取締役＋監査役＋会計監査人
- 取締役＋会計参与
- 取締役会＋監査役
- 取締役会＋監査役会
- 取締役会＋監査役＋会計監査人
- 取締役会＋監査役会＋会計監査人
- 取締役会＋三委員会等＋会計監査人

　なお，会社の機関設計としていずれの形態を選択した場合でも，任意に会計参与を設置することが可能です（既に機関として設置している場合を除く）。

第4章　株式会社の機関

株主総会の招集手続・方法

Q30

株主総会の招集について手続，方法について説明してください。

A

●ポイント●

　定時株主総会は，毎事業年度の終了後一定の時期に招集が必要です。
　招集方法は，書面又は電磁的方法による通知が認められています。
　招集通知は，公開会社の場合，原則として，株主総会の日の2週間前までに，公開会社でない会社の場合，原則として1週間前までに発する必要があります。例外的な取り扱いが認められる例として以下のものがあります。
① 公開会社でない会社については，招集通知の発出期間を短縮することができます。
② 少数株主による議題提案権の行使期限等について，定款をもって遅らせることができます。
③ 招集通知について書面又は電子的方法によらない方法も認められています。また，会議の目的事項についての記載（記録）をしないこと，計算書類及び監査報告を添付しないことも認められています。

1　株主総会の招集

　定時株主総会は，毎事業年度の終了後一定の時期に招集しなければなりませ

ん。また，必要がある場合には，株主総会をいつでも招集することができます。

株主総会は，通常，取締役が招集することになりますが，株主による招集の請求に基づき，裁判所の許可を得て株主が招集することも認められています（会296，297）。

2　招集の決定

取締役（又は，裁判所の許可を得た株主）は，株主総会を招集する場合，以下に掲げる事項を定めなければならないとされています（会298①）。

(1)　株主総会の日時及び場所
(2)　株主総会の目的である事項があるときは，当該事項
(3)　株主総会に出席しない株主が書面によって議決権を行使することができることとするときは，その旨
(4)　株主総会に出席しない株主が電磁的方法によって議決権を行使することができることとするときは，その旨
(5)　上記(1)～(4)に掲げるもののほか，法務省令で定める事項

3　招集の通知

(1)　書面通知

株主総会を招集するには，取締役は，株主総会の日の2週間前までに株主に対してその通知を発しなければなりません。

ただし，公開会社でない株式会社にあっては，株主総会の日の1週間（当該株式会社が取締役会設置会社以外である場合で，1週間を下回る期間を定款で定めた場合には，その期間）前までに発することとされていますが，株主総会に出席しない株主が書面又は電子的方法によって議決権を行使することができることを定めたときは，除外されます（会299①）。

なお，以下に掲げる場合の通知は，必ず書面で行わなければなりません（会299②）。

① 株主総会に出席しない株主が書面によって議決権を行使することができること，若しくは電磁的方法によって議決権を行使することができることを定めた場合

② 株式会社が取締役会設置会社である場合

(2) 電磁的方法による通知

取締役は，書面による通知の発出に代えて，政令で定めるところにより，株主の承諾を得て，電磁的方法により通知を発することができます。この場合，当該取締役は，前述の書面による通知を発したものとみなされます（会299③）。

電磁的方法の通知には，書面による通知の場合と同様の内容を記載し，又は記録しなければならないとされています（会299④）。

4 その他の通知

取締役会設置会社でない会社の場合，招集通知を書面にも電磁的方法にもよらないで行うことも可能であるとされていますので，口頭や電話による通知も認められています（会299②二）。

5 招集手続の省略

株主総会は，株主の全員の同意があるときは，招集の手続を経ることなく開催することができるとされています。ただし，株主総会に出席しない株主が書面又は電磁的方法によって議決権を行使することができることとしたときは，招集手続を省略することができません（会300，298①三，四）。

6 参考書類の交付

(1) 書面による通知

書面投票を採用する場合には，株主に対して議決権の行使について参考となるべき事項を記載した書類（以下「株主総会参考書類」という。）及び株主が議決権を行使するための書面（以下「議決権行使書面」という。）を交付しなければなりません（会301①）。

(2) 電磁的方法による通知

電磁的方法による通知を採用する場合には，株主に対して株主総会参考書類の交付に代えて，当該株主総会参考書類に記載すべき事項を電磁的方法により

提供することができます。ただし、株主の請求があった場合には、株主総会参考書類を当該株主に交付しなければなりません（会302②）。

また、電磁的方法による通知に際して、株主に対し、議決権行使書面に記載すべき事項を当該電磁的方法により提供しなければなりません（会302③）。

電磁的方法の承諾をしていない株主から株主総会の日の1週間前までに議決権行使書面に記載すべき事項の電磁的方法による提供の請求があったときは、直ちに、当該株主に対し、当該事項を電磁的方法により提供しなければなりません（会302④）。

なお、会社は株主総会参考書類に記載すべき事項の一部について、インターネットのホームページで開示することにより、株主に提供したものとみなす措置（WEB開示）をとることを可能としています。これは、記載スペースの制約による開示情報の縮減を避け、株主に対するより実質的な開示の充実を図るために導入されたものです。

7　株主総会の招集手続等に関する検査役の選任

後述 **Q34** をご参照ください。

株主総会の招集地

Q31

株主総会の招集地について説明してください。

A

●ポイント●

本店所在地にかかわらず、招集地について制限はありません。

第4章　株式会社の機関

1　旧商法での取扱い

　旧商法においては，株主総会は，定款に別段の定めがある場合を除き，本店の所在地又はそれに隣接する地で招集されなければならないという定めがあり，招集地についての制限がされていました（旧商法233）。

2　会社法での取扱い

　会社法では，株主総会の招集地についての制限は撤廃され，株式会社は，株主総会の招集地を弾力的に選定できるようになりました（会298①一）。
　これは，株主総会の開催場所として，株主総会に出席する株主の利便性や多くの株主の参加を可能にするなどの観点から，本店所在地以外の会場を株主総会の開催場所とする会社が増えてきていることや，会社が定款において招集地に関する定めを設けておかないと，招集地が制限されてしまうという不都合を解消させるためのものです。
　会社法では，招集地の制限が撤廃されましたが，必要であれば，会社が定款において招集地に関する定めを設けることは可能であることから，特に不都合が生ずることはないと考えられています。
　また，会社が意図的に株主の出席しにくい招集地を選択しているような場合には，当該招集手続は，著しく不公正な招集手続として総会決議の取消事由となり得ると考えられています（会831①一）。
　なお，殊更株主が出席しにくい招集地を選択し，株主の議決権行使が妨害されるなどの弊害が生ずることを防止するため，過去に開催した株主総会の開催場所と著しく離れた場所を開催場所とした場合には，原則として，その理由を招集通知に記載しなければならない旨の規定があります（会299④，298①五，施規63①二）。

127

株主総会の決議要件

Q32

株主総会の決議要件について説明してください。

A

●ポイント●

株主総会の決議には，普通決議，特別決議，特殊決議，さらにそのほかの決議があります。
定款において決議要件を定めることが可能です。

1　株主総会の決議

株主総会の決議は，原則として普通決議により行われますが，一定の重要な決議事項については，特別決議，特殊決議が必要となります（会309）。

以下，各決議の内容について記載します。

2　普通決議

(1)　決議要件

株主総会の決議は，「定款に別段の定めがある場合を除き，議決権を行使することができる株主の議決権の過半数を有する株主が出席し，出席した当該株主の議決権の過半数をもって行う」とされています（会309①）。

なお，決議項目についての詳細は，後述 **Q39** をご参照ください。

3　特別決議

(1)　決議要件

特別決議は，「株主総会において議決権を行使できる株主の議決権の過半数

（3分の1以上の割合を定款で定めた場合は，その割合）を有する株主が出席し，出席した株主の3分の2以上（これを上回る割合を定款で定めた場合にあっては，その割合）に当たる多数をもって行わなければならない」とされています（会309②）。

(2) 決議項目

決議項目としては，定款変更，会社合併，株式併合，株式交換，株式移転，減資などの重要事項が該当します。

詳細は，後述 **Q39** をご参照ください。

4 特殊決議

(1) 決議要件

特殊決議は，「株主総会において議決権を行使することができる株主の半数以上（これを上回る割合を定款で定めた場合にあっては，その割合以上）であって，当該株主の議決権の3分の2（これを上回る割合を定款で定めた場合にあっては，その割合）以上に当たる多数をもって行わなければならない」とされています（会309③）。

(2) 決議項目

決議項目としては，株式の譲渡制限を新たに付す場合の定款変更や消滅株式会社等による吸収合併契約等の承認が該当します。

詳細は，後述 **Q39** をご参照ください。

5 その他の決議

普通決議，特別決議，特殊決議の他に，配当や残余財産を受ける権利等について，株主ごとに異なる取扱いについての定款の定めの変更を行う株主総会の決議は，総株主の半数以上（これを上回る割合を定款で定めた場合にあっては，その割合以上）であって，総株主の議決権の4分の3（これを上回る割合を定款で定めた場合にあっては，その割合）以上に当たる多数をもって行わなければならないとされています（会309④）。

6 定款による決議要件の定め

　普通決議，特別決議，特殊決議については，定款の定めにより，要件を加重し，又は当該要件に加えて一定の数以上の株主の賛成を要する旨の要件その他の要件を定款で定めることを妨げないことが明確化されています（会309①～③）。

7 その他参考事項

(1) 議決権の行使結果の開示について（平成22年3月31日公布の開示府令）

　開示府令では，上場会社において，平成22年3月31日以降終了する事業年度に係る定時株主総会以後に開催される株主総会から，株主総会において決議事項が決議された場合に，議決権行使結果として，
① 当該株主総会が開催された年月日
② 当該決議事項の内容
③ 当該決議事項に対する賛成，反対及び棄権の意思の表示に係る議決権の数，当該決議事項が可決されるための要件並びに当該決議の結果
④ ③の議決権の数に株主総会に出席した株主の議決権の数の一部を加算しなかった場合には，その理由

を記載した臨時報告書を，株主総会後遅滞なく財務局に提出することが義務付けられました（開示府令19②九の二，金商法24の5④）。

(2) 「当該決議事項が可決されるための要件」について

　この点について，以下のような金融庁の考え方が示されています。
　『開示府令第19条第2項第9号の2の「当該決議事項が可決されるための要件」として，定足数及び議案の成立に必要な賛成数に関する要件（普通決議，特別決議といった内容）を記載する必要があると考えられます。例えば，議決権を行使することができる株主の議決権の過半数を有する株主が出席し，出席した当該株主の議決権の過半数といった記載をすることが考えられます。定足数を満たさなかった場合は，開示府令第19条第2項第9号の2ハに定める「当

該決議の結果」として,定足数を満たさなかったために可決もされなかった旨を記載することになると考えられます。』(「企業内容等の開示に関する内閣府令(案)」等に対するパブリックコメントの結果等について 平成22年3月31日 公表 「コメントの概要及びコメントに対する金融庁の考え方」より抜粋)

株主提案権

Q33

株主提案権について説明してください。

A

> ●ポイント●
>
> 株主提案権は,一定の事項を株主総会の目的とすることを請求することができる権利のことであって,取締役会が決定した議案とは別の議題を追加することを請求することができる権利であり,「議題提案権」,「議案通知請求権」,「議案提案権」を合わせた権利が最も典型的なものとなります。全ての事項について株主総会の決議事項として提案できるものではなく,株主が株主総会で議決権を行使できる事項についてのみ株主総会の目的とするように請求できます。また,株主提案権の行使期限が延長可能になりました。

1 定 義

株主提案権とは,一定の事項を株主総会の目的とすることを請求することができる権利のことであって,取締役会が決定した議案とは別の議題を追加することを請求することができる権利のことをいいます。

株主提案権は，以下の権利を合わせた権利です。
(1) **議題提案権**
　　株主が取締役に対して一定の事項を株主総会の目的（議題）とすることを請求することができる権利（会303①）
(2) **議案通知請求権**
　　株主が取締役に対して議題につき当該株主が提出しようとする議案の要領を株主に通知すること（若しくは招集通知に記載又は記録すること）を請求することができる権利（会305①）
(3) **議案提案権**
　　株主が株主総会において株主総会の目的である事項（議題）につき議案を提出することができる権利（会304）

2　株主提案権の行使要件

　取締役会設置会社かつ公開会社の場合においては，株主提案権の行使要件として，総株主の議決権の100分の1以上の議決権，又は，300個以上の議決権を6か月以上前から継続して保有する株主に限られます（会303②，305①）。

　なお，複数の株主の議決権数を合算して要件を満たしている場合も，共同提案としても請求することができます。

3　株主提案権の行使期限

　上記2の株式の保有期間及び議決権保有割合（又は議決権保有数）の要件を満たした株主は，取締役に対して株主総会の開催日の8週間前までに，一定の事項を株主総会の目的（議題）とするよう請求することができます（会303②）。

　ただし，議案提案権については，提案した議案が法令若しくは定款に違反する場合や，実質的に同一の議案につき株主総会の議決権の10％以上の賛成を得られなかった日から3年間が経過していない場合には提案できないとされています（会304）。

4　行使期限の延長

　会社法においては，株式会社が自ら株主の権利行使の機会を拡充することを

妨げないという観点から，株主提案権の行使期限について，定款をもって延長することができることとされています（会303②，305①）。

また，取締役会を設置していない株式会社においては，株主はいつでも議題提案権を行使することができることとされています（会303①）。

議題提案権及び議案通知請求権の行使要件（議決権保有数，株式保有期間，行使期限）について緩和が認められているものは，以下のとおりまとめることができます。

会社分割 (譲渡制限の有無)	機関設計パターン	要件についての制限緩和
1．公開会社	取締役会設置会社	定款により議決権保有数，議決権保有期間，行使期限の要件の緩和可能（会303②，305②）
2．非公開会社	①取締役会非設置会社	議決権数，保有期間，行使期限について規制なし（会303①，305①）
	②取締役会設置会社	議決権保有期間について規制なし（会303③，305②） 定款により行使期限の要件の緩和可能（会303②）

《参考文献》

『一問一答　新・会社法〔改訂版〕』相澤　哲編著，商事法務，平成21年

『新しい会社法がわかる本』玉井真理子監修，成美堂出版，平成17年

『新会社法の完全解説』太田達也著，税務研究会出版局，平成18年

『会社法詳解』柴田和史著，商事法務，平成21年

『最新株式会社法（第5版）』近藤光男著，中央経済社，平成21年

金融庁『企業内容等の開示に関する内閣府令（案）」等に対するパブリックコメントの結果等について』（平成22年3月31日）

総会検査役

Q34

会社法上の総会検査役について，説明してください。

A

> ●ポイント●
>
> 　一定の株主又は株式会社は総会検査役の選任を請求することができ，裁判所が必要と認めるときは，株主総会の招集に加え，調査結果を総株主へ通知するよう命じる場合があります。

1　総会検査役の意義

　総会検査役の任務は株主総会の招集の手続及び決議の方法の調査とされています（会306①）。決議の成否や瑕疵について後に争われる可能性のある場合に，総会検査役を選任することにより招集手続や決議方法についての証拠が保全される意義があります。

　具体的には，紛糾が予想される株主総会において，裁判所に選任された検査役に，株主総会の招集手続及び決議の方法を調査させ裁判所に報告させることにより，違法ないし不正な手続を防止し，また，後の訴訟などの証拠を確保するというような活用がされます。

2　総会検査役の選任の請求

　会社又は総株主の議決権の100分の1以上の議決権を6か月前から引き続き有する株主は，株主総会に先立ち総会検査役の選任を裁判所に請求することができます（会306①，②）。通常，裁判所に総会検査役として選任されるのは，弁護士が多いといわれています。

3　検査役の調査結果を開示する制度

　総会検査役はその調査の結果を裁判所に報告することとされています（会306⑤）。

　ただし，裁判所は報告を受けて必要があると認めたときは，取締役に株主総会の招集（会307①一），及び，総会検査役の調査結果の株主への通知を命じる

ことができます（会307①二）。この場合，取締役は，検査役の調査報告を株主総会で開示し（会307②），さらに取締役（監査役設置会社の場合は，取締役及び監査役）はその報告内容についての自らの調査結果を報告しなければならないとされています（会307③）。

書面投票・電子投票

Q35

書面投票・電子投票について説明してください。

A

●ポイント●

株主数の多い株式会社では書面投票制度が義務づけられており，そのような会社が電子投票制度を採用した場合には，株主からの請求がない限り，議決権行使書面の交付が不要となります。

1 書面投票制度の概要

　取締役会（取締役会非設置会社においては，取締役）は，株主総会の招集に際し，株主に書面又は電磁的方法による議決権行使を認めることができます（会298①三，四，④）。

　書面投票制度とは，株主が議決権を行使するための書面（以下「議決権行使書面」という。）により議決権を行使する制度であり，株主の数が1,000人以上の株式会社は，大会社でなくとも株主総会において書面投票を採用しなければなりません（会298②）。

　ただし，株主の数が1,000人以上である場合も，上場会社が，金融商品取引

法の規定に基づき，株主総会の招集通知に際して委任状の用紙を交付することにより議決権の行使を第三者に代理させることを勧誘している場合には，書面投票の採用義務は生じないこととなります（施規64）。

また，株主総会に出席しない株主には電磁的方法による議決権行使を認めることができます（会298①四）。この場合には，書面による議決権行使の場合と同様に，株主総会の書面又は電磁的方法による招集通知にその旨を記載し（会299③，④），議決権の行使について参考となるべき事項を記載した書類（以下「株主総会参考書類」という。）（施規73〜94）を添付しなければなりませんので，注意が必要となります（会302①）。

2 書面投票を行う場合の招集手続

取締役は，株主総会の招集通知とともに株主総会参考書類及び議決権行使書面を交付しなければなりません（会301①，施規65，66）。

また，株主の承諾を得て電磁的方法により招集通知を発する場合には，株主総会参考書類に記載すべき事項を電磁的方法により提供することができ，また株主議決権行使書面に記載すべき事項を電磁的方法により提供しなければなりません（会302②，③）。

この場合，株主総会参考書類に記載される事項としては，以下の事項があります。

(1) 議案
(2) 提案の理由
(3) 議案，書類その他の法務省令で定めるものにつき，株主総会に報告すべき監査役の調査の結果があるときは，その結果の概要

そのほか，株主総会参考書類には，上記(1)から(3)のほか，株主の議決権の行使について参考となると認める事項を記載することができます。

なお，(1)議案の代表的な例としては以下のものが挙げられます。

取締役の選任 （施規74）	会計監査人の解任又は 不再任（施規81）	株式交換契約の承認 （施規88）
会計参与の選任 （施規75）	取締役の報酬等 （施規82）	新設合併契約の承認 （施規89）
監査役の選任 （施規76）	会計参与の報酬等 （施規83）	新設分割計画の承認 （施規90）
会計監査人の選任 （施規77）	監査役の報酬等 （施規84）	株式移転計画の承認 （施規91）
取締役の解任 （施規78）	計算関係書類の承認 （施規85）	事業譲渡等に係る契約 の承認（施規92）
会計参与の解任 （施規79）	吸収合併契約の承認 （施規86）	
監査役の解任 （施規80）	吸収分割契約の承認 （施規87）	

3　書面による議決権行使

　書面により議決権を行使する場合，議決権行使書面に必要な事項を記載して株主総会の日の直前の営業日の営業時間終了時までに会社に提出しなければなりません（会311①，施規69）。

　また，株主の承諾を得て電磁的方法により招集通知を発するときは，株主総会参考書類及び議決権行使書面の交付に代えて，これらの書類に記載すべき事項を電磁的方法により提供することができます（会299③）。ただし，株主の請求があったときは，これらの書類を当該株主に交付しなければなりません（会301②）。

4　電磁的方法による議決権行使

　出席しない株主に対しては，電磁的方法により議決権を行使させる方法を採用することができます。この場合，株主総会参考書類を株主に交付し，総会日の直前の営業時間終了時までに，電磁的方法で議決権行使できます（会302①，312，施規70）。

なお，書面による議決権行使と電子的方法による議決権行使の重複行使がされた場合において，いずれの議決権行使を有効なものとして取り扱うかについて，会社はあらかじめ定めることができます。また，議決権行使を受け付けるべき期間について，会社はあらかじめ合理的な定めを設けることができ，これらの定めについては，議決権行使書面等への記載を要するものとすることを法務省令で定めることになっています。これは，実務で重複して行使された場合，どちらを有効にするか判断が難しかったこと及び総会前日の午前0時まで電子投票の受付を待ってから集計しなければならないか疑義があったためといわれています。

種類株主総会

Q36

種類株主総会について説明してください。

A

●ポイント●

　種類株主総会は，会社法に規定する事項及び定款で定めた事項に限り，決議することができ，定款の変更がある種類の種類株主に損害を及ぼすおそれがあるような場合には，当該種類の種類株主総会における決議が必要となります。

1　種類株主総会の定義

　種類株主総会とは，会社法に規定する事項及び定款で定めた事項に限り，決議することができる種類株主による株主総会であり（会2十四，321），内容の

第4章　株式会社の機関

異なる2以上の種類の株式を発行する株式会社を「種類株式発行会社」と定義しています（会2十三）。

2　種類株主総会の決議要件

　種類株主総会の決議は，定款に別段の定めがある場合を除き，その種類の株式の総株主の議決権の過半数を有する株主が出席し，出席した当該株主の議決権の過半数の賛成を要するのが原則です（会324①）。

　また，普通決議よりも厳格な決議要件である特別決議（会324②）及び特殊決議（会324③）を要する事項をそれぞれ定めています。そのほかに，種類株主の全員の同意を要する場合を個別に定めています。

　なお，種類株主全員の同意を要する場合とは，以下の場合をいいます。

(1)　取得条項を付加する定款変更（会111①）
(2)　ある種類の株主に，合併等の対価として持分等が交付される場合（会783④）

株主総会議事録

Q37

株主総会議事録について説明してください。

A

●ポイント●

　株主総会の議事については株主総会議事録が作成され，作成された議事録は本店及び支店に備え置かれ，株主及び債権者は謄写及び閲覧を請求することができます。

1 株主総会議事録の作成

株主総会の議事については,法務省令で定めるところにより,議事録を作成しなければなりません(会318,施規72)。議事録に記載すべき事項は以下の表のとおりです。

(1)	株主総会が開催された日時及び場所
(2)	株主総会の議事の経過の要領及びその結果
(3)	株主総会において所定の事項につき述べられた意見又は発言があるときは,その意見又は発言の内容
(4)	株主総会に出席した取締役,執行役,会計参与,監査役又は会計監査人の氏名又は名称
(5)	株主総会の議長が存するときは,議長の氏名
(6)	議事録の作成に係る職務を行った取締役の氏名

2 株主総会議事録の閲覧・謄写請求権

株式会社は,株主総会の日から10年間,議事録をその本店に備え置かなければなりません(会318②)。また,原則として,株主総会の日から5年間,議事録の写しをその支店に備え置かなければなりません(会318③)。

株主及び債権者は,株式会社の営業時間内は,いつでも,議事録の閲覧,謄写を請求することができます(会318④)。

基 準 日

Q38

基準日について説明してください。

A

> ●ポイント●
> 株式会社は基準日により株主を確定させますが，基準日後に株式を取得した者に対しても一定の権利が認められます。

1 基準日制度の概要

　基準日とは，剰余金の配当，株主総会における議決権行使など，株主がその権利を行使することができる場合において，権利を行使することができる株主を一定の日において株主名簿に記載されている，又は記録されている株主であるものとするために定める「一定の日」のことをいいます（会124①）。

　上記「一定の日」は，当該権利を行使する日から遡って3ヵ月内の日の中で定めなければならないこととされています（会124②）。

2 基準日後に株式を取得した者の取扱い

　株主総会・種類株主総会における議決権については，基準日後に株主となった者についても，会社の判断により議決権を行使することができるものとしています（会124④）。

株主総会決議事項

Q39

株主総会決議事項について説明してください。

A

> ●ポイント●
>
> 　株主総会の決議方法には，普通決議，特別決議，特殊決議，その他の決議がある。会社法上，決議事項ごとに決議要件は定められています。

1　株主総会において決議することができる事項

　株主総会の決議事項・決議要件は，会社法上，以下の表のように定められています。なお，普通決議，特別決議，特殊決議などの各決議要件については **Q32** をご参照ください。

(1)　普通決議事項（会309，341）

①　株主総会決議による自己株式の取得（会160①により特定の者から取得する場合を除く）（会156等）
②　株主総会に提出された資料等を調査する者の選任（会316等）
③　株主総会の延期又は続行（会317等）
④　取締役・監査役・会計監査人の選任（会329，341等）
⑤　補欠取締役，補欠監査役の選任（会329）
⑥　取締役の解任（会339，341等）
⑦　会計監査人の解任（会339等）
⑧　取締役の報酬（定款で定めていない場合）（会361等）
⑨　監査役の報酬（定款で定めていない場合）（会387等）
⑩　責任軽減後の取締役等に対する退職慰労金の支給等の取扱い（会425④，⑤，426⑥等）
⑪　計算書類の定時株主総会での承認（会計監査人設置会社の特則を定める会社法第439条の場合を除く）（会438等）

⑫　株主総会で剰余金の分配を決議する場合（現物配当を除く）（会454①等）
⑬　株主総会で現物配当を決議する場合（株主に金銭分配請求権を与える場合に限る）（会454④等）
⑭　準備金の減少（会448①）又は増加（会451②）

(2)　**特別決議**（会309②）

①　株式譲渡不承認の場合の自己株式取得，指定買取人の指定　（会309②一，140②，⑤）
②　特定の者（子会社を除く）からの自己株式の有償取得（会309②二，160①，156①）
③　全部取得条項付種類株式の取得（会309②三，171①）
④　譲渡制限株式の一般承継人に対する売渡請求（会309②三，175①）
⑤　株式併合（会309②四，180②）
⑥　非公開会社における募集株式（新株発行・自己株式の処分）の募集事項の決定又は取締役会への委任（会309②五，199②，200①）
⑦　非公開会社における募集株式（新株発行・自己株式の処分）の株主への割当てを受ける権利の付与（会309②五，202③四）
⑧　取締役会非設置会社において，譲渡制限株式の募集を行う場合の割当てに関する事項の決定（会309②五，204②）
⑨　公開会社における第三者割当ての場合の有利な金額での新株発行・自己株式の処分（会309②五，201①，199③）
⑩　非公開会社における募集新株予約権の発行の募集事項の決定又は取締役会への委任（会309②六，238②，239①）
⑪　非公開会社における募集新株予約権の株主への割当てを受ける権利の付与（会309②六，241③四）
⑫　取締役会非設置会社において，譲渡制限株式を目的とする新株予約権又は譲渡制限新株予約権の募集を行う場合の割当てに関する事項の決定

（会309②六，243②）
⑬ 公開会社における第三者割当ての場合の有利な条件での新株予約権の発行（会309②六，240①，238③）
⑭ 累積投票で選任された取締役の解任（会309②七，339①）
⑮ 監査役の解任（会309②七，339①）
⑯ 株主総会による取締役・監査役・会計監査人等の責任軽減（会309②八，425①）
⑰ 資本金の額の減少（定時株主総会による欠損填補の場合を除く）（会309②九，447①）
⑱ 金銭以外の配当（株主に金銭分配請求権を与える場合を除く）（会309②十，454④等）
⑲ 定款変更，事業譲渡等，解散（会309②十一，会社法第2編第6章～第8章）
⑳ 組織変更，合併，会社分割，株式交換，株式移転（会309②十二，会社法第5編）

(3) **特殊決議**（会309③）

① 定款変更により非公開会社に移行する場合（会309③一）
② 合併，株式交換での完全子会社又は新設合併，株式移転をする会社が公開会社である場合において，対価として譲渡制限株式等を株主に交付しようとする場合（会309③二，三，783①，804①）

(4) **特別特殊決議**（会309④）

① 非公開会社における，剰余金の配当，残余財産の分配，株主総会における議決権を株主ごとに異なる取扱とする定款の定めを新設し，又は変更する場合

(5) 株主全員の同意

① 発起人，設立時取締役，設立時監査役に対する出資財産等の価額の填補責任の免除（会55）
② 株主の権利の行使に関する利益供与額の返還責任の免除（会120⑤）
③ 取締役・監査役・会計監査人等の株式会社に対する損害賠償責任の免除（会424）
④ 剰余金の配当等に関する責任の免除（会462③）
⑤ 欠損填補責任の免除（会465②）

2 株主総会決議の省略

株主又は代表取締役が提案した総会の決議事項について，議決権ある株主全員が書面又は電磁的記録により同意した場合には，その提案を可決した総会決議があったものとみなされます（会319①）。

《参考文献》

『論点解説「新・会社法」』相澤哲ほか，商事法務，平成18年

『一問一答「新・会社法」』相澤哲，商事法務，平成17年

『会社法マスター115講座』葉玉匡美・郡谷大輔，ロータス21，平成19年

『新会社法エッセンス』宮島司　弘文堂　平成22年

『会社法詳解』柴田和史　商事法務　平成21年

(2) 株主総会以外の機関

取締役の権限と責任

Q40

取締役の権限と責任について説明してください。

A

●ポイント●

原則として，取締役には業務執行権と会社の代表権があります。取締役会設置会社においては，代表権は代表取締役のみが有することになります。委員会設置会社においては，取締役は執行権を持たないことになります。取締役の責任については，会社に対する責任と第三者に対する責任があります。

1 取締役について

取締役は，すべての株式会社において設置が義務づけられている機関です。また，取締役は，会社と委任契約を結び，会社経営を委任されることとされています（会330）。その点で，会社に雇用される関係にある従業員とは異なり，その権限と責任は従業員と比較してはるかに大きいものとなっています。

会社法において，取締役に関する規定は，取締役会設置会社とそうでない会社とでは異なります。さらに，取締役会設置会社の中でも，委員会設置会社と監査役設置会社に分けて規定されています。

なお，公開会社（発行する株式の全部又は一部の内容として譲渡制限が定められていない会社）は必ず取締役会を設置しなければなりません（会327①）。

したがって，取締役会の設置義務がないのは非公開会社のみということになります。

2 取締役の権限

会社の機関設計によって取締役に関する規定が異なることを述べましたが，取締役の権限についても同様のことがいえます。以下において，取締役の権限を機関設計の種類ごとに説明します。

(1) 取締役会非設置会社

取締役会非設置会社では，取締役は会社の業務を執行し（会348①），会社を代表する（会349①）と規定されています。したがって，取締役は，原則として業務執行権と代表権を有することになります。ただし，代表取締役を定めた場合，代表取締役以外の取締役は代表権を有しないこととなります（会349①）。

(2) 取締役会設置会社

取締役会設置会社では，取締役の中から代表取締役を選定しなければなりません（会362③）。したがって，代表取締役が代表権を有することになり，代表取締役以外の取締役は代表権を有しないことになります。また，代表取締役は，業務執行権も有することになります（会363①一）。

一方，代表取締役以外の取締役は，取締役会の決議において選定された業務に関する業務執行権を有することになります（会363①二）。つまり，代表取締役以外の取締役は，業務担当取締役として，取締役会から委任された事項について職務を執行することになります。

(3) 委員会設置会社

委員会設置会社では，執行役を置くことが義務づけられています（会402①）。委員会設置会社は，執行と監督の分離が行われる機関設計であり，執行役が業務の執行を行い，取締役は執行役の業務を監督することになります（会416①二）。しかし，取締役が執行役を兼務することが認められており（会402⑥），執行と監督の分離は完全な形では行われていません。

具体的に見ていくと，以下のとおりとなります。

執行役は，業務の執行を行う（会418二）だけでなく，取締役会の決議によって委任を受けた業務の執行の決定も行います（会418一）。したがって，業務執行権を持つのは執行役であり，取締役が委員会設置会社の業務を執行することはできません（会415）。

また，執行役の中から代表執行役を選任することが義務づけられています（会420①）。したがって，代表権を持つのは代表執行役ということになり，取締役は代表権も有しないこととなります。

一方，委員会設置会社においては，「指名委員会」「監査委員会」「報酬委員会」の各委員は取締役の中から選任することとされており（会400②），取締役は各委員会を通じて執行役を監督することになります。

3　取締役の責任

取締役は，会社の機関として会社経営に携わっていることから大きな権限を持っています。その一方で，重い責任も負っています。取締役の責任は，会社に対する責任と第三者に対する責任に大きく分けることができます。以下，それぞれの責任について説明します。

(1)　会社に対する取締役の責任

会社に対する取締役の責任は，会社法で以下のように定められています。

①　任務懈怠責任

取締役は，その任務を怠った場合は会社に対して損害賠償責任を負います（会423①）。取締役と会社の間には委任契約が成り立っています。このような委任契約の場合，民法第415条により債務不履行に基づく損害賠償責任が定められていますが，会社法の規定は取締役の会社に対する損害賠償責任に関する特則と解釈し，民法第415条は適用されないとの解釈が一般的です。

②　利益供与責任

会社が，株主の権利行使に関して財産上の利益の供与を行った場合，その利益供与に関与した取締役は，会社に対して連帯して供与した利益の価額に相当する額を支払う義務を負います（会120④）。利益供与責任は，原則過失責任で

すが、利益供与を行った取締役は無過失責任となっています。

③ **現物出資財産の価額填補責任**

現物出資財産の価額が、募集株式について定められた財産の価額に著しく不足する場合、募集に関する職務執行を行った取締役等は、会社に対して不足額を支払う義務を負います（会213①）。

なお、当該取締役がその職務を行うにあたり注意を怠らなかったことを証明した場合は、支払義務を免れます（会213②二）。

④ **新株予約権行使時の現物出資財産の価額填補責任**

新株予約権の行使による株式の発行等においても③と同様の定めが規定されています（会286①）。

⑤ **剰余金の処分に係る分配可能額規制違反の責任**

剰余金の配当や自己株式の取得の際、分配可能額を超えて配当を行った場合、金銭等の交付に関する職務を行った取締役等は、会社に対して、連帯して、当該金銭等の交付を受けた者が交付を受けた金銭等の帳簿価額に相当する金銭を支払う義務を負います（会462①）。

⑥ **買取請求に応じた株式の取得についての分配可能額規制違反の責任**

会社法第116条第1項の規定による株式買取請求に応じて株式を取得する場合、分配可能額を超えて株主に金銭を支払ったときは、当該株式の取得に関する職務を行った取締役等は、株式会社に対し、連帯して、その超過額を支払う義務を負います（会464①本文）。

ただし、当該取締役等がその職務を行うについて注意を怠らなかったことを証明した場合は、支払義務を免れます（会464①但書）。

⑦ **剰余金の処分に係る欠損填補責任**

剰余金の配当や自己株式の取得等を行った場合に取締役が責任を負うのは、違法配当等を行ったときだけでなく、当該行為をした日の属する事業年度の計算書類の承認時に欠損が生じた場合も、当該配当に関する職務を行った取締役等は、会社に対し、連帯して、違法配当等によって生じた欠損の額を支払う義務を負います（会465①本文）。

ただし、当該取締役等がその職務を行うについて注意を怠らなかったことを証明した場合は、支払義務を免れます（会465①但書）。

(2) 第三者に対する取締役の責任

第三者に対する取締役の責任は，任務懈怠責任と虚偽記載責任の二つに大別されます。

① 第三者に対する任務懈怠責任

取締役がその職務を行うにあたり，悪意又は重大な過失があったときは，当該取締役は，これによって第三者に生じた損害を賠償する責任を負います（会429①）。

② 第三者に対する虚偽記載責任

取締役が以下の行為をしたときも，これによって第三者に生じた損害を賠償する責任を負います（会429②一）。

- a．株式，新株予約権，社債若しくは新株予約権付社債を引き受ける者の募集をする際に通知しなければならない重要な事項についての虚偽の通知又は当該募集のための当該株式会社の事業その他の事項に関する説明に用いた資料についての虚偽の記載若しくは記録
- b．計算書類及び事業報告並びにこれらの附属明細書並びに臨時計算書類に記載し，又は記録すべき重要な事項についての虚偽の記載又は記録
- c．虚偽の登記
- d．虚偽の公告

(3) 責任の一部免除

会社法では，総株主の同意により取締役の責任の全部を免除する規定や，以下のような方法で取締役の責任の一部を免除する規定が定められており，これにより取締役の責任の範囲に一定の幅を持たせています。

① 株主総会決議

役員等が職務を行うにつき善意でかつ重大な過失がないときは，最低責任限度額として定められた額を控除して得た額を限度として，株主総会の決議によって免除することができます（会425①）。

② 取締役会決議

役員等が職務を行うにつき善意でかつ重大な過失がない場合において，①により免除することができる額を限度として取締役（当該責任を負う取締役を除

く）の過半数の同意（取締役会設置会社にあっては取締役会の決議）によって免除することができます（会426①）。

なお，この場合は定款にその旨を定めておく必要があります。

③ 責任限定契約

社外取締役，会計参与，社外監査役又は会計監査人（以下，「社外取締役等」という）が職務を行うにつき善意でかつ重大な過失がないときは，定款で定めた額の範囲内であらかじめ株式会社が定めた額と最低責任限度額とのいずれか高い額に責任を限定する契約を社外取締役等と締結することができます（会427①）。この場合も定款にその旨を定めておく必要があります。

会社法制の見直しに関する要綱では，社外取締役の要件の見直しに伴い，責任限定契約の対象者の範囲の見直しが行われております。具体的には，社外取締役だけでなく業務執行取締役若しくは執行役又は支配人その他の使用人であるものを除く取締役を責任限定契約の対象者にするという見直しです。なお，監査役についても社外監査役に限定しないという見直しが行われています。

取締役会の権限と決議事項

Q41

取締役会の権限と決議事項について説明してください。

A

●ポイント●

取締役会は，取締役会設置会社における意思決定機関であり，会社の業務執行の決定などを行います。取締役会を設置するか否かは任意ですが，公開会社，監査役設置会社，委員会設置会社では取締役会の設置が義務

> づけられています。会社法では，重要な業務執行の決定については，取締役に委任できないものとして取締役会の専決事項が定められています。
>
> ただし，これらの事項は，委員会設置会社とそうでない会社とでは会社法の定めが異なります。

1 取締役会について

　取締役会は，すべての取締役により構成される会社の機関です（会362①）。会社法では，定款の定めによって取締役会を設置できると規定されており，必ず設置しなければならない機関ではありません（会326②）。ただし，公開会社，監査役会設置会社，委員会設置会社については取締役会の設置が義務づけられています（会327①）。

　これは，小規模会社が多い非公開会社についてまで取締役会の設置を義務づけるのは必ずしも会社経営の実態と合わないこと，及び，平成17年の会社法制定に伴い有限会社法が廃止されたことにより，機関設計の柔軟化の観点から取締役会の設置が任意とされたものです。

　一方，公開会社，監査役会設置会社，委員会設置会社については，所有と経営の分離や経営者の権限濫用を防止して経営の適正化を図るという観点から，取締役会の設置が義務づけられています。

2 取締役会の権限

　取締役会の権限は，次の二つに分けることができます。一つ目は，取締役会設置会社の業務執行の決定であり，二つ目は，取締役の職務の執行の監督，代表取締役の選定及び解職です（会362②）。

　つまり，取締役会は，決定権限と監督権限の二つの重要な権限を有することになります。

(1) 決定権限

　取締役会の一つ目の権限は決定権限です。会社法では，重要な業務執行の決定については取締役に委任することができないと定めています（会362④）。

取締役会の決議事項の範囲が広すぎると，円滑な業務運営を実現できなくなる一方，すべての意思決定を代表取締役に委ねると代表取締役の暴走を招き，取締役会が形骸化するおそれがあるため，最低限の事項として取締役会が決議すべき事項を定めています。

(2) 監督権限

取締役会の二つ目の権限は監督権限です。取締役会の職務として，取締役の職務の執行の監督（会362②二），代表取締役の選定及び解職（会362②三）が定められており，取締役会はこれらの職務を通じて取締役や代表取締役の業務執行を監督することになります。

3　取締役会決議事項

会社法第362条第4項では，取締役に委任することができない重要な業務執行の決定として，以下の事項を取締役会の専決事項に定めています。

- 重要な財産の処分及び譲受け
- 多額の借財
- 支配人その他の重要な使用人の選任及び解任
- 支店その他の重要な組織の設置，変更及び廃止
- 社債の募集に関する重要な事項として法務省令（施規99）で定める事項
- 取締役の職務の執行が法令及び定款に適合することを確保するための体制その他株式会社の業務の適正を確保するために必要なものとして法務省令（施規100）で定める体制の整備（内部統制の整備）
- 役員等の責任の免除

その他，株主総会の招集（会298④），自己株式の取得価格等の決定（会157①，②），株式分割（会183②），計算書類の承認（会436③），中間配当の決定（会454⑤）などが取締役会決議事項として定められています。

4　委員会設置会社における取締役会決議事項

委員会設置会社では，会社法第362条の規定にかかわらず，以下の事項その他の業務執行の決定を行うと規定されています（会416①一）。

- 経営の基本方針
- 監査委員会の職務の執行のため必要なものとして法務省令で定める事項
- 執行役が2人以上ある場合における執行役の職務の分掌及び指揮命令の関係その他の執行役相互の関係に関する事項
- 執行役から取締役会の招集の請求を受ける取締役
- 執行役の職務の執行が法令及び定款に適合することを確保するための体制その他株式会社の業務の適正を確保するために必要なものとして法務省令で定める体制の整備（内部統制の整備）

　委員会設置会社以外で取締役に委任することができないとされている会社法第362条に規定されている事項（重要な財産の処分・譲受け等）は，委員会設置会社の場合は執行役に決定を委任できることになります（会416④）。委員会設置会社の場合，執行役が業務執行を行うため，取締役会の主な権限は監督権限ということになります。

取締役会の書面決議

Q42

取締役会の書面決議について説明してください。

A

●ポイント●

　定款で書面決議を認める旨を定めた場合は，書面決議が認められます。書面決議を行うには，取締役全員の同意が必要になります。書面決議の場合も議事録が必要になりますが，署名や記名押印は要求されていません。

郵便はがき

料金受取人払郵便

落合支店承認

4009

差出有効期間
2015年8月31日

期限後は切手を
おはりください

１６１－８７８０

東京都新宿区下落合2-5-13

㈱ 税務経理協会

社長室行

フリガナ		性別	男 ・ 女
お名前		年齢	歳

□□□-□□□□　TEL　（　　　）

ご住所

E-mail

ご職業：
1. 会社経営者・役員　2. 会社員　3. 教員　4. 公務員
5. 自営業　6. 自由業　7. 学生　8. 主婦　9. 無職
10. 公認会計士　11. 税理士　12. その他（　　　）

ご勤務先・学校名

部署		役職	

ご記入の感想等は，匿名で書籍のPR等に使用させていただくことがございます。
使用許可をいただけない場合は，右の□内にレをご記入ください。　□許可しない

ご購入ありがとうございました。ぜひ、ご意見・ご感想などをお聞かせくださ
また、正誤表やリコール情報等をお送りさせて頂く場合もございますので、
E-mailアドレスとご購入書名をご記入ください。

この本の タイトル	

Q1 お買い上げ日　　　　年　　　月　　　日
　　ご購入方法　1. 書店で購入（書店名
　　　　　　　　2. インターネット書店　　3. 当社から直接購入

Q2 本書のご購入になった動機はなんですか？（複数回答可）
　　1. 店頭でタイトルにひかれたから　2. 店頭で内容にひかれたから
　　3. 店頭で目立っていたから　　　　4. 著者のファンだから
　　5. 新聞・雑誌で紹介されていたから（誌名
　　6. 人から薦められたから
　　7. その他（

Q3 本書をお読み頂いてのご意見・ご感想をお聞かせください。

Q4 ご興味のある分野をお聞かせください。
　　1. 経営　　2. 経済・金融　　3. 財務・会計
　　4. 流通・マーケティング　　　5. 株式・資産運用
　　6. 知的財産・権利ビジネス　　 7. 情報・コンピュータ
　　8. その他（

Q5 カバーやデザイン、値段についてお聞かせください
　　　①タイトル　　　　　1良い　2目立つ　3普通　4悪い
　　　②カバーデザイン　　1良い　2目立つ　3普通　4悪い
　　　③本文レイアウト　　1良い　2目立つ　3普通　4悪い
　　　④値段　　　　　　　1安い　2普通　　3高い

Q6 今後、どのようなテーマ・内容の本をお読みになりたいですか？

ご回答いただいた情報は、弊社発売の刊行物やサービスのご案内と今後の出版企画立案の参考の
に使用し、他のいかなる目的にも利用いたしません。なお、皆様より頂いた個人情報は、弊社の
ライバシーポリシーに則り細心の注意を払い管理し、第三者への提供、開示等は一切いたしません

1　書面決議が認められる趣旨

　取締役会の決議は，議決に加わることができる取締役の過半数が出席し，その過半数によって行われます（会369①）。ただし，定足数と決議要件の割合を定款で加重することは認められています。

　取締役会は，会議を開催する形態で決議を行うのが大前提です。なぜなら，取締役が会議に出席して協議を行い，意見を述べることによって英知を結集し，より良い意思決定が可能になると考えられるからです。

　しかし，グローバル化により企業の経済活動が広範囲に及ぶ今日において，海外駐在取締役や海外在住の外国人取締役の増加に伴い，会議を開催するのが困難な場合もあります。誰にも異論のないような決議事項についてまで会議の実施を強制することは，機動的な意思決定の阻害要因になると考えられます。

　また，会議での決議か書面決議かは効率性の問題であり，必ずしも法律が強制しなくてもよく，会社が判断すれば十分と考えられます。

　したがって，一定の要件を満たす場合に，取締役会の書面決議が認められることとなりました。なお，取締役会の書面決議は旧商法では認められていなかった制度で，平成17年の会社法制定時に導入されました。

2　書面決議が認められる場合

　具体的には，以下の条件を満たす場合に限り，取締役会の書面決議が認められます（会370）。

(1)　定款に定めがあること
(2)　取締役会の決議の目的である提案について取締役の全員が書面又は電磁的記録により同意の意思表示をしていること
(3)　監査役設置会社においては，監査役が当該提案について意義を述べないこと

　ただし，代表取締役及びその他の業務を執行する取締役は，3カ月に1回以上，自己の職務の執行の状況を取締役会に報告しなければならない（会363②）と規定されており，取締役会の形骸化の防止が図られています。

　また，会社法では，「取締役会への報告の省略」という制度も設けられてい

ます（会372）。これは，取締役等が取締役（監査役設置会社の場合は，取締役及び監査役）全員に対して取締役会に報告すべき事項を通知したときは，当該事項を取締役会へ報告することを要しないというものです。

3　書面決議における議事録の要件

取締役会設置会社は，取締役会の議事録の作成・備置が義務づけられています（詳細は Q43 参照）。書面決議の場合も取締役会議事録の作成が義務づけられていますが，議事録に記載すべき事項として以下の項目が定められています（施規101④一）。

(1)　取締役会の決議があったものとみなされた事項の内容
(2)　(1)の事項の提案をした取締役の氏名
(3)　取締役会の決議があったものとみなされた日
(4)　議事録の作成に係る職務を行った取締役の氏名

取締役全員への通知による「取締役会への報告の省略」が行われた場合の議事録への記載事項は，以下のとおりです（施規101④二）。

(1)　取締役会への報告を要しないものとされた事項の内容
(2)　取締役会への報告を要しないものとされた日
(3)　議事録の作成に係る職務を行った取締役の氏名

4　書面決議における取締役・監査役の責任

書面決議においても，当該決議により不当な経営が行われた場合，取締役は Q40 に記載した責任を負うことになります。会議で議論していなくても，書面決議の内容を十分に検討し，問題があると判断した場合は異議を述べることができるのです。したがって，それを怠った場合は，任務懈怠責任を問われる可能性があります。

取締役会議事録

Q43

取締役会議事録について説明してください。

A

●ポイント●

　取締役会設置会社は，取締役会議事録を作成し，取締役会の日から10年間本店に備え置かなければなりません。株主等は会社に対して議事録の閲覧を請求することができます。議事録には，取締役会の議事の経過の要領及びその結果，取締役会において述べられた意見又は発言などを記載しなければなりません。

1　取締役会議事録の作成

　会社法では，取締役会の議事について議事録の作成が義務づけられており，具体的には以下のような規定が設けられています。取締役会の議事については，法務省令で定めるところにより，議事録を作成し，議事録が書面をもって作成されているときは，出席した取締役及び監査役は，これに署名し，又は記名押印しなければなりません（会369③）。議事録が電磁的記録をもって作成されている場合における当該電磁的記録に記録された事項については，電子署名の措置をとらなければなりません（会369④，施規225①六）。取締役会の決議に参加した取締役であって議事録に異議をとどめないものは，その決議に賛成したものと推定されます（会369⑤）。

　取締役会議事録は，当該取締役会の議事内容を記録するだけでなく，決議に参加した取締役の責任を明確にする意味でも重要な証拠となるものです。

2　取締役会議事録の備置

　取締役会議事録は，取締役会の日（書面決議の場合は，取締役会の決議があったものとみなされる日）から10年間，会社の本店に備え置かなければならないと規定されています（会371①）。前述のように，取締役会議事録は重要な証拠となるものであるため，備え置かなかったり，虚偽の記載があった場合，取締役は過料に処せられます（会976七，八）。

3　取締役会議事録の閲覧または謄写の請求

　取締役会では会社の意思決定に関する重要な事項が決議されます。また，決議の内容によっては，株主の利益が不当に害されるおそれがあります。そのため，株主は，その権利を行使するため必要があるときは，会社の営業時間内はいつでも，議事録の閲覧又は謄写の請求を行うことができます（会371②）。

　ただし，監査役設置会社又は委員会設置会社については，株主が当該請求権を行使するためには，裁判所の許可を得る必要があります（会371③）。また，債権者が役員又は執行役の責任を追及するため必要があるときは，裁判所の許可を得て，議事録の閲覧又は謄写を請求することができます（会371④）。親会社社員が当該請求権を行使する場合も，同様に裁判所の許可を得る必要があります（会371⑤）。

　以上のように，取締役会議事録は株主総会とは異なり，株主・債権者等による閲覧請求は制限された内容となっています。

4　取締役会議事録に記載すべき内容

　会社法では，取締役会の議事については，法務省令で定めるところにより議事録を作成することが要求されています（会369③）。つまり，議事録の具体的な記載内容は法務省令に委ねられており，会社法施行規則第101条第3項では以下の事項を記載しなければならないと規定されています。

(1)　基本的記載事項

　取締役会議事録に必ず記載しなければならない事項は，以下の表のとおりに

規定されています。

記 載 事 項	条　文
取締役会が開催された日時及び場所（当該場所に存しない取締役，執行役，会計参与，監査役，会計監査人又は株主が取締役会に出席をした場合における当該出席の方法を含む）	施規101③一
取締役会の議事の経過の要領及びその結果	施規101③四
取締役会に出席した執行役，会計参与，会計監査人又は株主の氏名又は名称	施規101③七
取締役会の議長が存するときは，議長の氏名	施規101③八

　上記表のうち，取締役会の議事の経過の要領及びその結果は旧商法時代から記載が要求されていた事項で，取締役の責任を明らかにすること，及び，株主の権利行使の参考となる情報である点において重要な事項となります。

(2) 追加的な記載事項

　取締役会の状況に応じて議事録に記載すべき事項は，以下の表のとおりに規定されています。

記 載 事 項	条　文
通常の招集権者以外の者による招集の場合は，その旨	施規101③三
決議を要する事項について特別の利害関係を有する取締役があるときは，当該取締役の氏名	施規101③五
特定の規定により取締役会において述べられた意見又は発言があるときは，その意見又は発言の内容の概要	施規101③六

特別取締役制度

Q44

特別取締役制度について説明してください。

A

●ポイント●

　特別取締役制度は，取締役の数が多く，機動的に取締役会を開催することが困難な大会社のための制度として創設されました。特別取締役制度は，取締役会設置会社で，委員会設置会社でない場合に適用される制度です。取締役会に出席した特別取締役の過半数が賛成すれば，重要な財産の処分及び譲受け，多額の借財について決議することができます。

1　特別取締役制度創設の背景

　特別取締役とは，本来は取締役会の専決事項である「重要な財産の処分及び譲受け」，「多額の借財」についての決議の権限を与えるために選定された取締役をいいます（会373①）。

　取締役の人数が多い場合，取締役会の開催自体が困難であったり，議案に対する議論に時間を要する等，迅速な意思決定に支障が生じる可能性があります。そのため，迅速な意思決定を可能にする仕組みが必要でした。これに対応して，旧商法では「重要財産委員会」という制度がありました。しかしながら，「重要財産委員会」は，大会社・みなし大会社に限定される，取締役会とは別の機関として設けなければならない，取締役が10人以上（うち1名は社外取締役）いないと設置することができない等，設置条件が厳しかったため使い勝手が悪

く，あまり利用されていないという現実がありました。

　そこで，迅速な意思決定のために一定の項目について権限を与えるという「重要財産委員会」の趣旨を生かしつつ，より利用しやすい制度として，会社法で「特別取締役制度」が創設されました。「重要財産委員会」との大きな違いは，取締役会と別の機関として設置するのではなく，取締役会の決議の特別な形態と位置づけた点です。

2　特別取締役及び特別取締役制度について

　特別取締役による取締役会の決議については，具体的には会社法第373条に規定されており，特別取締役による決議を行うための要件を整理すると以下のとおりとなります。

- 委員会設置会社でないこと（会373①本文）
- 取締役の数が6人以上であること（会373①一）
- 取締役のうち1人以上が社外取締役であること（会373①二）

　特別取締役による取締役会の決議を行うためには，あらかじめ3人以上の取締役を特別取締役として選定する必要があります。決議が有効になるには，特別取締役のうち議決に加わることができるものの過半数が出席し，その過半数による必要があります。これにより，「重要な財産の処分及び譲受け」「多額の借財」についての迅速な意思決定が可能になります。

　なお，特別取締役による議決の定めがある場合には，特別取締役以外の取締役は，「重要な財産の処分及び譲受け」「多額の借財」の決議を行う取締役会に出席する必要はありません（会373②）。

　また，特別取締役による取締役会では，書面決議は認められません（会373④）。これは，そもそも取締役会の機動的な開催が困難な場合に配慮し，迅速な意思決定を目的とした制度が特別取締役制度であるため，書面決議を認める必要性に乏しいからです。

　特別取締役による取締役会の決議が行われた場合，特別取締役の互選によって定められた者は，遅滞なく，当該決議の内容を特別取締役以外の取締役に報告しなければなりません（会373③）。

　監査役は，取締役会に出席し，必要があると認めるときは，意見を述べなけ

ればならないと規定されています（会383①本文）が，特別取締役による取締役会の場合は，監査役の互選によって，取締役会に出席する監査役を定めることができます（会383①但書）。

会社が特別取締役を設置した場合は，その旨の登記が必要になります。これは，取引の安全を確保し，取引の相手先を保護するためのものです。

以上のように，特別取締役制度は機動的に取締役会を開催することが困難な大会社のための制度であり，迅速な意思決定を可能にする仕組みとなっています。

取締役等の任期

Q45

取締役，会計参与，監査役，会計監査人の任期について説明してください。

A

●ポイント●

取締役，会計参与，監査役，会計監査人の任期は，それぞれ原則2年，2年，4年，1年と定められています。ただし，それぞれ別段の定めがあります。

1 要　約

取締役，会計参与，監査役，会計監査人の任期は，それぞれ原則2年，2年，4年，1年と定められています。ただし，それぞれ別段の定めがあり，それらをまとめると下記の表のとおりとなります。

役　員	任　　　期	条文
取　締　役	原則２年。一定の要件に該当する会社は，定款で１～10年に短縮・伸長が可能。	会332
会 計 参 与	取締役の任期の規定を準用	会334
監　査　役	原則４年。一定の要件に該当する会社は，定款で10年まで伸長が可能。	会336
会計監査人	１年。定時株主総会において別段の定めがない場合は再任されたものとみなされる。	会338

　取締役，会計参与，監査役，会計監査人，それぞれの任期の詳細は以下のとおりとなります。任期の途中で解任されることもあるので，解任についても説明します。

2　取締役の任期

　取締役の任期は，選任後２年以内に終了する事業年度のうち最終のものに関する定時株主総会の終結の時までとされています（会332①本文）。ただし，定款又は株主総会の決議によって，その任期を短縮することができます（会332①但書）。

　委員会設置会社以外の非公開会社は，定款によって，取締役の任期を選任後10年以内に終了する事業年度のうち最終のものに関する定時株主総会の終結の時まで伸長することが認められています（会332②）。

　委員会設置会社の取締役の任期は１年となっています（会332③）。

　以上の規定を要約すると，取締役の任期は会社の実態や形態に応じて１年～10年で自由に設定できることになりますが，公開会社や委員会設置会社は多数の株主から取締役が長期間信任を受けないのは妥当ではないので，非公開会社と比べて自由度が狭められています。

　会社と取締役は委任関係にあることから，取締役は任期の途中でも辞任することができます。

3　会計参与の任期

　会計参与は，取締役等と共同して計算書類等を作成する株式会社の機関です（会374①）。会計参与の設置は任意ですが，委員会設置会社を除く取締役会設置会社のうち，監査役を設置しない非公開会社は会計参与を設置しなければなりません（会327②但書）。

　会計参与となる資格のある者は，公認会計士若しくは監査法人又は税理士若しくは税理士法人に限定されています（会333①）。

　会計参与は，取締役と同様に会社とは委任の関係にあり，株主代表訴訟の対象になる等，取締役と類似する規定が多くなっています。

　任期についても同様で，取締役の任期の規定が準用されます（会334①）。

4　監査役の任期

　監査役の任期は，選任後4年以内に終了する事業年度のうち最終のものに関する定時株主総会の終結の時までと定められています（会336①）。ただし，非公開会社については，定款によって，任期を選任後10年以内に終了する事業年度のうち最終のものに関する定時株主総会の終結の時まで伸長することが認められています（会336②）。

　取締役とは異なり，監査役の任期を短縮することはできませんが，これは，監査役の独立性を担保するための制度の一つです。

5　会計監査人の任期

　会計監査人の任期は，選任後1年以内に終了する事業年度のうち最終のものに関する定時株主総会の終結の時までと定められています（会338①）。当該定時株主総会において別段の決議がされなかったときは，会計監査人は当該定時株主総会において再任されたものとみなされます（会338②）。

6　役員及び会計監査人の解任

(1)　役員及び会計監査人の解任

　役員（取締役，会計参与及び監査役）及び会計監査人は，いつでも，株主総

会の決議によって解任することができ（会339①），解任にあたっての正当な理由は不要です。解任は普通決議によって行われますが，以下の場合は，特別決議が必要となります。
- 累積投票によって選任された取締役の解任（会309②七）
- 監査役の解任（会309②七）。

監査役を解任するにあたり特別決議を要するのは，監査役の解任を慎重に行うことにより，監査役の独立性を担保するためと考えられます。

会社法第339条第1項の規定により解任された者は，その解任について正当な理由がある場合を除き，会社に対し，解任によって生じた損害の賠償を請求することができます（会339②）。

(2) 監査役等による会計監査人の解任

監査役は，会計監査人が次のいずれかに該当するときは，その会計監査人を解任することができます（会340①）。

① 職務上の義務に違反し，または職務を怠ったとき
② 会計監査人としてふさわしくない非行があったとき
③ 心身の故障のため，職務の執行に支障があり，またはこれに堪えないとき

監査役等により解任された会計監査人は，解任後最初に招集される株主総会に出席して，解任についての意見を述べることができます（会345⑤）。

《参考文献》
『取締役・執行役ハンドブック』商事法務編，平成20年12月16日

取締役の競業取引，利益相反取引

Q46

取締役の競業取引，利益相反取引について説明してください。

A

●ポイント●

取締役による競業取引及び利益相反取引については，取締役と会社との利益衝突を防止するため，取締役会での事前承認及び事後報告が義務付けられています。

1　趣　　旨

　取締役は，会社の機密やノウハウに精通しているため，会社情報を不正に流用して会社と同じ種類の営業（競業取引）を行うことによって，会社の取引先や顧客を不当に奪う等，会社の利益を犠牲にして自己又は第三者の利益を図る危険があります。また，取締役が会社との間で取引（利益相反取引）を行う場合にも，同様の危険があります。

　そこで，このような取締役と会社との利益衝突を防止するため，取締役には一般的な善管注意義務（会330，民644）・忠実義務（会355）に加えて，会社法で特別な規制が定められています。

2　規制の内容

　取締役が，以下の取引をしようとするときは，事前に取締役会（取締役会設置会社以外の会社では株主総会。以下同じ）でその取引について重要な事実を開示し，承認を受けなければなりません（会356①，365①）。この場合，当該取締役は特別利害関係人に該当するため，議決権を行使できません（会369②）。

① 自己又は第三者のために行う会社の事業の部類に属する取引（競業取引）
② 自己又は第三者のために行う会社との取引（利益相反取引：直接取引）
③ 取締役が銀行から融資を受ける際に会社に保証してもらう場合のように，第三者と会社との取引により取締役と会社の利益が相反する取引（利益相反取引：間接取引）

また，これらの取引を行った取締役は，取引後にも遅滞なく，当該取引が承認された取引の範囲内であるか否かについて具体的な判断ができる程度に，重要な事実を取締役会に報告しなければなりません（会365②）。

> 「自己又は第三者のために」とは
> 　名義ではなく，自己又は第三者の計算においてという意味と解されており（東京地判昭和56年3月26日），誰に経済的利益が帰属するかという点が判定のポイントとなります。

> 「会社の事業の部類に属する取引」とは
> 　会社の事業の目的である取引よりも広く，それと同種又は類似の商品・役務を対象とする取引で，現在及び将来にわたって会社が実際に行う事業と競合し，会社と取締役との間に利益衝突の可能性のある取引を広く含みます。逆に，定款所定の会社の目的である事業であっても完全に廃業している事業や非営利の行為は含まれません。

なお，いかなる取引が「利益相反取引」に該当するかについては，会社と取締役の利益相反のおそれがあるかどうかを基準に個別に判断することになります。具体的な事例は，＜図表4-1＞のとおりです。

<図表4－1> 利益相反の有無の事例

	利益相反あり	利益相反なし
直接取引	●会社の取締役に対する金銭の貸付及び約束手形の振出 ●会社と取締役の間の財産の売買 ●会社から取締役への贈与 ●取締役の会社に対する債務免除	●取締役から会社への贈与 ●会社の取締役に対する債務の弁済 ●取締役の会社に対する無利息無担保の金銭貸付 ●普通取引約款に基づく定型的取引
間接取引	●取締役の第三者に対する債務についての会社の保証，引受	

「重要な事実」とは

　取引の相手方，目的物，数量，価額，取引期間，利益等，会社が今後受ける影響を取締役会が判断するのに十分なものである必要があります。

　なお，親会社の取締役を親会社と競業する子会社の代表取締役として派遣する場合には，当該子会社の事業の種類，性質，規模，取引範囲等の重要な事実を開示し包括的な承認を得れば，それ以後の個々の取引の承認は不要と考えられています。ただし，100％子会社の場合は，両社は実質的に同一体で利益相反はあり得ませんので，承認は不要と解されています。

3　違反して為された取引の効力

(1)　競業取引

　競業取引は会社外の取引であるため，取引の効力を否定してしまうと規制の対象でない取引の相手方が不利益を受けることになってしまうことから，取締役会の承認を得ていなくとも，相手方の善意・悪意を問わず取引自体は有効とされます。

(2)　利益相反取引

　利益相反取引においては会社が取引の一方当事者であり，会社の利益を保護する必要性が強いので，会社は取締役の承認を得ずに為された利益相反取引の無効を主張できます。ただし，直接取引の場合，取締役の側から無効の主張は

できません。

一方,間接取引の場合には,承認を得ていないことを知らなかった者の取引の安全を図る必要性があるので,善意かつ無重過失の第三者には無効を主張できず,会社が第三者に無効を主張するためには,第三者の悪意を立証する必要があります(最大判昭和43年12月25日)。なお,重過失のある第三者も悪意者に含まれるとする解釈が有力です。

4　取締役の責任

(1)　損害賠償責任

取締役が取締役会の承認を得ずに競業取引や利益相反取引をしたときは,それによって会社に生じた損害を賠償する責任を負います(会423①)。競業取引の場合には損害額の立証が困難なため,取締役又は第三者が得た利益の額をもって会社の損害額と推定されます(会423②)。

また,承認を得て利益相反取引を行った場合であっても,対価が不当であったり,債務を履行しなかったりしたために会社に損害が生じた場合には,会社に損害を賠償しなければなりません。その場合,以下の取締役は任務懈怠による過失があったものと推定され,過失がなかったことを立証しなければ連帯して損害賠償責任を負います(会423③)。

① 会社と直接取引を行った取締役
② 間接取引により利益を受けた取締役
③ 取引の相手方として会社を代表した取締役
④ 取締役会決議に賛成した(特に異議を述べなかった者も賛成したものと推定されます)取締役

なお,自己のために会社と直接取引をした取締役は,無過失責任を負います(会428①)。

(2)　解　　任

取締役会の承認を得ずに競業取引や利益相反取引をした場合,当該取締役の解任の正当な事由になります(会339②)。

(3) 責任免除

取締役の会社に対する損害賠償責任を免除するには、株主全員の同意が必要となります（会424）。しかし、取締役の行為が善意かつ無重過失であれば、株主総会の決議等により、責任の一部が免除される場合があります（会425，426，427）。ただし、自己のために会社と直接に利益相反取引をした取締役については一部免除が認められません（会428②）。

5 開 示

公開会社の事業報告の「株式会社の会社役員に関する事項」に、当該事業年度に係る取締役、監査役及び執行役の「重要な兼職」の状況（兼職先や兼職先での地位等）を記載し（施規121七，119二）、事業報告の附属明細書には、「重要な兼職」に該当する取締役、監査役及び執行役について、兼職の状況の明細を記載しなければなりません（施規128②）。

会社役員が他の法人等の代表者を兼任しているだけでは開示は必要とされず、「重要な兼職」に該当する場合のみ開示対象となります。なお、「重要な兼職」に該当するか否かは、兼職先の会社が取引上重要な会社であるか否か、当該役員が兼職先の会社で重要な職務を担当するか否か等を考慮して判断します。

また、利益相反取引は、注記表にその明細を記載します（計規112）。更に、利益相反取引の内容が特に重要である場合には、取締役と会社の間に特別利害関係があることとなり、当該取締役の株主総会における選任議案の参考書類にその旨（候補者と株式会社との間の特別の利害関係）を記載しなければなりません（施規74②三）。

6 会社法制の見直しに関する要綱

利益相反取引については、「会社法制の見直しに関する要綱」で子会社少数株主の保護の観点から一部改正が検討されています。詳細は **Q98** をご参照ください。

取締役の報酬規制

Q47

取締役の報酬規制について説明してください。

A

> ●ポイント●
>
> 　会社法では，取締役の報酬，賞与その他の職務執行の対価として会社から受ける財産上の利益は，名目や支給形態あるいは金銭であるか否かにかかわらず「報酬等」として整理され，定款に定めないときは株主総会で決議されます。

1　趣　　旨

　取締役と会社の関係は民法の委任に関する規定（会330，民643以下）に従うため，無報酬であるのが原則ですが（民648①），実務上は，取締役の任用契約には報酬に関する特約が含まれ，報酬を支給するのが通例となっています。

　しかし，取締役の報酬の決定が会社の業務執行機関の権限であることから（会362②一），取締役自らその額を決定できるとすると，お手盛りにより不当に高額を支給するおそれがあるため，定款又は株主総会でその額を決定することとされています（会361①）。

2　「報酬等」の範囲

⑴　「報酬等」の意義

　会社法では，規制の対象となる取締役の報酬を「報酬等」として整理しています。「報酬等」とは，取締役の職務執行の対価として会社が与える財産上の利益をいい（会361①），名目や支給形態あるいは金銭であるか否かを問いませ

ん。

　従来，実務慣行として利益処分で支給していた役員賞与も，職務執行の対価として支給されることからこの「報酬等」に含まれます。

　一方，交通費，日当，交際費等の実費支給の性質を有するものは職務執行の対価ではないため，「報酬等」には当たりません。

「財産上の利益」の範囲

　現金以外の現物支給，ストック・オプションの付与，あるいは福利厚生目的で供与される便宜等，取締役としての地位に基づいて付与される利益を広く含みます。

---

(2) 退職慰労金

　退職慰労金は，特に「報酬等」の中に例示されていませんが，在職中の職務執行の対価の後払いとして会社から受け取る財産上の利益であることから，「報酬等」に含まれます。

　なお，最近では，総会における機関投資家等の議決権行使で最も反対比率が高いのが退職慰労金議案であることから，退職慰労金制度を廃止する会社が増えています。

(3) ストック・オプション

　株価上昇のインセンティブとして会社から取締役等に付与される新株予約権をストック・オプションといいますが，これは，あらかじめ定められた期間内に一定の払込金額で所定の数の株式を取得できることを新株予約権の内容として定めるものです（会236①）。

　このストック・オプションとしての新株予約権も，取締役の職務執行の対価とされ，「報酬等」に含まれます。なお，ストック・オプションは，発行時に公正価額が算定できることから，「報酬等のうち額が確定しているもの」（3(1)参照）で，かつ，「金銭でないもの」（3(3)参照）に該当します。

(4) 使用人兼務取締役の使用人分給与

　例えば，取締役営業部長や取締役経理部長等のように使用人を兼務している取締役については，以下の①，②の要件を満たす場合のみ，使用人給与分は「報酬等」には含まれず，また③の要件も満たす場合には，株主総会では報酬総額のみを決議した上で，具体的な配分を取締役会の決定に委ねることができると解されています（最判昭和60年3月26日）。

① 別に使用人として給与を受けることを予定しつつ，決議される報酬額に使用人として受け取る給与が含まれていないことが明示された上で決議されている。
② 使用人として受けるべき給与の体系が明確に確立されている。
③ それによって給与の支給がされている。

3　取締役報酬の決定方法

　「報酬等」は，定款に定めのないときは株主総会決議で定めます（会361①）。ただし，一度定款で定めてしまうと定款変更の手続が容易でないことから，実際には株主総会決議で定められています。
　「報酬等」は以下の3つに分類され，それぞれ決定方法が定められています。

(1)　報酬等のうち額が確定しているものは，その金額

　「額が確定しているもの」には，月給や年俸等，金額で示される形態の報酬が該当します。
　その金額を決定するに際しては，取締役の個別報酬額を定めることもできますが，実務上は，取締役全員の報酬総額の最高限度額を定め，その配分を取締役会にゆだねる（最判昭和60年3月26日）ことが多く，更に，取締役会で代表取締役に一任している（最判昭和31年10月5日）のが一般的です。なお，報酬総額を上限枠として決議すれば，その枠内で報酬が支払われている限り改めて総会決議は要しません。
　ただし，退職慰労金については，退職者は通常1名ないしは少数のため，株主総会で最高限度額を定めることは個人別の額を明示するのに等しくなってしまうことから，取締役会に一任する旨の決議がされるのが通例となっています。

この場合，以下の2要件が満たされる場合に限り有効と解されています（最判昭和48年11月26日）。

① 会社の業績，勤続年数，功績等から算定した一定の支給基準が確立されている。

② それが株主に推知され得る。

なお，株主総会参考書類において当該基準の内容の記載が求められており（施規82②），内規等の内容について，株主総会で説明を求められれば説明責任が生じます（東京地判昭和63年1月28日）。

(2) 報酬等のうち額が確定していないものは，その具体的な算定方法

「額が確定していないもの」には，業績連動型報酬等があります。

この場合，具体的な算定方法として，例えば，「当期利益の100分の1に相当する額」というように定めればよいとされています。

(3) 報酬等のうち金銭でないものは，その具体的な内容

「金銭でないもの」とは，例えば，無償や低廉で社宅を借り受けたり，社用車の便宜を供与されている場合，あるいはストック・オプション等が該当します。

なお，(2)又は(3)の場合には，不適切な運用による危険が生じないよう，当該事項を新設・改定する際には，議案を株主総会に提出した取締役は，当該総会でその事項を相当とする理由を説明しなければなりません（会361②）。

役員報酬に関する会社法上の開示

Q48

役員報酬に関する会社法上の開示について説明してください。

A

> ●ポイント●
>
> 　取締役・監査役ごとの報酬等の総額，算定方法を事業報告に記載することが義務付けられています。

1　役員報酬開示の趣旨

　役員が不当に高額の報酬を受けることを回避し，また，業績を踏まえた役員報酬の決定が行われることを確保するために，役員報酬の開示が要請されています。

2　開示の内容と開示方法

(1) 事業報告における開示

　公開会社の事業報告には，取締役，会計参与，監査役又は執行役ごとの当該事業年度に係る「報酬等」の総額及び員数，当該事業年度において受け，又は受ける見込みの額が明らかとなった「報酬等」を記載し（施規121三イ，四），「報酬等」の額，又はその算定方法に係る決定に関する方針を定めているときは，当該方針の決定の方法及び概要を記載しなければなりません（施規121五）。

<図表4-2>　役員報酬の算定方法を定めている事例

> （株）資生堂「事業報告」（平成23年4月1日から平成24年3月31日まで）より抜粋
>
> 　本制度における役員報酬は，固定報酬である「基本報酬」と，業績目標の達成度や株価によって変動する業績連動報酬によって構成されています。業績連動報酬は，毎年の業績に応じて支給される「賞与」，平成23年度からスタートした3カ年計画の最終年度終了後に同計画の目標達成度に応じて支給する「中期インセンティブ型報酬」としての金銭報酬，株主のみなさまとの利益意識の共有を主眼とする「長期インセンティブ型報酬」とし

ての株価に連動する株式報酬型ストック・オプションからなり，当社役員に単年度だけでなく中長期的な視野をもって，業績や株価を意識した経営を動機づける設計としています。

		会長	執行役員社長	執行役員副社長	執行役員専務	執行役員常務	執行役員
固定報酬	基本報酬	42%	30%	43%	44%	45%	48%
	算定基準	役位に応じて					
業績連動報酬	賞与（短期）	－	23%	22%	21%	21%	21%
	算定基準	－	連結業績		連結業績・担当事業業績・個人考課		
	中期インセンティブ	29%	23%	17%	17%	17%	16%
	算定基準	3カ年計画目標					
	長期インセンティブ	29%	23%	17%	17%	17%	16%
	算定基準	役位に応じて					
合計		100%	100%	100%	100%	100%	100%

　更に，社外取締役又は社外監査役を置いた会社では，当該事業年度に係る社外役員の報酬等の総額及び員数を，それぞれ事業報告に記載することを義務付けています（施規124六）。

　事業報告は，本店に5年間備置され，株主及び債権者の閲覧に供されます（会442）。

(2) 役員報酬の個別開示

　役員報酬の個別開示は会社法上強制されていませんが，役員の全部又は一部について当該役員ごとの報酬等の額を掲げることもできます（施規121三ロ，ハ，124六ロ，ハ）。

(3) 新株予約権

　事業年度末において役員が保有する新株予約権等の残高を社外取締役，社外取締役以外の取締役（執行役を含む），その他役員に区分して事業報告に記載する必要があります（施規119四，123①）。

第4章　株式会社の機関

(4) 使用人兼務取締役の使用人給与部分

使用人兼務取締役の使用人給与部分については，原則として事業報告における記載は不要ですが，重要な事項に該当するものについては，その旨を事業報告に「株式会社の会社役員に関する重要な事項」として記載することが求められます（施規119二，121九）。重要な事項とは，例えば，以下のようなケースが考えられます。

① その他の使用人の報酬と比較して著しく高額である場合
② 使用人としての職務が僅少であるにもかかわらず，使用人部分の報酬が取締役としての報酬よりも著しく多額である場合

(5) 退職慰労金

役員の退職慰労金支払の議案を株主総会に提出する場合，株主総会参考書類に算定基準と退職役員の略歴等を（施規82①一，四），議案の内容が一定の基準に従い退職慰労金の額の決定を取締役等に一任するものであるときは，当該基準の内容を記載しなければなりません（施規82②）。

内部統制システム

Q49

内部統制システムの整備に関する決定・開示について説明してください。

A

●ポイント●

大会社及び委員会設置会社では，「取締役の職務の執行が法令及び定款に適合することを確保するための体制その他会社の業務の適

> 正を確保するために必要なものとして法務省令で定める体制（内部統制システム）の整備」を取締役会が決議しなければなりません。

1　内部統制システムの内容

　近年の企業不祥事の続発により，法令等を遵守しつつ効率的・効果的に経営していくために，内部統制を整備・運用することの必要性・重要性が再認識されています。

　内部統制とは，「取締役の職務の執行が法令及び定款に適合することを確保するための体制その他株式会社の業務の適正を確保するために必要なものとして法務省令で定める体制の整備」をいいます（会362④六）。法務省令で定める体制とは，具体的には以下の項目をいいます（施規100①）。

(1)　取締役の職務の執行に係る情報の保存及び管理に関する体制
　　（施規100①一）

　これは，取締役会の決定事項や取締役の行動をどのように記録し，その記録をどの程度の期間保存するのかについて一定の規程を整備することです。

(1)の記載例

> 武田薬品工業株式会社「事業報告」（2011年4月1日から2012年3月31日まで）より抜粋
> ●取締役会議事録，稟議決裁書，その他取締役の職務の執行に係る情報について，「文書管理規則」に従い，情報類型毎に保存期間・保存方法・保存場所を定め，文書または電磁的記録の方法により閲覧可能な状態で，適切に管理を行う。

(2)　損失の危険の管理に関する規程その他の体制（施規100①二）

　リスクの種類ごとに適切なリスク評価と対応が取れるように，規程の整備や報告の体制を検討する必要があります。以下のようなものが考えられます。

① リスクの顕在化を未然に防止するための手続やシステム
② リスク管理体制に係る規程の整備
③ 当該手続を実施するための体制

(3) **取締役の職務の執行が効率的に行われることを確保するための体制**（施規100①三）

経営に際しては，効率性を追求する一方で，適正性を確保することが要求されており，これらを両立させる仕組みが内部統制システムに組み込まれなければなりません。

(3)の記載例

> 武田薬品工業株式会社「事業報告」（2011年4月1日から2012年3月31日まで）より抜粋
> ●「取締役会規程」，「業務組織規程」，その他職務権限・意思決定ルールを定める社内規定により，適正かつ効率的に取締役の職務の執行が行われる体制を確保する。

(4) **使用人の職務の執行が法令及び定款に適合することを確保するための体制**（施規100①四）

株式会社の業務の適正を確保するためには，取締役だけでなく，使用人の職務執行の管理も重要です。使用人のコンプライアンスについては，コンプライアンス・マニュアルの策定及びその適正な実施体制を整備することが重要です。

(4)の記載例

> 武田薬品工業株式会社「事業報告」（2011年4月1日から2012年3月31日まで）より抜粋
> ●当社コンプライアンス・プログラムの基本事項および手続きを定めた「コンプライアンス推進規程」に従い，コンプライアンス・オフィサー，コンプライアンス推進委員会，コンプライアンス事務局を設置し，全社的なコンプライアンス施策を推進する。

- 当社のコンプライアンスに役員および使用人の声を反映させるとともに，公益通報者の保護に資するための制度である「内部通報・意見提言システム」を，コンプライアンスの実践に活用する。

(5) 株式会社並びにその親会社及び子会社からなる企業集団における業務の適正を確保するための体制（施規100①五）

なお，監査役設置会社では，上記に加え，以下の(6)～(9)の体制も整備する必要があります（施規100③）。

(6) 監査役がその職務を補助すべき使用人を置くことを求めた場合における当該使用人に関する事項（施規100③一）

監査役は，その職務の実効性を確保するために，職務遂行を補助する体制を整備する必要があります。具体的には，以下の検討が必要となります。

① 監査役を補助する使用人を置くかどうか
② 使用人を置く場合には何人置くか
③ 使用人の役職レベルをどうするか
④ 使用人を監査役室専属にするか兼務とするか

(6)の記載例

キヤノン株式会社「事業報告」（平成24年1月1日から平成24年12月31日まで）より抜粋
① 監査役の職務を補助する専門部署を設置する。
② 専門部署において必要とする員数の専任使用人を配置する。

(7) 上記使用人の取締役からの独立性に関する事項（施規100③二）

具体的には，以下のようなことが考えられます。

① 当該使用人の異動や懲戒等について監査役の同意を要する取扱いとするかどうか
② 取締役からの独立性をどのような方法で確保するか

(7)の記載例

> キヤノン株式会社「事業報告」（平成24年1月1日から平成24年12月31日まで）より抜粋
> ① 専門部署は，取締役会から独立した組織とする。
> ② 専門部署の使用人の人事異動については，監査役会の事前の同意を得る。

(8) **取締役及び使用人が監査役に報告をするための体制その他の監査役への報告に関する体制**（施規100③三）

取締役は，会社に著しい損害を及ぼすおそれのある事実があることを発見した時は，直ちに当該事実を監査役（会）に報告しなければなりませんが（会357①，②），それ以外にも監査役への報告事項を定めるかどうかが考えられます。

(8)の記載例

> キヤノン株式会社「事業報告」（平成24年1月1日から平成24年12月31日まで）より抜粋
> ① 取締役は，会社に著しい影響を及ぼす事実が発生し又は発生するおそれがあるときは，監査役に速やかに報告する。
> ② 取締役，監査役間であらかじめ協議決定した事項につき，取締役，執行役員及び使用人は監査役に定期的に報告する。
> ③ 監査役は，経営会議その他の重要な会議に出席する。
> ④ 監査役が使用人から報告を受けることができるよう内部通報制度を導入する。

また，使用人に報告義務を課すかどうか，課す場合，直接監査役に報告するのか，報告窓口（コンプライアンス・ヘルプライン）を設けるのかも検討が必要となります。

(9) その他監査役の監査が実効的に行われることを確保するための体制（施規100③四）

(9)の記載例

> キヤノン株式会社「事業報告」（平成24年1月1日から平成24年12月31日まで）より抜粋
> ① 監査役は，会計監査人から定期報告を受ける。
> ② 監査役による社内各部門，関係会社の巡回監査に際し，効率的な監査を実施できるよう協力体制を整備する。

　なお，委員会設置会社においても，取締役会設置会社かつ監査役設置会社で整備すべき体制と実質的にほぼ同一の内容を定めなければなりません（会416①一ロ，ホ，施規112）。

2　内部統制システムの整備に関する決定

　すべての大会社では，内部統制システムの構築の基本方針を決定しなければならず（会348④，362⑤，416②），それは取締役会の専決事項であり，取締役に委任することはできません（会348③四，362④六，416①一ホ，③）。

(1)　取締役の責任

　内部統制システムが会社の規模や業務内容にかんがみて，会社の業務の適正を確保するために不十分なものであった場合や，内部統制システムは適切であってもそれが実際に遵守されておらず，取締役がそれを長期間放置している場合，取締役は善管注意義務（会330，民644）違反に基づく任務懈怠責任（会423①）を問われる可能性があります。

(2)　監査役の責任

　監査役は，内部統制システムに関する取締役会の決定及び決議の内容が相当であるかを適切に判断しなければならず，その内容が相当でないと認めるときは，その旨及び理由を監査報告に記載しなければなりません（施規129①五，130②二，131①二）。

3　内部統制システムの整備に関する開示

　内部統制システムの体制の整備についての決定又は決議があるときは，その決定又は決議の内容の概要を事業報告に記載しなければなりません（施規118二）。

(1)　会社法制の見直しに関する要綱

　会社法制の見直しに関する要綱で内部統制に関して，2点の改正が検討されています。
① 　株式会社の業務の適正を確保するために必要な体制について，監査を支える体制や監査役による使用人からの情報収集に関する体制に係る規定の充実・具体化を図るとともに，その運用状況の概要を事業報告の内容に追加するものとされました。

　　現行会社法では，大会社や委員会設置会社につき内部統制システムの体制整備を定めていますが，その適切な運用を実現することを確保することまでの定めは十分でなく，たとえば，内部統制システムの運用状況は事業報告の内容とされていません（施規119）。また，監査役に関していえば，現行法上も取締役，会計参与，使用人等からの情報収集権等に関し，一定の定めがあり（会381），それを実行するための一定の手当てはありますが（会388），使用人から監査役への情報提供等の体制が十分であり，実効的であるとまでは言い難いため，それを改善すべく，内部統制システムの実際の実効性を高めるための各種制度の整備を会社法施行規則の改正等を通じて図っていくことを定めたものです。
② 　株式会社の業務の適正を確保するために必要なものとして法務省令で定める体制の内容に，当該株式会社及びその子会社から成る企業集団における業務の適正を確保するための体制が含まれる旨を会社法に定めるものとされました。

　　現行法上は，会社法第362条第4項第6号に基づく会社法施行規則第100条第1項第5号（委員会設置会社の場合は，会社法第416条第1項第1号ホに基づく会社法施行規則第112条第2項第5号）において定められています。

株式会社及びその子会社から成る企業集団における業務の適正を確保するための体制の整備が当該株式会社の取締役会の職務に含まれることを会社法本体に定めることとしています。

監査役の権限と責任

Q50

監査役の権限と責任について説明してください。

A

●ポイント●

監査役は，取締役の違法・不当な経営を監視・是正するという役割を果たすために，原則として業務監査権限と会計監査権限の双方を有し，様々な権限が付与されているとともに，大きな責任も負っています。

1 概　　要

監査役は，取締役の職務の執行を監査する会社の機関です（会381①）。監査の対象となる取締役の職務は，業務執行にとどまらず，監督や内部統制システムの構築等すべての範囲に及びます。

2 監査役の権限

(1) 権限の範囲

監査役は，原則として業務監査権限と会計監査権限の双方を有しますが（会381①，436①，②），非公開会社（監査役会設置会社，会計監査人設置会社を

除く）では，定款の定めにより会計監査に限定することができます（会389①）。

(2) 常時監査権

　業務監査を実効性あるものとするため，監査役は，いつでも取締役，会計参与及び支配人その他の使用人に対して事業の報告を求め，又は会社の業務及び財産の状況を調査することができます（会381②）。

　また，親会社の監査役は，子会社を利用した粉飾等に対処するため必要と認めるときは，子会社に対しても同様の調査権が与えられています（会381③）。

　なお，これらの調査権限の実効性を担保するため，監査役には費用の前払請求権や負担した費用の支払請求権が認められており，会社は，監査役からこれらの費用請求があった場合，当該費用が監査役の職務執行に必要のないことを証明しなければ，その支払いを拒むことはできません（会388）。

(3) 事前監査権

　監査役は，取締役が会社の目的の範囲外の行為その他法令・定款違反行為をし，又はそのおそれのある場合に，当該行為によって会社に著しい損害の生ずるおそれがあるときは，当該取締役に対し，当該行為の差止めを請求することができます（会385①）。

　また，監査役は，取締役が不正の行為をし，若しくは当該行為をするおそれがあると認めるとき，又は法令若しくは定款に違反する事実若しくは著しく不当な事実があると認めるときは，遅滞なく取締役会に報告しなければなりませんが（会382），必要と認めるときは，取締役に対して取締役会の招集を請求でき（会383②），当該請求日から5日以内に，請求日から2週間以内の日を会日とする招集通知が発せられない場合には，監査役自ら取締役会を招集することができます（会383③）。

　取締役が監査役の選任議案を株主総会に提出する際には，監査役又は監査役会の同意を得なければなりません（会343①，③）。また，監査役又は監査役会は，取締役に対し，監査役の選任を株主総会の目的とすること，又は監査役の選任議案を株主総会に提出することを請求できます（会343②，③）。

　取締役は，会計監査人の選任，解任及び報酬決定についても監査役の同意を

得なければなりません（会344①，③，399①，②）。また，監査役又は監査役会は，取締役に対し，会計監査人の選任議案の提出，選任，解任及び不再任を株主総会の目的とすることを請求できます（会344②）。

(4) 事後監査権

監査役は，取締役からの独立性を確保するため，株主総会で，選任，解任又は辞任について意見を述べることができます（会345①，④）。

違法行為がなされてしまった場合，監査役は，各種訴訟を提起することができます（会828，831）。

また，会社と取締役との間の訴えについては，取締役間のなれ合いのおそれがあることから監査役が会社を代表します（会386）。

以上の監査役の業務監査権限を整理すると，＜図表4－3＞のようになります。

<図表4－3> 監査役の主な権限

常時監査権	・事業報告請求権，業務・財産調査権（会381②） ・子会社業務・財産調査権（会381③） ・費用前払・支払請求権（会388）
事前監査権	・違法行為差止請求権（会385①） ・取締役会招集請求権（会383②） ・取締役会招集権（会383③） ・監査役選任議案同意権（会343①，③） ・監査役選任議案請求権（会343②，③） ・会計監査人選任・解任・報酬同意権（会344①，③，399①，②） ・会計監査人選任・解任・不再任議案請求権（会344②）
事後監査権	・監査役選任・解任・辞任に関する意見陳述権（会345①，④） ・違法行為訴訟権（会828，831） ・訴訟代表権（会386）

(5) 会計監査

監査役設置会社では，事業年度ごとの計算書類及び事業報告並びにこれらの附属明細書について，監査役の監査を受ける必要があります（会436①，②）。

監査役又は監査役会は，法務省令（施規105）で定めるところにより，監査報告を作成する必要があり（会381①，390②一），株主総会招集通知に際して株主に交付されます（会437）。

(6) 大会社における内部統制システムに関する事項

内部統制システムに関する事項を内容とする事業報告及びその附属明細書を受領した監査役又は監査役会は，内部統制システムの整備についての取締役会の決議についての相当性を監査し，相当でないと認める場合には，その旨と理由を内容とする監査報告を作成しなければなりません（施規129①五，130②二，131①二）。

3　監査役の責任

(1) 義　　務

監査役は，その職務を適切に遂行するため，監査の対象となる取締役等や子会社の取締役等との意思疎通を図り，情報の収集及び監査の環境の整備に努めなければなりません（施規105②前段）。ただし，その意思疎通や情報交換によって，公正不偏の態度及び独立の立場を保持することができなくなるおそれのある関係を築いたり，それを維持してはなりません（施規105③）。

監査役は，取締役会において法令・定款違反又は著しく不当な決議がなされるのを防ぐため，取締役会に出席する義務があり，必要があると認めるときは意見を述べる義務があります（会383①，②）。また，取締役の不正行為（そのおそれがある場合も含む），法令・定款違反，その他著しく不当な事実があると認める場合には，遅滞なくその旨を取締役会へ報告する義務があります（会382）。

更に，取締役が株主総会に提出しようとする議案等を調査しなければならず，この場合に，法令若しくは定款に違反し，又は著しく不当な事項があると認めるときは，その調査結果を株主総会に報告する義務があります（会384）。

また，監査役にも説明義務があることから，原則として株主総会への出席義務があると解されています。

(2) 損害賠償責任

監査役は，職務執行について善管注意義務を負っており（会330，民644），任務懈怠により会社に損害が生じた場合，会社に対して損害賠償責任を負います（会423①）。また，職務執行に際し悪意又は重過失があった場合や，監査報告書に虚偽記載があった場合は，株主以外の第三者（債権者等）に対しても損害賠償責任を負います（会429①，②三）。

会社に対する損害賠償責任は，当該監査役が職務を行うにつき善意かつ無重過失のときは報酬の2年分までに限定することができますが（会425①ハ），第三者に対する責任は限定できません。

監査役会制度

Q51

監査役会制度について説明してください。

A

●ポイント●

大規模会社においては監査を組織的・効率的に実施するために複数の監査役から構成される監査役会が設置されます。ただし，監査役会設置会社でも，各監査役は単独でその権限を行使することができます（独任制）。

1 概　　要

監査役会はすべての監査役で組織する合議体であり（会390①），定款の定めによって置くことのできる機関ですが（会326②），大会社（非公開会社と委員

会設置会社を除く）では設置が強制されています（会328①）。

監査役会は，組織的監査を円滑に行うために設けられたもので，監査役間で調査を分担し，情報交換を行って適切な監査意見を形成するための機関です。

監査役会設置会社では，3人以上の監査役が要求され，そのうち半数以上は社外監査役でなければなりません（会335③）。社外監査役は，客観的・第三者的立場からの監査を期待し定められたもので，過去にその会社又はその子会社の取締役，会計参与若しくは執行役又は支配人その他の使用人となったことがないものでなければなりません（会2十六）。

2 監査役会の職務及び権限

監査役会の主な職務は，以下の3つです（会390②）。
① 監査報告の作成
② 常勤監査役の選定及び解職
③ 監査の方針などの決定

ただし，監査役会設置会社でも，各監査役は単独でその権限を行使することができるとされており（独任制），③の決定に際しては各監査役の権限の行使を妨げることはできないと特に明文で定められています（会390②但書）。

また，監査役会は，取締役・会計参与から会社に著しい損害を及ぼすおそれのある事実の報告を受ける義務を有します（会357，375）。

その他にも，会計監査人の選任・解任・不再任の議題への同意権，会計監査人の報酬等の決定への同意権等を有しています（会343，344，399①，②）。

3 監査役会の運営

(1) 議 事

監査役会では，各監査役が招集する権限を有します（会391）。監査役は，監査役会の日の1週間（これを下回る期間を定款で定めた場合はその期間）前までに，各監査役に通知を発しなければなりません（会392①）。ただし，監査役全員の同意があれば，招集手続を経ずに開催できます（会392②）。実務上は，監査役会の議長を監査役の互選で決め，議長を監査役会の招集権者とする会社が多いと思われます。

監査役会の決議は監査役の過半数をもって行い（会393①），決議省略の制度などは認められていません。監査役会の議事については議事録を作成し，出席した監査役はこれに署名又は記名押印しなければなりません（会393②，施規109）。監査役会の決議に参加した監査役で議事録に異議をとどめないものは，当該決議に賛成したものと推定されます（会393④）。

(2) 常勤監査役

非常勤の監査役だけでは監査機能が弱められるおそれがあることから，監査役の互選で１人以上の常勤監査役を定めることが求められています（会390③）。ただし，「常勤」について会社法では特に厳密な定義をしていません。

(3) 独任制

各監査役はそれぞれ独立して監査報告を作成し（会381，施規105），監査役会の監査報告は監査役が作成した監査報告（施規129，計規122，127）に基づき監査役会の審議により作成されます（施規130，計規123，128）。このように，各監査役は独任的に監査を行うこととされ，監査役会は各監査役の監査を統合します。会計監査・業務監査の権限自体は監査役にあり，個々の監査役は自己の責任において監査権限を行使しなければならず，監査役会決議で監査役の権限行使を妨げることはできません（会390②但書）。ただし，監査役は，監査役会の求めがあるときはいつでも，その職務の状況を監査役会に報告しなければなりません（会390④）。

各監査役は，自己の監査報告の内容が監査役会の監査報告の内容と異なる場合，監査役会監査報告に意見を付記することができます（施規130②，計規123②，128②）。

《参考文献》

『税理士，会計士，社長の疑問に答える新会社法の実務Q＆A』関根稔，飯田聡一郎，掛川雅仁，清文社，平成17年

『詳解 新会社法の実務Q＆A』新日本監査法人，改正会社法実務研究会編著，税務研究会出版局，平成17年

第4章　株式会社の機関

『取締役，監査役のための会社法Q&A』重泉良徳，税務経理協会，平成17年
『実務が分かる会社法Q&A―どこが変わった？どう変わった？』平川忠雄，
　　税務経理協会，平成17年
『新会社法のすべてQ&A』あさひ狛法律事務所編，中央経済社，平成17年
『新会社法の基本Q&A100―実務家の疑問にこたえる』今川嘉文，中央経済
　　社，平成18年
『Q&Aはじめてよむ新会社法』大野木総合会計事務所編著，税務経理協会，
　　平成17年
『実務対応　新会社法Q&A』日比谷パーク法律事務所，須藤高井法律事務所，
　　あずさ監査法人編著，清文社，平成17年
『経理担当者のための会社法の実務知識Q&A』中央青山監査法人編，中央経
　　済社，平成18年
『リーガルマインド会社法　第12版』弥永真生，有斐閣，平成21年

会計参与

Q52

会計参与について説明してください。

A

●ポイント●

　会計参与は，取締役（又は執行役）と共同して計算書類等の作成・説明・開示等を行う会社の機関で，すべての株式会社が任意に設置することができます。公認会計士・税理士等の会計専門家がなりますが，基本的に会社の他の役員等と同等の責任を負います。

1 定義，資格要件及び欠格要件

(1) 定　義

会計参与は，取締役（又は執行役）と共同して計算書類等の作成・説明・開示等を行う会社の機関で，すべての株式会社が任意に設置することができます（会374①，⑥，326②）。

(2) 資格要件

会計参与は計算書類等の作成・説明・開示等を行うため，会計税務に関する専門知識が要求され，その資格要件は，以下に限られています（会333①）。

① 公認会計士
② 監査法人
③ 税理士
④ 税理士法人

また，上記のうち，②監査法人又は④税理士法人が会計参与として選任された場合，監査法人又は税理士法人は，その社員の中から会計参与の職務を行うべき者（欠格要件に該当する者を除く）を選定し，株式会社に通知しなければなりません（会333②）。

(3) 欠格要件

以下に掲げる会計参与の欠格要件に該当する者は，会計参与になることができません（会333③）。

会計参与の欠格要件
①　株式会社又はその子会社の取締役，監査役若しくは執行役又は支配人その他の使用人
②　業務の停止の処分を受け，その停止の期間を経過しない者
③　税理士法第43条（業務の停止）の規定により同法第2条第2項に規定する税理士業務を行うことができない者

2 選任・解任手続

(1) 選任手続及び任期

　会計参与は取締役及び監査役と同様に会社法上の役員に該当するため、取締役及び監査役の選任と同様に、株主総会の普通決議（会341）によって選任されます（会329①）。任期については、取締役の任期に関する規定が準用されます（会334①、会332）。なお、選任に関わる株主総会については、出席して意見を述べることができます（会345①）。

　会計参与を選任した場合、以下の事項を登記する必要があります（会911③十六）。

会計参与設置会社の登記事項
①　会計参与設置会社である旨
②　会計参与の氏名又は名称
③　会378①の規定により計算書類等を備え置く場所

(2) 解任手続

　会計参与の解任についても、取締役と同様に株主総会の普通決議（会341）により決定されます（会339①）。なお、解任に関わる株主総会については、出席して意見を述べることができます（会345①）。

3 報酬及び費用

(1) 報酬等

　会計参与の報酬等は、定款に定めるか、株主総会の決議により定められます（会379①）。複数の会計参与がいる場合は、その合計額を定款等で定め、各会計参与への配分は、会計参与の協議によることもできます（会379②）。また、会計参与は、株主総会において、報酬等について意見を述べることもできます（会379③）。

(2) 費　　用

会計参与がその職務を行う際に必要な費用に関しては，会社に請求することができます（会380）。

4　権限及び義務

会計参与は，取締役（又は執行役）と共同して計算書類等の作成・説明・開示等を行い，会計参与報告を作成します（会374①，⑥，施規102）。そのため，以下に述べる権限を有し，義務を負います。

(1)　会計帳簿閲覧・謄写権等

会計参与は，計算書類等を作成するのに必要な会計帳簿を閲覧・謄写すること，会計に関する報告を取締役（委員会設置会社の場合は執行役も含む）や支配人その他の使用人に求めること，及びその業務及び財産の状況を調査することができます（会374②，③，⑥）。

また，職務のために必要な場合には，子会社に対して，会計に関する報告を求め，またその業務及び財産の状況を調査することができます（会374③）。

(2)　会計参与の報告義務

会計参与は，その職務を行うに際して取締役（又は執行役）の職務の執行に関し不正の行為又は法令若しくは定款に違反する重大な事実があることを発見したときは，遅滞なく，これを以下の会社形態ごとにそれぞれの機関等に報告する義務があります（会375）。

会社の種類	報告義務の対象
① 監査役設置会社	監査役
② 監査役会設置会社	監査役会
③ 委員会設置会社	監査委員会
④ ①～③以外	株主

(3) 取締役会への出席義務

以下の一定の場合には，会計参与は取締役会へ出席し，必要な場合は意見を述べることが求められます（会376①）。

① 各事業年度の計算書類及び事業報告並びにこれらの附属明細書を承認する取締役会（会436③）
② 臨時計算書類を承認する取締役会（会441③）
③ 連結計算書類を承認する取締役会（会444⑤）

(4) 株主総会での説明

計算書類の作成に関して，取締役（又は執行役）と意見が異なる場合には，株主総会において，その意見を述べることができます（会377）。

(5) 計算書類等の備置き等

会計参与は，以下の書類等を株主及び債権者に開示するため，法令に従って，一定期間備え置かなければなりません（会378①，②）。

書　　類	備え置く期間
① 各事業年度に係る計算書類及びその附属明細書並びに会計参与報告	定時株主総会の日の１週間（取締役会設置会社にあっては，２週間）前の日から５年間（株主全員による書面又は電磁的記録による同意があった場合（会319①）には，当該提案があった日から５年間）
② 臨時計算書類及び会計参与報告	臨時計算書類を作成した日から５年間

5　株式会社に対する損害賠償責任

会計参与は，その任務を怠った場合，他の役員等と同様に会社に生じた損害に対して賠償責任を負います（会423①）。この責任は，総株主の同意がない限り免除されることはありません（会424）。ただし，以下の場合は，その賠償額を一定の限度まで免除することができます。

(1) 責任の一部免除

会計参与がその職務を行うにつき善意でかつ重大な過失がないときは、株主総会の決議によって、賠償責任額を在職中に職務執行の対価として受け、又は受けるべき財産上の利益の1年間当たりの額に相当する額の2倍及び新株予約権に関する財産上の利益に相当する額の合計額（最低責任限度額、下図参照）にまで免除することができます（会425①）。当該決議があった場合において、当該会計参与が新株予約権証券を所持するときは、遅滞なく、株式会社に対し預託しなければなりません（会425⑤）。

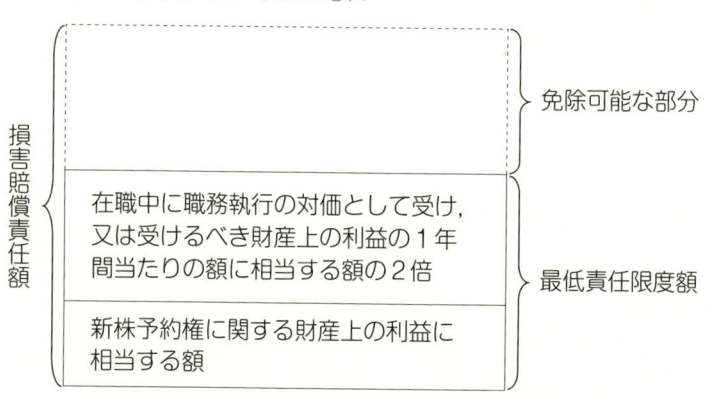

損害賠償責任額	免除可能な部分
在職中に職務執行の対価として受け、又は受けるべき財産上の利益の1年間当たりの額に相当する額の2倍	最低責任限度額
新株予約権に関する財産上の利益に相当する額	

また、当該株主総会において、取締役は、次に掲げる事項を開示しなければなりません（会425②）。

① 責任の原因となった事実及び賠償の責任を負う額（会425②一）
② 免除することができる額の限度及びその算定の根拠（会425②二）
③ 責任を免除すべき理由及び免除額（会425②三）

上記の損害賠償額の免除があった場合において、当該決議後に当該会計参与に対し退職慰労金その他の法務省令で定める財産上の利益を与えるときは、株主総会の承認を受けなければなりません。新株予約権を当該決議後に行使し、又は譲渡するときも同様です（会425④）。

(2) 定款の定めによる免除

監査役設置会社（取締役が2人以上ある場合に限る。）又は委員会設置会社は、当該役員等が職務を行うにつき善意でかつ重大な過失がない場合において、

責任の原因となった事実の内容，当該役員等の職務の執行の状況その他の事情を勘案して特に必要と認めるときは，最低責任限度額を限度として取締役の過半数の同意（取締役会設置会社にあっては，取締役会の決議）によって免除することができる旨を定款で定めることができます（会426①）。

定款の定めに基づいて役員等の責任を免除する旨の同意（取締役会設置会社にあっては，取締役会の決議）を行ったときは，取締役は，遅滞なく，株主総会によって免除する場合の株主総会での開示事項（(1)①～③）及び責任を免除することに異議がある場合には一定の期間内（1か月以上）に当該異議を述べるべき旨を公告し，又は株主に通知しなければなりません（会426③）。

なお，総株主（対象となっている役員等を除く。）の議決権の100分の3（これを下回る割合を定款で定めた場合にあっては，その割合）以上の議決権を有する株主が異議を述べたときは，定款の定めに基づく免除をすることはできません（会426⑤）。

(3) 責任限定契約による免除

会計参与が職務を行うにつき善意でかつ重大な過失がないときは，定款で定めた額の範囲内であらかじめ株式会社が定めた額と最低責任限度額とのいずれか高い額を限度とする旨の契約を締結することができる旨を定款で定めることができます（会427①）。

会社は，当該契約の相手方が任務を怠ったことにより損害を受けたことを知ったときは，その後最初に招集される株主総会において次に掲げる事項を開示しなければなりません（会427④）。

① 株主総会で免除する場合の開示事項（(1)①及び②）
② 当該契約の内容及び当該契約を締結した理由
③ 当該会計参与が賠償する責任を負わないとされた額

6　第三者に対する損害賠償責任

会計参与も会社の役員として，その職務を行うに当たって悪意又は重大な過失があったときは，これによって第三者に生じた損害を賠償する責任を負います（会429①）。特に，計算書類及びその附属明細書，臨時計算書類並びに会計

参与報告に記載し，又は記録すべき重要な事項についての虚偽の記載又は記録があった場合は，当該行為について注意を怠らなかったことを証明しない限り損害賠償責任を負います（会429②）。

7　会計参与設置のメリット

会計参与を設置することにより，以下のようなメリットがあります。

(1) **直接的効果**
　① 計算書類の作成に関する信頼度の向上
　② 取締役の職務執行に関する不正行為等の報告義務（会375）等による会社経営の透明性の向上

(2) **間接的効果**
　① 金融機関や取引先からの信頼向上
　② 経営の透明性・信頼性の向上

8　会計参与と会計監査人の比較

会計参与と会計監査人は，共に会社の会計分野の専門家であるものの，会計参与は会社の役員として，計算書類等の作成を行い，会計監査人は会社の機関ではありますが，役員ではなく，計算書類の監査を行うことを責務としている点で異なっています。ただし，株式会社や第三者に対する損害賠償責任に関しては，ほぼ同様の責任を負うこととなっています。

会計監査人の欠格事由

Q53

会計監査人の欠格事由について説明してください。

A

> ●ポイント●
>
> 会社法上,会計監査人の欠格事由には,公認会計士法の規定により計算書類について監査をすることができない者や,会社の取締役等より継続的に非監査報酬を受けているもの等が挙げられています。

1 会計監査人の欠格事由

　会社法上,会計監査人は公認会計士又は監査法人しかなることができません(会337①)が,以下の欠格事由に該当する場合は,会計監査人になることができません。

(1) 公認会計士法の規定により,計算書類について監査をすることができない者(会337③一)

　公認会計士法の規定により,監査することができない者については,主に公認会計士法第24条~第24条の4まで,及び第34条の11~第34条の11の5に規定されています。例えば,公認会計士法第24条の2の規定では,当該公認会計士,その配偶者又は当該公認会計士若しくはその配偶者が実質的に支配している法人その他の団体が,公認会計士法上の大会社等から非監査業務(公認会計士法第2条第2項の業務)により継続的な報酬を受けている場合には,当該大会社等の財務書類について,監査業務を行うことはできません。また,業務停止処分を受けた場合(公認会計士法第29条~第31条,第34条の21)も監査業務を行うことはできません。

　なお,公認会計士法上の大会社等とは以下の会社等が規定されています。

① 会計監査人設置会社
　　ただし，最終事業年度に係る貸借対照表に資本金として計上した額が百億円未満であり，かつ，最終事業年度に係る貸借対照表の負債の部に計上した額の合計額が千億円未満の株式会社（公認会計士法施行令第8条）は除外されます。
② 金融商品取引法第193条の2第1項又は第2項の規定により監査証明を受けなければならない者
　　ただし，公認会計士法施行令第9条で定める者は除外されます。
③ 銀行法第2条第1項に規定する銀行
④ 長期信用銀行法第2条に規定する長期信用銀行
⑤ 保険業法第2条第2項に規定する保険会社
⑥ その他上記に準ずる者として政令（公認会計士法施行令第10条）で定める者　　　　　　　　　　（全国を地区とする信用金庫連合会等）

(2) **株式会社の子会社若しくはその取締役，会計参与，監査役若しくは執行役から公認会計士若しくは監査法人の業務以外の業務により継続的な報酬を受けている者又はその配偶者**（会337③二）

(1)以外の利害関係について欠格事由として挙げられています。

(3) **監査法人でその社員の半数以上が(2)に掲げる者であるもの**（会337③三）

監査法人の場合には，社員が多数存在するため，(2)の規定についてはその社員の半数以上が該当する場合に，監査法人が欠格事由に該当することとなります。

会計監査人の選任, 解任, 報酬

Q54

会計監査人の選任, 解任, 報酬について説明してください。

A

●ポイント●

会計監査人は原則として, 株主総会の普通決議により選任され, 解任の場合も同様です。また, その報酬等については, 監査役, 監査役会又は監査委員会の同意が必要とされます。

1 会計監査人の選任

(1) 選任手続及び任期

会計監査人は株主総会の普通決議により選任されます(会329①)。なお, 任期は原則として, 選任後1年以内に終了する事業年度のうち最終のものに関する定時株主総会の終結の時までですが(会338①), その株主総会において別段の決議がされなかった場合は, 再任されたものとみなされます(会338②)。

(2) 監査役又は監査役会の同意

監査役設置会社又は監査役会設置会社においては, 会計監査人の選任・解任に関する以下の①〜③の議案を提出する取締役は, 監査役(監査役が二人以上ある場合にあっては, その過半数)又は監査役会の同意を得なければなりません(会344①, ③)。

① 会計監査人の選任に関する議案を株主総会に提出すること(会344①一)
② 会計監査人の解任を株主総会の目的とすること(会344①二)
③ 会計監査人を再任しないことを株主総会の目的とすること(会344①三)

また、監査役又は監査役会の方から、取締役に対し、会計監査人の選任・解任に関する以下の請求をすることができます（会344②、③）。
① 会計監査人の選任に関する議案を株主総会に提出すること（会344②一）
② 会計監査人の選任又は解任を株主総会の目的とすること（会344②二）
③ 会計監査人を再任しないことを株主総会の目的とすること（会344②三）

監査役又は監査役会と会計監査人は、協調しながら監査を行うことが期待されており、会計に関する部分の監査を会計監査人が主に行うため、取締役又は取締役会からの独立性を確保するとともに、監査役又は監査役会が主導的に会計監査人の選任を行えるようにする趣旨から上記が規定されているものと思われます。

一方、委員会設置会社においては、監査委員会に、選任・解任・不再任に関する議案の内容を決定する権限が付与されています（会404②二）。

(3) 一時会計監査人の選任

会計監査人が欠けた場合又は定款で定めた会計監査人の員数が欠けた場合において、遅滞なく会計監査人が選任されないときは、監査役又は監査役会（又は監査委員会）は、一時会計監査人の職務を行うべき者を選任しなければなりません（会346④、⑥、⑦）。

(4) 事業報告における開示

会計監査人が選任された場合、事業報告において、会計監査人の氏名又は名称、解任又は不再任の決定方針等一定の事項を開示する必要があります（施規126）。

2 会計監査人の解任

(1) 解任手続

会社は、いつでも株主総会の決議により会計監査人を解任することができます（会339①）。また、会計監査人には、辞任及び解任後の株主総会において、意見等を述べる機会が与えられます（会345⑤）。なお、その解任について正当な理由がある場合を除き、株式会社に対し、解任によって生じた損害の賠償を

請求することができます（会339②）。

　監査役設置会社又は監査役会設置会社においては，会計監査人の解任・不再任を株主総会の目的とする取締役は，監査役（監査役が二人以上ある場合にあっては，その過半数）又は監査役会の同意を得なければなりません（会344①，③）。また，監査役又は監査役会の方から，取締役に対し，会計監査人の解任・不再任を株主総会の目的とすることを請求することができます（会344②，③）。

(2) 監査役による解任

以下に該当する場合には，監査役が会計監査人を解任することもできます（会340①）。

① 職務上の義務に違反し，又は職務を怠ったとき
② 会計監査人としてふさわしくない非行があったとき
③ 心身の故障のため，職務の執行に支障があり，又はこれに堪えないとき

(3) 事業報告における開示

会計監査人が辞任した場合，事業報告上その意見又は理由を記載する必要があります。また，会計監査人が解任された（株主総会による解任を除く）場合，解任についての意見を記載する必要があります（施規126九）。

3　会計監査人の報酬等

(1) 報酬等の決定手続

会計監査人又は一時会計監査人の職務を行うべき者の報酬等は，会社法上の役員の報酬等とは異なり，会社の業務執行の一つとして取締役が決定できますが，その報酬等について監査役（監査役が2人以上ある場合にあっては，その過半数）（又は監査役会，監査委員会）の同意を得る必要があります（会399）。

(2) 事業報告における開示

会計監査人の報酬等については，事業報告において開示する必要があります（施規126二）。

また，非監査業務に関する報酬や，有価証券報告書提出会社（会444③）である場合には，企業集団全体での報酬も開示の対象となります（施規126三，八）。

4 インセンティブのねじれ

「インセンティブのねじれ」とは，監査の対象である被監査会社の取締役等が，会計監査人の選任議案の決定権限を有し，監査報酬を決定するという現行制度上の仕組みが有している問題です。これに対して，会計監査人に取締役等からの不当な圧力がかからないよう，会計監査人の選任議案及び監査報酬の決定権限を監査役又は監査役会に付与すべきとの意見もあります。

この議論について，会社法制の見直しに関する要綱では，会計監査人の報酬については，現行法どおり監査役又は監査役会が同意権を有するものとされていますが，選解任及び不再任に関する議案の決定権は監査役又は監査役会に付与されるものとされています（ Q95 を参照）。

会計監査人の権限と責任

Q55

会計監査人の権限と責任について説明してください。

A

●ポイント●

会計監査人は，計算書類の監査を行い，会計監査報告を行うため，会計帳簿閲覧謄写請求権，財産状況調査権等の権限が規定されています。また，取締役等の職務執行に関して，不正の行為又は法令若

> しくは定款に違反する重大な事実があることを発見したときは，監査役への報告義務が規定されています。

1 会計監査人の権限

会計監査人が計算書類の監査を行い，会計監査報告を行うため，以下のような権限が規定されています。

(1) 会計帳簿閲覧謄写請求権等

会計監査人は，いつでも，会計帳簿又はこれに関する資料の閲覧及び謄写をすることができます。また，取締役（又は執行役）及び会計参与並びに支配人その他の使用人に対し，会計に関する報告を求めることができます（会396②，⑥）。

(2) 財産状況調査権等

会計監査人は，その職務を行うため必要があるときは，会計監査人設置会社の子会社に対して会計に関する報告を求め，又は会計監査人設置会社若しくはその子会社の業務及び財産の状況の調査をすることができます（会396③）。

(3) 株主総会における意見陳述権

計算書類等が法令又は定款に適合するかどうかについて，会計監査人が監査役（又は監査役会，監査委員会，監査委員）と意見を異にするときは，会計監査人（会計監査人が監査法人である場合にあっては，その職務を行うべき社員）は，定時株主総会に出席して意見を述べることができます（会398①，③，④）。

2 会計監査人の義務

会計監査人は，会計監査報告の義務を負う他，以下のような義務を負います。

(1) 監査役への報告義務

会計監査人は，その職務を行うに際して取締役（又は執行役）の職務の執行に関し不正の行為又は法令若しくは定款に違反する重大な事実があることを発見したときは，遅滞なく，これを監査役又は監査役会（又は監査委員会）に報告しなければなりません（会397①，③，④）。

(2) 職務に関する義務

会計監査人は，その職務を行うに当たっては，次のいずれかに該当する者を使用することはできません（会396⑤）。

① 公認会計士法の規定により，計算書類について監査をすることができない者（会396⑤一，337③一）（ **Q53** 参照）
② 株式会社の子会社若しくはその取締役，会計参与，監査役若しくは執行役から公認会計士若しくは監査法人の業務以外の業務により継続的な報酬を受けている者又はその配偶者（会396⑤一，337③二）
③ 会計監査人設置会社又はその子会社の取締役，会計参与，監査役若しくは執行役又は支配人その他の使用人である者（会396⑤二）
④ 会計監査人設置会社又はその子会社から公認会計士又は監査法人の業務以外の業務により継続的な報酬を受けている者（会396⑤三）

(3) 株主総会への出席義務

定時株主総会において会計監査人の出席を求める決議があったときは，会計監査人は，定時株主総会に出席して意見を述べなければなりません（会398②）。

3 会計監査人の責任

会計監査人は，上記のような権限と義務があり，会社との関係においても役員と同様の委任関係にあると規定されているため（会330），会計監査人の責任追及に関しても役員に準じた扱いとされ，任務の懈怠があった場合は，会社と第三者にも責任を負います（会423①，429）。ただし，一部責任免除の規定（会425）が適用され，責任限定契約を締結することも可能です（会427①）。責任限定契約を締結した場合は，契約内容の概要を事業報告で開示する必要が

あります(施規126七)。

委員会設置会社の概要

Q56

委員会設置会社の概要を説明してください。

A

●ポイント●

　委員会設置会社とは,取締役会において選任された取締役から構成される指名委員会,監査委員会及び報酬委員会を置く株式会社であり(会2十二),取締役会において決議される重要事項以外の事項については,取締役会により選任された執行役が業務執行の決定の多く及び業務執行を行う会社をいいます。

1　委員会設置会社の概要

　委員会設置会社は,社外取締役がその過半数を占める指名委員会,監査委員会,報酬委員会といった3つの委員会と,取締役会により選任された執行役を中心に経営を行う会社形態です(会400, 402)。

　2002年の商法改正の際に導入され,現在採用している会社は,90社(日本監査役協会委員会設置会社リスト(2012年6月1日)http://www.kansa.or.jp/support/library/secretariat/post-2.html)とそれほど多くないのが現状です。社外取締役の人材確保が難しい点などが要因の一つだと思われます。

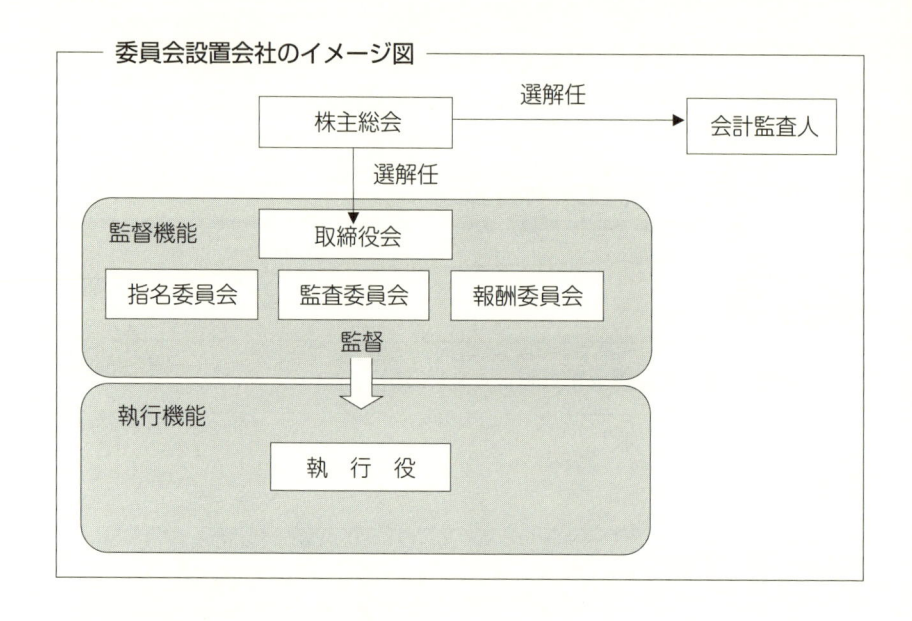

```
┌─ 委員会設置会社のイメージ図 ──────────────┐
│                         選解任
│              株主総会  ──────────→  会計監査人
│                  │ 選解任
│  ┌───────────────▼──────────────────┐
│  │ 監督機能      取締役会            │
│  │   ┌──────┐ ┌──────┐ ┌──────┐    │
│  │   │指名委員会│ │監査委員会│ │報酬委員会│ │
│  │   └──────┘ └──────┘ └──────┘    │
│  │              │ 監督              │
│  ├──────────────▼──────────────────┤
│  │ 執行機能                          │
│  │           ┌────────┐              │
│  │           │ 執 行 役 │              │
│  │           └────────┘              │
│  └──────────────────────────────────┘
```

2　委員会設置会社の機関とその役割

　委員会設置会社においては，以下の機関を置くことが定められており，それぞれの役割も定められています。

　なお，監査役・代表取締役を設置することはできませんが（327④，420），会計参与の設置は任意となっています。

機　関	役　　　割	条　文
取締役会	経営の基本方針の決定，執行役の選任，法定された重要事項の決定，執行役等の職務の執行の監督等	会416 会402②
指名委員会	取締役又は会計参与の選任及び解任に関する議案の内容を決定	会404①
監査委員会	取締役及び執行役（又は会計参与）の職務執行の監査，会計監査人の選任・解任及び不再任の内容決定等	会404②
報酬委員会	取締役及び執行役（又は会計参与）の報酬を決定	会409
執　行　役	業務執行及び重要事項以外の決定	会402
会計監査人	計算書類の監査	会396①

委員会設置会社の取締役の任期は1年とされています（会332③）。
　各委員会の委員は取締役会の決議により選任され，3人以上の取締役によって構成されます。ただし，その過半数が社外取締役でなければなりません（会400①〜③）。なお，監査委員会の委員は，委員会設置会社若しくはその子会社の執行役若しくは業務執行取締役又は委員会設置会社の子会社の会計参与若しくは支配人その他の使用人を兼ねることはできません（会400④）。
　執行役は取締役を兼任することができます（会402⑥）。複数の執行役がいる場合には，代表執行役が会社を代表し，会社の事業に関する一切の裁判上又は裁判外の行為を行う権限を有します（会420①，③，349④）。

3　委員会設置会社の特徴

　取締役会は，会社の業務執行のすべてを決定する権限を有しますが（会416①一），一定の事項を除き，業務執行の決定を執行役に委任することができるものとされています（会416④）。
　一方，業務執行は執行役が行うことから，執行役でない取締役は，原則として業務を執行することができません（会415）。

4　監査委員の権限・義務

　監査委員には，以下のような権限・義務が規定されており，委員会設置会社以外の会社の監査役とほぼ同様となっています。

権限・義務	内　　容	条　文
報告聴取・調査権	監査委員会が選定する監査委員は，いつでも，執行役等及び支配人その他の使用人に対し，その職務の執行に関する事項の報告を求め，又は委員会設置会社の業務及び財産の状況の調査をすることができます。	会405①
子会社調査権	監査委員会が選定する監査委員は，監査委員会の職務を執行するため必要があるときは，子会社に対して事業の報告を求め，又はその子会社の業務及び財産の状況の調査をすることができます。	会405②

報告義務	監査委員は，執行役又は取締役が不正の行為をし，若しくは当該行為をするおそれがあると認めるとき，又は法令若しくは定款に違反する事実若しくは著しく不当な事実があると認めるときは，遅滞なく，その旨を取締役会に報告する必要があります。	会406
差止請求権	監査委員は，執行役又は取締役が委員会設置会社の目的の範囲外の行為その他法令若しくは定款に違反する行為をし，又はこれらの行為をするおそれがある場合において，当該行為によって会社に著しい損害が生ずるおそれがあるときは，当該執行役又は取締役に対し，当該行為をやめることを請求することができます。	会407
訴えにおける会社代表権	一定の場合には，監査委員会が選定する監査委員が会社を代表します。	会408

役員の状況に関する事業報告上の開示

Q57

役員の状況に関する事業報告上の開示について説明してください。

A

●ポイント●

株式会社が当該事業年度の末日において公開会社である場合には，株式会社の会社役員に関する事項を事業報告の内容に含める必要があります。

1　株式会社の会社役員に関する事項

　会社法施行規則第119条第2号で規定される「株式会社の会社役員に関する事項」は以下の事項とされています（施規121）。ただし，当該事業年度の末日において委員会設置会社でない株式会社にあっては，以下の(5)を省略することができます。

　また，日本経済団体連合会より公表されている「会社法施行規則及び会社計算規則による株式会社の各種書類のひな型（改訂版）（平成24年1月11日）」（以下，「経団連ひな型」という。）においても，参考となる説明が記載されています。

(1) **会社役員の氏名**（会計参与にあっては，氏名又は名称）

　　直前の定時株主総会の終結の日の翌日以降に在任していた者を対象とします。委員会設置会社以外については，取締役と監査役の氏名，委員会設置会社については，取締役と執行役の氏名を記載します。

(2) **会社役員の地位及び担当**

　　直前の定時株主総会の終結の日の翌日以降に在任していた者を対象とします。なお，固有の担当がない場合は，記載する必要はないものと考えられ，また，監査役に関しては，担当について特に記載を必要としません。

(3) 当該事業年度に係る会社役員の報酬等について，次の①から③までに掲げる場合の区分に応じ，それぞれに定める事項

　① 会社役員の全部につき取締役，会計参与，監査役又は執行役ごとの報酬等の総額を掲げることとする場合

　　取締役，会計参与，監査役又は執行役ごとの報酬等の総額及び員数

　② 会社役員の全部につき当該会社役員ごとの報酬等の額を掲げることとする場合

　　当該会社役員ごとの報酬等の額

　③ 会社役員の一部につき当該会社役員ごとの報酬等の額を掲げることとする場合

　　当該会社役員ごとの報酬等の額並びにその他の会社役員についての取締役，会計参与，監査役又は執行役ごとの報酬等の総額及び員数

なお，報酬等には，役員賞与やストック・オプション等も含まれます。
(4) 当該事業年度において受け，又は受ける見込みの額が明らかとなった会社役員の報酬等（(3)により当該事業年度に係る事業報告の内容とする報酬等及び当該事業年度前の事業年度に係る事業報告の内容とした報酬等を除く。）について，(3)と同様の区分に応じ，それぞれに定める事項
(5) 各会社役員の報酬等の額又はその算定方法に係る決定に関する方針を定めているときは，当該方針の決定の方法及びその方針の内容の概要

「委員会設置会社においては，報酬委員会が方針を必ず定めなければならないこととされており（会社法第409条第1項），当該委員会が決定する取締役及び執行役の個人別の報酬に関する方針を記載しなければ」なりません（出典：経団連ひな型）。

(6) 辞任した会社役員又は解任された会社役員（株主総会又は種類株主総会の決議によって解任されたものを除く。）があるときは，次に掲げる事項（当該事業年度前の事業年度に係る事業報告の内容としたものを除く。）
① 当該会社役員の氏名（会計参与にあっては，氏名又は名称）
② 会計参与又は監査役について，辞任又は解任について株主総会において述べられる予定の又は述べられた意見（会345①，④）があるときは，その意見の内容
③ 会計参与又は監査役について，辞任した者により株主総会において述べられる予定の又は述べられた辞任の理由（会345②，④）があるときは，その理由

「本項目における「会社役員」については，在任時期の限定が付されていないため，過去に辞任した又は解任された全ての会社役員（株主総会又は種類株主総会の決議によって解任されたものを除く。）が対象」となります（出典：経団連ひな型）。

(7) 当該事業年度に係る当該株式会社の会社役員（会計参与を除く。）の重要な兼職の状況

直前の定時株主総会の終結の日の翌日以降に在任していた者を対象とします。「重要な兼職であるか否かは，兼職先が取引上重要な存在であるか否か，当該取締役等が兼職先で重要な職務を担当するか否か等を総合的に考慮して

判断する」ものとされています（出典：経団連ひな型）。そして，「兼職の状況」としては，「兼職先や兼職先での地位を記載すること」が考えられます（出典：経団連ひな型）。

(8) 会社役員のうち監査役又は監査委員が財務及び会計に関する相当程度の知見を有しているものであるときは，その事実

　直前の定時株主総会の終結の日の翌日以降に在任していた者を対象とします。『「相当程度の知見を有している場合」の範囲は，公認会計士資格や税理士資格など一定の法的な資格を有する場合に限定されず，「会社の経理部門において〇年間勤務した経験を有する」といった内容でも構わない』ものとされています（出典：経団連ひな型）。

(9) その他株式会社の会社役員に関する重要な事項

2　記載例（経団連ひな型を基に作成）

(1)　1(1)(2)(6)(7)(8)の記載例

当社の会社役員に関する事項		
氏名	地位及び担当	重要な兼職の状況
甲	代表取締役社長 〇〇担当	
乙	取締役副社長 〇〇担当	
丙	取締役 財務担当	××社取締役
丁	常勤監査役	

注1　監査役△は，××年〇月〇日に辞任いたしました。辞任の理由として以下が述べられています。
・・・・・・・・・・・
注2　常勤監査役丁は，12年間当社の経理業務を担当しており，財務及び会計に関する相当程度の知見を有するものであります。

(2) 1(3)(4)の記載例

当事業年度に係る役員の報酬等の総額			
区分	支給人数	報酬等の額	備考
取締役	3人	××百万円	
監査役	1人	○百万円	
計	4人	△△百万円	

注1　上記報酬等の額には，第○回定時株主総会において決議予定の役員賞与○○円（取締役××円，監査役△△円）を含めております。

《参考文献》

『リーガルマインド会社法　第12版』弥永真生著，有斐閣，平成21年

日本経済団体連合会『会社法施行規則及び会社計算規則による株式会社の各種書類のひな型』（改訂版），平成24年1月11日

第5章

計　　算

剰余金の分配可能額

Q58

剰余金の分配可能額について説明してください。

A

●ポイント●

剰余金の分配可能額は，配当の効力発生日時点の剰余金の額に対して一定の調整を加えることにより算定されます（会446，461②）。

1 分配可能額の算定

剰余金の分配可能額の算定にあたっては，まず剰余金の額を算定する必要があります。剰余金の額は，最終事業年度末日の剰余金の額を算定し，配当の効力発生日までの剰余金の額の変動を加減算して算出することとなります（会446）。次に，配当の効力発生日時点の剰余金の額に対して一定の調整を加えることにより，分配可能額が算定されることとなります（会461②）。

剰 余 金

剰余金の額を(1)～(4)までに掲げる額の合計額から(5)～(7)に掲げる額の合計額を減じて得た額とする（会446）。
(1) 最終事業年度の末日における①及び②に掲げる額の合計額から③から⑤までに掲げる額の合計額を減じて得た額
 ① 資産の額
 ② 自己株式の帳簿価額の合計額
 ③ 負債の額
 ④ 資本金及び準備金の額の合計額

⑤ ③及び④に掲げるもののほか，法務省令で定める各勘定科目に計上した額の合計額（その他有価証券評価差額金や新株予約権などに関する控除額が定められている（計規149））。
(2) 最終事業年度の末日後に自己株式の処分をした場合における当該自己株式の対価の額から当該自己株式の帳簿価額を控除して得た額
(3) 最終事業年度の末日後に資本金の額の減少をした場合における当該減少額（減資により増加した資本準備金の額を除く。）
(4) 最終事業年度の末日後に準備金の額の減少をした場合における当該減少額（資本準備金を資本金に組み入れた額を除く。）
(5) 最終事業年度の末日後に株式の消却の規定（会178①）により自己株式の消却をした場合における当該自己株式の帳簿価額
(6) 最終事業年度の末日後に剰余金の配当をした場合における次に掲げる額の合計額
　① 配当財産の帳簿価額の総額（金銭分配請求権を行使した株主に割り当てた当該配当財産の帳簿価額を除く。）
　② 金銭分配請求権を行使した株主に交付した金銭の額の合計額
　③ 基準未満株式の株主に支払った金銭の額の合計額
(7) 前二号に掲げるもののほか，法務省令で定める各勘定科目に計上した額の合計額（計規150）。

分配可能額

分配可能額は，(1)及び(2)の合計額から(3)～(6)までの合計額を減じて得た額とする。ただし，株式会社の純資産価額が300万円を下回る場合には，配当できない（会458）。
(1) 剰余金の額
(2) 臨時計算書類における次に掲げる額
　① 臨時決算日までの利益の額として法務省令で定める各勘定科目に計上した額の合計額（臨時計算書類の利益の額に関する調整が定められている（計規156））。

> ② 臨時決算日までに自己株式を処分した場合における当該自己株式の対価の額
> (3) 自己株式の帳簿価額
> (4) 最終事業年度の末日後に自己株式を処分した場合における当該自己株式の対価の額
> (5) 臨時決算日までの損失の額として法務省令で定める各勘定科目に計上した額の合計額（臨時計算書類の損失の額に関する調整が定められている（計規157））。
> (6) (3)に掲げるもののほか，法務省令で定める各勘定科目に計上した額の合計額（計規158）。

2　剰余金の積立て

　剰余金の配当をする場合には，株式会社は，法務省令で定めるところにより，資本準備金と利益準備金の合計額が資本金額の4分の1に相当する金額に至るまで，当該剰余金の配当により減少する剰余金の額に10分の1を乗じて得た額を資本準備金又は利益準備金として計上しなければなりません（会445④）。

　この場合，その他資本剰余金から配当した場合は資本準備金に，利益剰余金から配当した場合には利益準備金として準備金を計上することとなります（計規22）。

3　分配可能額の計算例

(1)　前提条件

　P社の最終事業年度末日（×23年12月31日）における貸借対照表は以下のとおりです。なお，P社は×24年3月の定時株主総会において資本準備金を500減少する決議を行っており，4月中に債権者保護手続を終了しています。また，P社は×24年5月に，自己株式（簿価20）を対価30で処分しています。

貸借対照表

資　産	10,000	負　債	5,900
		資　本　金	2,000
		資 本 準 備 金	1,000
		その他資本剰余金	500
		利 益 準 備 金	200
		その他利益剰余金	700
		自 己 株 式	−200
		その他有価証券評価差額金	−100
	10,000		10,000

(2) **分配可能額**

① 分配時点での剰余金の額の計算

＋その他資本剰余金	500
＋その他利益剰余金	700
＋自己株式処分差額	10
＋準備金から剰余金への振替額	500
合　　計	1,710

② 分配可能額の計算

＋分配時点の剰余金の額	1,710
＋分配時点の自己株式の帳簿価額	△180
＋自己株式の対価の額	△30
＋その他有価証券評価差額金	△100
合　　計	1,400

《参考文献》

『Q＆A資本会計の実務ガイド』（編者）あずさ監査法人，中央経済社，平成21年12月10日

剰余金の配当に係る取締役等の責任

Q59

剰余金の配当に係る取締役等の責任及び取締役会での剰余金配当決議について説明してください。

A

> ●ポイント●
>
> ① 分配可能額を超えて配当した場合，取締役は責任を負うことになります。
> ② 剰余金の配当をした場合において，事後的に決算確定時の分配可能額がマイナスとなった場合，職務を行った業務執行者は責任を負うことになります。

1 剰余金の配当決議について

　株式会社は，その株主（当該株式会社を除く。）に対し，剰余金の配当をすることができます（会453）。そして，株式会社は，剰余金の配当をしようとするときは，その都度，株主総会の決議によって，次に掲げる事項を定めなければなりません（会454①）。

株主総会の決議事項

(1) 配当財産の種類（当該株式会社の株式等を除く。）及び帳簿価額の総額
(2) 株主に対する配当財産の割当てに関する事項
(3) 当該剰余金の配当がその効力を生ずる日

また，取締役会設置会社は，一事業年度の途中において1回に限り取締役会の決議によって剰余金の配当（配当財産が金銭であるものに限る。）をすることができる旨を定款で定めることができます（会454⑤）。

　なお，会計監査人設置会社で一定の要件を満たした株式会社においては，剰余金の配当等を取締役会が決定する旨を定款に定めることができます（会459①四）。この場合は，回数制限はありません。

2　分配可能額を超えて配当した場合の取締役の責任

　分配可能額を超えて配当が行われた場合に責任（支払義務）を負う取締役は以下となります。ただし，取締役がその職務を行うについて注意を怠らなかったことを証明したときは，支払義務を負いません（会462②）。また，当該義務は，免除することができません。ただし，剰余金の配当時における分配可能額を限度として当該義務を免除することについて総株主の同意がある場合は免除することができます。

分配可能額を超えて配当が行われた場合に責任（支払義務）を負う取締役

(1)　会社法第454条第1項の規定による決定に係る株主総会の決議があった場合（当該決議によって定められた配当財産の帳簿価額が当該決議の日における分配可能額を超える場合に限る。）における当該株主総会に係る総会議案提案取締役（会462①六イ）。なお，総会議案提案取締役とは，株主総会に議案を提案した取締役，その議案の提案の決定に同意した取締役（取締役会設置会社の取締役を除く。）及びその議案の提案が取締役会の決議に基づいて行われたときは，当該取締役会において当該取締役会の決議に賛成した取締役をいいます（計規160）。

(2)　会社法第454条第1項の規定による決定に係る取締役会の決議があった場合（当該決議によって定められた配当財産の帳簿価額が当該決議の日における分配可能額を超える場合に限る。）における当該取締役会に係る取締役会議案提案取締役（会462①六ロ）。なお，取締役会議案提案取締役とは，取締役会に議案を提案した取締役及び執行役をいい

ます（計規161）。
(3) 剰余金の配当による金銭等の交付に関する職務を行った取締役及び執行役（計規159ハイ）
(4) 会社法第454条第1項の規定による決定に係る株主総会において剰余金の配当に関する事項について説明をした取締役及び執行役（計規159ハロ）
(5) 会社法第454条第1項の規定による決定に係る取締役会において剰余金の配当に賛成した取締役（計規159ハハ）
(6) 分配可能額の計算に関する報告を監査役又は会計監査人が請求したときは，当該請求に応じて報告をした取締役及び執行役（計規159ハニ）

3　欠損が生じた場合の取締役の責任

　株式会社が剰余金の配当をした場合において，事後的に決算確定時の分配可能額がマイナスとなった場合には，当該行為に関する職務を行った業務執行者は，株式会社に対して，連帯して，当該マイナス額と配当額のいずれか小さい額を支払う義務を負うことになります。ただし，当該業務執行者がその職務を行うについて注意を怠らなかったことを証明した場合には責任を負いません（会465）。

　なお，貸借対照表等の確定と同時に行う剰余金の配当についてはてん補責任が課されません。また，資本金・準備金の減少決議と同時に，剰余金の配当決議をし，資本金・準備金の減少額の範囲内で配当を行う場合についてもてん補責任は課されません（会465①十）。

《参考文献》
『「純資産の部」完全解説－「増資・減資の実務」を中心に－』太田達也著，
　　税務研究会出版局，平成22年6月25日

臨時計算書類

Q60

臨時計算書類について説明してください。

A

●ポイント●

臨時計算書類を作成した場合，臨時決算日までの期間に生じた損益等を分配可能額の計算に反映させることが可能となります。

1 臨時計算書類制度と分配可能額

　株式会社は，臨時決算日における当該株式会社の財産の状況を把握するため，臨時計算書類を作成することができます（会441①）。臨時計算書類とは，臨時決算日における貸借対照表（「臨時貸借対照表」），及び臨時決算日の属する事業年度の初日から臨時決算日までの期間に係る損益計算書（「臨時損益計算書」）をいいます。臨時計算書類を作成した場合，当該事業年度の初日から臨時決算日までの期間に生じた損益等を分配可能額の計算に反映させることが可能となります（会461②二，五）。

臨時計算書類を作成した場合に分配可能額の計算に反映される項目

① 臨時計算書類につき株主総会の承認（又は取締役会の承認）を受けた場合における臨時会計年度における利益の額及び処分自己株式の対価の額（会461②二，計規156）
② 臨時計算書類につき株主総会の承認（又は取締役会の承認）を受けた場合における臨時会計年度における損失の額（会461②五，計規157）

（「臨時計算書類の作成基準について」会計制度委員会研究報告第12号）

2 臨時計算書類の構成

臨時計算書類は，臨時貸借対照表及び臨時損益計算書から構成されます。なお，会社法による要請はないものの，臨時計算書類の作成に際しては，少なくとも継続企業の前提に関する注記，重要な会計方針に係る事項（会計方針の変更を含む。）に関する注記，重要な偶発事象に関する注記，及び重要な後発事象に関する注記が必要となります（「臨時計算書類の作成基準について」会計制度委員会研究報告第12号）。

臨時計算書類の構成

> (1) 臨時計算書類
>   ① 臨時貸借対照表
>   ② 臨時損益計算書
> (2) 注記事項
>   ① 継続企業の前提に関する注記
>   ② 重要な会計方針に係る事項（会計方針の変更を含む。）に関する注記
>   ③ 重要な偶発事象に関する注記
>   ④ 重要な後発事象に関する注記

3 臨時計算書類の作成基準

臨時計算書類の作成基準としては，「臨時計算書類の作成基準について」（会計制度委員会研究報告第12号）があります。

臨時計算書類は，実績主義に基づいて，臨時会計年度を事業年度と並ぶ一会計期間とみた上で，原則として，年度決算に適用される会計処理の原則及び手続に準拠して作成しなければなりません。しかし，臨時会計年度が事業年度の途中であるため，実務上は，法人税等の税金計算など年度決算のように実施できない会計処理があること，年度決算と同一の手続を追求すると臨時計算書類作成者の事務負担の増加が懸念され，臨時計算書類制度を普及していく上での障害になること等を考慮し，年度決算の会計処理とは異なる臨時決算特有の会

計処理が一部認められることになっています。

(1) 臨時決算特有の会計処理（費用配分）

臨時計算書類は，原則として年度決算に適用される会計処理の原則及び手続に準拠して作成しなければなりませんが，費用配分について簡便な決算手続によることができます。簡便な決算手続の適用例として，次のようなものがあります。

① 臨時決算時におけるたな卸高は，適切な帳簿記録がなされている場合に，前事業年度に係る実地たな卸高を基礎として，合理的な方法により算定することができます。

② 減価償却の方法として定率法を採用している場合には，事業年度に係る減価償却費の額を期間按分する方法により減価償却費を計上することができます。

③ 退職給付費用は，事業年度の合理的な見積額を期間按分する方法により計上することができます。

(2) 臨時決算特有の会計処理（税金計算）

法人税その他利益に関連する金額を課税標準とする税金については，臨時会計年度を事業年度と並ぶ一会計期間とみなして，臨時会計年度を含む事業年度の法人税，住民税及び事業税の計算に適用される税率に基づき，年度決算と同様に税効果会計を適用して計算します。ただし，臨時会計年度を含む事業年度の税引前当期純利益に対する税効果会計適用後の実効税率を合理的に見積もり，臨時会計年度の税引前当期純利益に当該見積実効税率を乗じて計算する方法によることができます。

4　会社法上の監査手続等

臨時計算書類は，各事業年度に係る計算書類と同様に監査役設置会社又は会計監査人設置会社における監査（会441②），取締役会設置会社における取締役会の承認（会441③），株主総会の承認（会441④），備置き及び閲覧等（会442）の規定が適用されます。

ただし，各事業年度に係る計算書類とは異なり，株主総会の招集の通知に際しての株主への提供，株主総会への提出又は提供及び報告並びに公告は求められていません（「臨時計算書類の作成基準について」会計制度委員会研究報告第12号）。

《参考文献》

『Q＆A資本会計の実務ガイド』（編者）あずさ監査法人，中央経済社，平成21年12月10日

資本金の額の減少

Q61

資本金の額の減少について説明してください。

A

> ●ポイント●
>
> 資本金の額の減少のためには，原則として，株主総会の特別決議（会447①，309②九）及び債権者保護手続（会449）が必要です。

1 株主総会の決議

(1) 概　　要

株式会社は，資本金の額を減少することができます。この場合においては，株主総会の決議によって，以下の事項を定めなければなりません（会447①）。なお，この場合の株主総会は，定時株主総会又は臨時株主総会のいずれでもできます。

また，決議は原則として，特別決議が必要となります（会309②九）。特別決議とは，当該株主総会において議決権を行使できる株主の議決権の過半数（3分の1以上の割合を定款で定めた場合にあっては，その割合以上）を有する株主が出席し，出席した当該株主の議決権の3分の2（これを上回る割合を定款で定めた場合にあっては，その割合）以上の賛成によって決議する方法です。ただし，例外的に，当該決議要件に加えて，一定の数以上の株主の賛成を要する旨その他の要件を定款で定めることも可能です。

資本金の額の減少の際の決議事項（会447①）

> ①　減少する資本金の額
> ②　減少する資本金の額の全部又は一部を準備金とするときは，その旨及び準備金とする額
> ③　資本金の額の減少がその効力を生ずる日

①については，資本金の額の減少がその効力を生ずる日における資本金の額を超えてはなりません（会447②）。また，②については，資本金を減少して準備金に組み入れる場合は，資本準備金に組み入れる必要があります（計規26①一）。

記載例《資本減少に係る株主総会議事録》

> 　　　　　　　　　　　臨時株主総会議事録
> 　平成○○年○月○日午前9時より，当会社本社において，臨時株主総会を開催した。
> 　　株主総数　　　　　　○○名
> 　　総株主の議決権数　　○○○個
> 　　出席株主数　　　　　○○名（うち委任状○名）
> 　　乙の有する議決権数　○○○個
> 　以上のとおり総株主の議決権の過半数を有する株主が出席したので，資本減少に関する臨時株主総会は適法に成立した。
> 　代表取締役社長甲野太郎は議長となり，開会を宣し，議事を進行した。

>
> 第〇号議案　資本減少の件
>
> 　議長は，本日の議案たる資本の減少の件につき，その提案理由を詳細に説明し，その審議を求めたところ，満場一致をもって，次のとおり承認可決された。
> 一　当会社の資本金5,000万円のうち，金4,000万円を減少すること。
> 二　資本減少の効力発生日は，平〇〇年〇月〇日とすること。
> 　以上をもって，本日の議案の全部を議了したので，午前9時30分，議長は閉会を宣した。
> 　上記決議を明確にするため，この議事録を作り，議長および出席取締役において記名押印する。
> 　平成〇〇年〇月〇日
>
> 　　　　　　　　　　　　　　　　　　　　〇〇〇株式会社株主総会
> 　　　　　　　　　　議長　代表取締役　　　甲野太郎　印
> 　　　　　　　　　　　取　締　役　　　　　甲野一郎　印
> 　　　　　　　　　　　取　締　役　　　　　甲野花子　印
> 　　　　　　　　　　　監　査　役　　　　　乙田健一　印

出所：『「純資産の部」完全解説－「増資・減資の実務」を中心に－』太田達也著，税務研究会出版局，平成22年6月25日より抜粋

(2)　**決議要件の特例**
① **減少する資本金の額が欠損の額を超えない場合**
　定時株主総会において会社法第447条第1項各号に掲げる事項を定める場合であって，かつ，減少する資本金の額が欠損の額を超えない場合は，その決議は普通決議で足りることとされています（会309②九）。なお，欠損の額とは，零と零から分配可能額を減じて得た額のうちいずれか高い額となります（施規68）。すなわち，分配可能額が零以上である場合は零，分配可能額がマイナスである場合はその絶対値が欠損の額となります。
② **株式の発行と同時に資本金の額を減少する場合**
　株式の発行と同時に資本金の額を減少する場合において，当該資本金の額の

減少の効力が生ずる日後の資本金の額が当該日前の資本金の額を下回らない場合には，資本金の減少について，株主総会決議ではなく，取締役の決定（取締役会設置会社にあっては，取締役会の決議）で足りるものとされています（会447③）。

(3) 会計処理

　資本金及び資本準備金の額の減少によって生ずる剰余金は，減少の法的効力が発生したときにその他資本剰余金に計上することとされています（自己株式等会計基準20項）。ただし，利益剰余金が負の残高のときにその他資本剰余金で補てんするのは，資本剰余金と利益剰余金の混同にはあたらないと考えられるため，認められます（自己株式等会計基準61）。

株主資本変動計算書の記載例

株主資本等変動計算書
（平成23年4月1日から平成24年3月31日まで）

（単位：百万円）

	株主資本								
	資本金	資本剰余金			利益剰余金			自己株式	株主資本合計
		資本準備金	その他資本剰余金	資本剰余金合計	利益準備金	その他利益剰余金 繰越利益剰余金	利益剰余金合計		
当期首残高	11,183	1,458	7	1,466	51	1,872	1,924	△11	14,561
当期の変動額									
新株の発行	1,500	1,500		1,500					3,000
資本金から剰余金への振替	△10,542		10,542	10,542					-
準備金から剰余金への振替		△1,458	1,458	-					-
当期純損失						△9,086	△9,086		△9,086
自己株式の取得								△0	△0
株主資本以外の項目の当期の変動額（純額）									
当期の変動額合計	△9,042	41	12,000	12,042	-	△9,086	△9,086	△0	△6,086
当期末残高	2,141	1,500	12,008	13,508	51	△7,213	△7,162	△11	8,475

	評価・換算差額等			純資産合計
	その他有価証券評価差額金	土地再評価差額金	評価・換算差額等合計	
当期首残高	△166	△2	△168	14,393
当期の変動額				
新株の発行				3,000
資本金から剰余金への振替				-
準備金から剰余金への振替				-
当期純損失				△9,086
自己株式の取得				△0
株主資本以外の項目の当期の変動額（純額）	197		197	197
当期の変動額合計	197	-	197	△5,889
当期末残高	31	△2	28	8,504

（注）　記載金額は百万円未満を切り捨てて表示しております。
出所：常磐興産株式会社　第94回定時株主総会招集ご通知　から抜粋

第5章 計　　算

株主資本等変動計算書
(平成23年4月1日から平成24年3月31日まで)

(単位：百万円)

	株主資本							
	資本金	資本剰余金		利益剰余金		自己株式	株主資本合計	
		その他資本剰余金	資本剰余金合計	その他利益剰余金 繰越利益剰余金	利益剰余金合計			
平成23年4月1日　残高	27,166	-	-	△21,047	△21,047	△415	5,703	
当事業年度中の変動額								
資本金から剰余金への振替	△23,166	23,166	23,166	-	-	-	-	
欠　損　填　補	-	△21,047	△21,047	21,047	21,047	-	-	
当　期　純　損　失	-	-	-	△2,227	△2,227	-	△2,227	
株主資本以外の項目の当事業年度中の変動額（純額）	-	-	-	-	-	-	-	
当事業年度中の変動額合計	△23,166	2,118	2,118	18,819	18,819	-	△2,227	
平成24年3月31日　残高	4,000	2,118	2,118	△2,227	△2,227	△415	3,475	

	評価・換算差額等			新株予約権	純資産合計
	その他有価証券評価差額金	繰延ヘッジ損益	評価・換算差額等合計		
平成23年4月1日　残高	△1,795	△1	△1,796	20	3,927
当事業年度中の変動額					
資本金から剰余金への振替	-	-	-	-	-
欠　損　填　補	-	-	-	-	-
当　期　純　損　失	-	-	-	-	△2,227
株主資本以外の項目の当事業年度中の変動額（純額）	399	1	400	49	449
当事業年度中の変動額合計	399	1	400	49	△1,778
平成24年3月31日　残高	△1,395	-	△1,395	69	2,148

（注）　記載金額は百万円未満を切り捨てております。
出所：日本アジア投資株式会社　第31期定時株主総会招集ご通知　から抜粋

2 債権者保護手続

(1) 概　　略

　資本金又は準備金の額を減少する場合（減少する準備金の額の全部を資本金とする場合を除く。）は，債権者は，株式会社に対し，資本金又は準備金の減少について異議を述べることができます（会449①）。

　債権者が異議を述べることができる場合には，株式会社は，以下に掲げる事項を官報に公告し，かつ，知れたる債権者には，各別にこれを催告しなければならないとされています。なお，債権者が異議を述べることができる期間は1か月を下ることができないとされています（会449②，計規152）。

公告及び催告すべき事項

① 資本金の額の減少の内容
② 最終事業年度に係る貸借対照表又はその要旨を公告しているときは，次に掲げるもの
　a　官報で公告しているときは，官報の日付及び公告が掲載されている頁
　b　日刊新聞紙で公告しているときは，日刊新聞紙の名称，日付及び公告が掲載されている頁
　c　電子公告により公告しているときは，登記事項である電子公告ホームページのアドレス
③ 最終事業年度に係る貸借対照表を電磁的方法で公開しているときは，登記事項であるアドレス
④ 株式会社が有価証券報告書提出会社である場合，最終事業年度に係る有価証券報告書を提出しているときは，その旨
⑤ 特例有限会社であって，決算公告義務が課せられないときは，その旨
⑥ 最終事業年度がないときは，その旨
⑦ ②から⑥に掲げる場合以外の場合には，最終事業年度に係る貸借対照表の要旨の内容（会社計算規則第6編第2章の決算公告の要旨について

> 定めた規定に従い作成）
> ⑧ 債権者が一定の期間内に異議を述べることができる旨

(2) **催告を省略できる場合**

定款において時事に関する事項を掲載する日刊新聞紙に掲載する方法又は電子公告を公告方法として定めたうえで、官報による公告のほか、これらのいずれかの方法により公告するときは、知れたる債権者に対する各別の催告は要しないとされています（会449③，939①）。

3 変更の登記

資本金の額は登記事項とされていることから，資本金の額に変更が生じたときは，2週間以内に，その本店の所在地において，変更の登記をしなければなりません（会915①，911③五）。

《参考文献》

『「純資産の部」完全解説－「増資・減資の実務」を中心に－』太田達也著，
　税務研究会出版局，平成22年6月25日

準備金の額の減少

Q62

準備金の額の減少について説明してください。

A

> ●ポイント●
>
> 準備金の額の減少のためには,原則として,株主総会の決議(会448①)及び債権者保護手続(会449)が必要です。

1 株主総会の決議

(1) 総　　論

株式会社は,準備金の額を減少することができます。この場合においては,株主総会の決議によって,以下の事項を定めなければなりません(会448①)。なお,この場合の株主総会は定時株主総会又は臨時株主総会のいずれでもできます。また,決議は普通決議が必要となります。

準備金の額の減少の際の決議事項(会448①)

> ① 減少する準備金の額
> ② 減少する準備金の額の全部又は一部を資本金とするときは,その旨及び資本金とする額
> ③ 準備金の額の減少がその効力を生ずる日

①については,準備金の額の減少がその効力を生ずる日における準備金の額を超えてはなりません(会448②)。

記載例《準備金減少に係る株主総会議事録》

株主総会議事録

　平成○○年○月○日午前9時，東京都千代田区○○町○丁目○番○号本社において，臨時株主総会を開催した。

　　株主総数　　　　　　　　　○○名
　　総株主の議決権数　　　　　○○○個
　　出席株主数　　　　　　　　○○名
　　乙の有する議決権数　　　　○○○個

　以上のとおり本会は適法に成立したので，定款の規定により代表取締役社長甲野太郎は議長となり，開会を宣するとともに直ちに議案の審議に入った。

第○号議案　準備金減少の件

　当社の準備金は，現在，3,000万円（資本準備金2,000万円，利益準備金1,000万円）であるが，効力発生日を平成○○年○月○日とする準備金の減少手続によって，資本準備金を500万円減少し，利益準備金を1,000万円減少し，合わせて1,500万円を資本の欠損のてん補に充当する旨を提案し，その賛否を議場に諮ったところ，満場一致をもって承認可決した。

　以上をもって議事の全部を終了したので，議長は午前9時30分閉会を宣した。

　以上の決議の結果を明らかにするため，本議事録を作成し，議長および出席取締役は，次に記名押印する。

平成○○年○月○日

○○○株式会社株主総会

議長　代表取締役社長　　甲野太郎　印

取締役　　甲野一郎　印

取締役　　甲野花子　印

監査役　　乙田健一　印

出所：『「純資産の部」完全解説－「増資・減資の実務」を中心に－』太田達也著，税務研究会出版局，平成22年6月25日より抜粋

(2) 決議要件の特例
① 株式の発行と同時に準備金の額を減少する場合
　株式の発行と同時に準備金の額を減少する場合において，当該準備金の額の減少の効力が生ずる日後の準備金の額が当該日前の準備金の額を下回らない場合には，準備金の減少について，株主総会決議ではなく，取締役の決定（取締役会設置会社にあっては，取締役会の決議）で足りるものとされています（会448③）。

② 会計監査人設置会社で一定の要件を満たした株式会社において，準備金の額の減少を取締役会決議で行える旨を定款で定めた場合で，かつ，減少する準備金の額が欠損の額を超えない場合
　会計監査人設置会社で一定の要件を満たした株式会社において，準備金の額の減少を取締役会決議で行える旨を定款で定めた場合で，かつ，減少する準備金の額が欠損の額を超えない場合は，その決議は取締役会決議で足りることとされています（会459①二）。なお，欠損の額とは，零と零から分配可能額を減じて得た額のうちいずれか高い額です（施規68）。すなわち，分配可能額が零以上である場合は零，分配可能額がマイナスである場合はその絶対値が欠損の額となります。

(3) 会計処理
　資本金及び資本準備金の額の減少によって生ずる剰余金は，その減少の法的効力が発生したときにその他資本剰余金に計上することとされています（自己株式等会計基準20）。ただし，利益剰余金が負の残高のときにその他資本剰余金で利益剰余金を補てんすることは，資本剰余金と利益剰余金の混同にはあたらないとされています（自己株式等会計基準61）。

2　債権者保護手続

(1) 総　　論
　資本金又は準備金の額を減少する場合（減少する準備金の額の全部を資本金とする場合を除く。）は，債権者は，株式会社に対し，資本金又は準備金の減少について異議を述べることができます（会449①）。

債権者が異議を述べることができる場合には，株式会社は，以下に掲げる事項を官報に公告し，かつ，知れたる債権者には，各別にこれを催告しなければならないとされています。なお，債権者が異議を述べることができる期間は1か月を下ることができません（会449②）。

公告及び催告すべき事項

①　準備金の額の減少の内容
②　最終事業年度に係る貸借対照表又はその要旨を公告しているときは，次に掲げるもの
　a　官報で公告しているときは，官報の日付及び公告が掲載されている頁
　b　日刊新聞紙で公告しているときは，日刊新聞紙の名称，日付及び公告が掲載されている頁
　c　電子公告により公告しているときは，登記事項である電子公告ホームページのアドレス
③　最終事業年度に係る貸借対照表を電磁的方法で公開しているときは，登記事項であるアドレス
④　株式会社が有価証券報告書提出会社である場合，最終事業年度に係る有価証券報告書を提出しているときは，その旨
⑤　特例有限会社であって，決算公告義務が課せられないときは，その旨
⑥　最終事業年度がないときは，その旨
⑦　②から⑥に掲げる場合以外の場合には，最終事業年度に係る貸借対照表の要旨の内容（会社計算規則第6編第2章の決算公告の要旨について定めた規定に従い作成）
⑧　債権者が一定の期間内に異議を述べることができる旨

(2)　**債権者保護手続を省略できる場合**

　定時株主総会において会社法第448条第1項各号に掲げる事項を定める場合であって，かつ，減少する準備金の額が欠損の額を超えない場合は，債権者保

護手続を行う必要はないとされています（会449①但書）。

(3) 催告を省略できる場合
　定款において時事に関する事項を掲載する日刊新聞紙に掲載する方法又は電子公告を公告方法として定めたうえで，官報による公告のほか，これらのいずれかの方法により公告するときは，知れたる債権者に対する各別の催告は要しないとされています（会449③，939①）。

《参考文献》
『「純資産の部」完全解説－「増資・減資の実務」を中心に－』太田達也著，
　　税務研究会出版局，平成22年6月25日より

第6章

事業報告,計算書類,連結計算書類,決算公告

計算書類，連結計算書類

Q63

計算書類，連結計算書類について説明してください。

A

> ●ポイント●
>
> 　株式会社は，事業年度に係る計算書類及びその附属明細書を作成する必要があります。また，会計監査人設置会社であれば，連結計算書類を作成することができます。ただし，大会社であって有価証券報告書を内閣総理大臣に提出しなければならない会社は，必ず連結計算書類を作成しなければならないとされています。

1　計算書類の構成について

　計算書類は，貸借対照表，損益計算書，株主資本等変動計算書，並びに個別注記表から構成されています（会435②，計規59①）。貸借対照表とは，株式会社の一定時点における財政状態を表す書類であり，資産，負債及び純資産の3つの区分から構成されます（計規73①）。損益計算書は，株式会社の一定期間の経営成績，すなわち，収益及び費用の発生額について表す書類です。株主資本等変動計算書は，一定期間の純資産の変動額について表す書類です。計算書類の附属明細書とは，計算書類を補足説明する書類であり，有形固定資産及び無形固定資産の明細，引当金の明細，販売費及び一般管理費の明細，関連当事者取引の注記を省略した場合にはその事項，及び株式会社の貸借対照表・損益計算書・株主資本等変動計算書・個別注記表の内容を補足する重要な事項からなります（計規117）。

第6章　事業報告，計算書類，連結計算書類，決算公告

<図表6－1>

注 記 項 目	会計監査人設置会社	会計監査人非設置会社 公開会社	会計監査人非設置会社 非公開会社
① 継続企業の前提に関する注記	○	△	△
② 重要な会計方針に係る事項に関する注記	○	○	○
③ 会計方針の変更に関する注記	○	○	○
④ 表示方法の変更に関する注記	○	○	○
⑤ 会計上の見積りの変更に関する注記	○	△	△
⑥ 誤謬の訂正に関する注記	○	○	○
⑦ 貸借対照表等に関する注記	○	○	△
⑧ 損益計算書に関する注記	○	○	△
⑨ 株主資本等変動計算書に関する注記	○	○	○
⑩ 税効果会計に関する注記	○	○	△
⑪ リースにより使用する固定資産に関する注記	○	○	△
⑫ 金融商品に関する注記 (※1)	○	○	△
⑬ 賃貸等不動産に関する注記 (※1)	○	○	△
⑭ 持分法損益等に関する注記 (※2)	○	△	△
⑮ 関連当事者との取引に関する注記	○	○	△
⑯ １株当たり情報に関する注記	○	○	△
⑰ 重要な後発事象に関する注記	○	○	△
⑱ 連結配当規制適用会社に関する注記	○	△	△
⑲ その他の注記	○	○	○

「○」記載が必要な注記　「△」省略可能な注記
※１：当該注記は，連結注記表を作成している会社は注記を要しません（計規109②，110②）。
※２：当該注記は，連結計算書類を作成している会社は注記を要しません（計規111②）。

また，個別注記表は，利害関係者が株式会社の計算書類を理解するために追加で必要となる事項が記載されています。なお，会計監査人を設置していない会社は，一部注記を省略することができ，会計監査人を設置していない非公開会社についてはさらに簡略した記載が認められています（計規98②）（＜図表6－1＞）。

　なお，現在の会社法では包括利益については特段記載されていません。平成22年の「会社計算規則の一部を改正する省令」施行前は，会社計算規則第95条により損益計算書において包括利益に関する事項を表示できるとされていましたが，当省令により削除されています。

　これは，「包括利益の表示に関する会計基準（企業会計基準第25号）」においては，包括利益計算書が損益計算書とは別に作成することが認められていることから，改正前の当期純損益表示部分のみが損益計算書であるという条文では実務上の混乱を招くおそれがあるためです。

2　連結計算書類の構成について

　連結計算書類は，連結貸借対照表，連結損益計算書，連結株主資本等変動計算書，並びに連結注記表から構成されています（会444①，計規61）。

　事業年度末日において大会社（最終事業年度における貸借対照表上の資本金が5億円以上又は負債の部の合計が200億円以上の会社をいいます（会2六））であって有価証券報告書を内閣総理大臣に提出しなければならない会社は連結計算書類を作成する必要があります（会444③）。また，会計監査人設置会社であれば作成義務がない会社も連結計算書類を作成することができますが（会444①），作成すれば監査役（委員会設置会社にあっては，監査委員会）及び会計監査人の会計監査を受ける必要があります（会444④）。

　なお，連結注記表は，＜図表6－2＞に示すとおり一部注記を省略することができます

<図表6-2>

注 記 項 目	連結計算書類作成会社
① 継続企業の前提に関する注記	○
② 連結計算書類作成の基本となる重要な事項及び連結の範囲又は持分法の適用の範囲の変更に関する注記	○
③ 会計方針の変更に関する注記	○
④ 表示方法の変更に関する注記	○
⑤ 会計上の見積りの変更に関する注記	○
⑥ 誤謬の訂正に関する注記	○
⑦ 連結貸借対照表等に関する注記	○
⑧ 連結損益計算書に関する注記	△
⑨ 連結株主資本等変動計算書に関する注記	○
⑩ 税効果会計に関する注記	△
⑪ リースにより使用する固定資産に関する注記	△
⑫ 金融商品に関する注記	○
⑬ 賃貸等不動産に関する注記	○
⑭ 持分法損益等に関する注記	△
⑮ 関連当事者との取引に関する注記	△
⑯ １株当たり情報に関する注記	○
⑰ 重要な後発事象に関する注記	○
⑱ 連結配当規制適用会社に関する注記	△
⑲ その他の注記	○

「○」記載が必要な注記　　「△」記載することを要しない注記

3　会社法の決算スケジュール

　計算書類が作成されてから，株主へ提供されるまでの流れは＜図表6－3＞のようになっています。

<図表6-3>

計算書類スケジュール	会計監査人設置会社	会計監査人非設置会社
① 取締役による計算書類等の草稿の作成		
② 取締役の計算書類等の監査への提出	監査役及び会計監査人へ提出	監査役へ提出
③ 監査報告の通知	会計監査人は以下のうちいずれか遅い日に特定監査役及び特定取締役に対し監査報告の内容を通知する必要があります（計規130①）。 イ）当該計算書類の全部を受領した日から4週間を経過した日 ロ）当該計算書類の附属明細書を受領した日から1週間を経過した日 ハ）特定取締役，特定監査役及び会計監査人の間で合意により定めた日があるときは，その日 ※　連結計算書類については，附属明細書がないためイ）とハ）のうちいずれか遅い日となります。 特定監査役は以下のうちいずれか遅い日に特定取締役及び会計監査人に対し，監査役監査の報告の内容を通知する必要があります（計規132①）。 イ）会計監査報告を受領した日から1週間を経過した日 ロ）特定取締役及び特定監査役の間で合意により定めた日があるときは，その日	特定監査役は以下のうちいずれか遅い日に特定取締役に対し監査報告の内容を通知する必要があります（計規124①）。 イ）当該計算書類の全部を受領した日から4週間を経過した日 ロ）当該計算書類の附属明細書を受領した日から1週間を経過した日 ハ）特定取締役及び特定監査役の間で合意により定めた日があるときは，その日

④	取締役会設置会社の取締役会での計算書類等の承認（会436③）
⑤ 株主総会招集通知の発送	公開会社の場合，株主総会の日の2週間前までに発送する必要があります。 　非公開会社の場合，株主総会の日の1週間前までに発送する必要がありますが，さらに，取締役会非設置会社であれば，定款により1週間を下回る期間を定めることもできます。取締役会設置会社においては，招集通知の発送に際して，株主に対して，計算書類等を提供する必要があります（会437）。
⑥	定時株主総会の開催

※　特定取締役とは，監査の通知を受ける者を定めた場合，当該通知を受ける者として定められた取締役となり，それ以外の場合は計算書類の作成に関する職務を行った取締役となります（計規124④）。
　また，特定監査役とは，監査の通知をすべき者を定めた場合，当該通知をすべき者として定められた監査役となり，それ以外の場合はすべての監査役となります（計規124⑤）。

事業報告

Q64

株式会社の事業報告について説明してください。

A

●ポイント●

　株式会社は，計算書類等の内容に含まれていない株式会社の状況に関する重要な事項を記載する事業報告を作成する必要があります。また，公開会社の場合は，非公開会社と比較してより多くの項目を記載する必要があります。

1　事業報告の記載事項

　事業報告の記載事項については，事業報告作成会社が公開会社であるか，非公開会社であるかにより異なっています。

　公開会社における事業報告の記載事項は，以下のとおりとなっています。

記　載　項　目	根　拠　規　定
1　株式会社の現況に関する事項	施規120
1-1　事業の経過及びその成果	施規120①四
1-2　資金調達等についての状況（重要なものに限る。）	施規120①五
(1)　資金調達	施規120①五イ
(2)　設備投資	施規120①五ロ
(3)　事業の譲渡，吸収分割又は新設分割	施規120①五ハ
(4)　他の会社（外国会社を含む。）の事業の譲受け	施規120①五ニ
(5)　吸収合併（会社以外の者との合併（当該合併後当該株式会社が存続するものに限る。）を含む。）又は吸収分割による他の法人等の事業に関する権利義務の承継	施規120①五ホ
(6)　他の会社（外国会社を含む。）の株式その他の持分又は新株予約権等の取得又は処分	施規120①五ヘ
1-3　直前三事業年度の財産及び損益の状況	施規120①六
1-4　対処すべき課題	施規120①八
1-5　主要な事業内容	施規120①一
1-6　主要な営業所及び工場並びに使用人の状況	施規120①二
(1)　主要な営業所及び工場	施規120①二
(2)　使用人の状況	施規120①二
1-7　重要な親会社及び子会社の状況	施規120①七
1-8　主要な借入先及び借入額	施規120①三
1-9　剰余金の配当等を取締役会が決定する旨の定款の定めがあるときの権限の行使に関する方針	施規126十

1-10　その他会社の現況に関する重要な事項	施規120①九
2　株式に関する事項	施規122
2-1　上位10名の株主の状況	施規122一
2-2　その他株式に関する重要な事項	施規122二
3　新株予約権等に関する事項	施規123
3-1　会社役員が有する新株予約権等のうち，職務執行の対価として交付されたものに関する事項	施規123一
3-2　事業年度中に使用人等に対して職務執行の対価として交付された新株予約権等に関する事項	施規123二
3-3　その他新株予約権等に関する重要な事項	施規123三
4　会社役員に関する事項	施規121
4-1　氏名	施規121一
4-2　地位及び担当	施規121二
4-3　重要な兼職の状況	施規121七
4-4　辞任した会社役員又は解任された会社役員に関する事項	施規121六
4-5　財務及び会計に関する相当程度の知見	施規121八
4-6　取締役，会計参与，監査役又は執行役ごとの報酬等の総額	施規121三，四
4-7　各会社役員の報酬等の額又はその算定方法に係る決定に関する事項	施規121五
4-8　その他会社役員に関する重要な事項	施規121九
（社外役員に関する事項）	施規124
4-9　他の法人等の業務執行者との重要な兼職に関する事項	施規124一
4-10　他の法人等の社外役員等との重要な兼職に関する事項	施規124二
4-11　会社又は会社の特定関係事業者の業務執行者との親族関係（会社が知っているもののうち，重要なものに限る。）	施規124三

4－12	各社外役員の主な活動状況	施規124四
4－13	責任限定契約に関する事項	施規124五
4－14	社外役員の報酬等の総額	施規124六，七
4－15	親会社又は子会社等からの役員報酬等の総額	施規124八
4－16	記載内容についての社外役員の意見	施規124九
5 会計監査人に関する事項		施規126
5－1	氏名又は名称	施規126一
5－2	辞任した又は解任された会計監査人に関する事項	施規126九
5－3	現在の業務停止処分に関する事項	施規126五
5－4	過去2年間の業務停止処分に関する事項のうち，会社が事業報告の内容とすべきと判断した事項	施規126六
5－5	責任限定契約に関する事項	施規126七
5－6	各会計監査人の報酬等の額	施規126二
5－7	公認会計士法第2条第1項の業務以外の業務（非監査業務）の内容	施規126三
5－8	企業集団全体での報酬等	施規126八
5－9	解任又は不再任の決定の方針	施規126四
6 業務の適正を確保するための体制等の整備についての決議の内容の概要		施規118二
7 株式会社の支配に関する基本方針に関する事項		施規118三
8 株式会社の状況に関する重要な事項		施規118一

「「会社法施行規則及び会社計算規則による株式会社の各種書類のひな型」（改訂版）平成24年1月11日　社団法人日本経済団体連合会　経済法規委員会企画部会」より作成

　非公開会社の場合は，以下の項目が適用される記載事項となります。

記 載 項 目	根拠規定
株式会社の状況に関する重要な事項	施規118一
業務の適正を確保するための体制の整備を決議している場合，業務の適正を確保するための体制についての決議事項の内容の概要	施規118二
会社の支配に関する基本方針を定めている場合，当該基本方針及び取組みの具体的な内容の概要並びに取締役（会）の判断及びその理由	施規118三
会計参与設置会社の場合において，責任限定契約を締結しているときは，当該契約の内容の概要	施規125
会計監査人設置会社の場合，会計監査人の氏名又は名称等	施規126

　なお，会社法施行規則の規定は，必要最低限の開示事項を規律するものであり，非公開会社であっても上記の事項以外の事項を事業報告の内容とすることは差し支えありません。

2　業務の適正を確保するための体制

　取締役の職務の執行が法令及び定款に適合することや，その他の業務の適正を確保するために内部統制システムを決定又は決議した場合には，その決定又は決議の概要を事業報告に記載しなければなりません（施規118二）。

　監査役設置会社の場合，以下の事項について事業報告に記載することになります。

① 取締役の職務の執行が法令及び定款に適合することを確保するための体制
② 取締役の職務の執行に係る情報の保存及び管理に関する体制
③ 損失の危険の管理に関する規程その他の体制
④ 取締役の職務の執行が効率的に行われることを確保するための体制
⑤ 使用人の職務の執行が法令及び定款に適合することを確保するための体制
⑥ 当該株式会社並びにその親会社及び子会社から成る企業集団における

業務の適正を確保するための体制
⑦　監査役がその職務を補助すべき使用人を置くことを求めた場合における当該使用人に関する事項
⑧　監査役の補助使用人の取締役からの独立性に関する事項
⑨　取締役及び使用人が監査役に報告をするための体制その他の監査役への報告に関する体制
⑩　その他監査役の監査が実効的に行われることを確保するための体制

「「会社法施行規則及び会社計算規則による株式会社の各種書類のひな型」（改訂版）平成24年1月11日　社団法人日本経済団体連合会　経済法規委員会企画部会」より作成

3　会社の支配に関する基本方針

　株式会社の株式譲渡は自由であるのが原則であるものの，特定の株主が株式を大量に保有し，株主共同の利益を害される恐れがあるため，会社の経営方針の決定を支配することが可能な議決権の量を保有する株主の取扱いについての基本的な対処方針を定めることができます。その場合，事業報告に以下の内容を記載する必要があります（施規118三）。

(1)　基本方針の内容の概要
(2)　次に掲げる取組みの具体的な内容の概要
　①　会社財産の有効な活用，適切な企業集団の形成その他の基本方針の実現に資する特別な取組み
　②　基本方針に照らして不適切な者によって会社の支配を獲得されることを防止するための取組み
(3)　取組みの次に掲げる要件への該当性に関する取締役（会）の判断及びその理由
　①　取組みが基本方針に沿うものであること
　②　取組みが株主の共同の利益を損なうものではないこと
　③　取組みが会社役員の地位の維持目的ではないこと

出所：上記に同じ。

第6章 事業報告，計算書類，連結計算書類，決算公告

決算公告

Q65

決算公告について説明してください。

A

●ポイント●

株式会社は，法務省令で定めるところにより，定時株主総会の終結後遅滞なく，貸借対照表を公告する必要があります。また，大会社にあっては，貸借対照表に加えて損益計算書も公告する必要があります。

1 決算公告の範囲及び方法

決算公告は，大会社か大会社以外か，また公告方法が何かによってその公告範囲が異なっており（会440），その公告方法は定款に定めることができます（会939）。ただし，有価証券報告書提出会社は，計算書類と同等のものを開示しているため，決算公告を省略できます（会440④）。なお，連結計算書類については，公告義務はありません（会440①）（＜図表6－4＞）。

＜図表6－4＞

公告方法	大会社		大会社以外		有価証券報告書提出会社	
	貸借対照表	損益計算書	貸借対照表	損益計算書	貸借対照表	損益計算書
官報に掲載	要旨	要旨	要旨	省略できる		
日刊新聞紙に掲載	要旨	要旨	要旨			
電子公告※	全文	全文	全文			

※ 電子公告は，定時株主総会の終結の日後5年を経過する日まで公告する必要があります。

2　電子公告の開示事項

　電子公告で公告を行う場合は，官報や日刊新聞紙に掲載する場合と異なり，面積の制限を受けないため，貸借対照表の全文（大会社は貸借対照表及び損益計算書の全文）を記載する必要があります（会440①）。

　また，注記についても会計監査人を設置している会社か否か，または公開会社と非公開会社の場合でその記載が必要とされる項目が異なっています（計規136）（＜図表6－5＞）。

＜図表6－5＞

注　記　項　目	会計監査人設置会社	会計監査人非設置会社	
		公開会社	非公開会社
①　継続企業の前提に関する注記	○	△	△
②　重要な会計方針に係る事項に関する注記	○	○	○
③　貸借対照表に関する注記	○	○	△
④　税効果会計に関する注記	○	○	△
⑤　関連当事者との取引に関する注記	○	○	△
⑥　1株当たり情報に関する注記	○	○	△
⑦　重要な後発事象に関する注記	○	○	△
⑧　当期純損益金額	※		

「○」記載が必要な事項　　「△」記載が任意である事項
　※　当期純損益金額は，損益計算書の公告を行っている会社は改めて記載する必要はない。

3　不適正意見がある場合等における公告事項

　決算公告にあたって，次の場合は決算公告においてその旨を明らかにする必要があります（計規148）。

　①　会計監査人が存しない場合（ただし，一時会計監査人がいる場合を除く）

② 会計監査人が監査結果を通知すべき日までに通知をしなかったため，会計監査人の監査を受けたものとみなされた場合（計規130③）
③ 計算書類についての会計監査に不適正意見がある場合
④ 計算書類についての会計監査に意見の表明がない場合

4 貸借対照表及び損益計算書の要旨のひな型 (非公開会社の場合)

[記載例]

科　　　　目	金　額	科　　　　目	金　額
流 動 資 産	×××	流 動 負 債	×××
固 定 資 産	×××	〇 〇 引 当 金	×××
繰 延 資 産	×××	そ　の　他	×××
		固 定 負 債	×××
		〇 〇 引 当 金	×××
		そ　の　他	×××
		負 債 合 計	×××
		株 主 資 本	×××
		資　本　金	×××
		資 本 剰 余 金	×××
		資 本 準 備 金	×××
		その他資本剰余金	×××
		利 益 剰 余 金	×××
		利 益 準 備 金	×××
		その他利益剰余金	×××
		自 己 株 式	×××
		評価・換算差額等	×××
		その他有価証券評価差額金	×××
		繰延ヘッジ損益	×××
		土地再評価差額金	×××
		新 株 予 約 権	×××
		純 資 産 合 計	×××
資 産 合 計	×××	負債・純資産合計	×××

第〇〇期決算公告
貸借対照表（平成〇年〇月〇日現在）の要旨
（単位：百万円または十億円）

損益計算書の要旨 (自平成○年○月○日 至平成○年○月○日) (単位：百万円または十億円)	
科　　目	金　　額
売　上　高	×××
売　上　原　価	×××
売　上　総　利　益	×××
販売費及び一般管理費	×××
営　業　利　益	×××
営　業　外　収　益	×××
営　業　外　費　用	×××
経　常　利　益	×××
特　別　利　益	×××
特　別　損　失	×××
税引前当期純利益	×××
法人税，住民税及び事業税	×××
法人税等調整額	×××
当　期　純　利　益	×××

第7章

定款の変更，事業の譲渡等，解散・清算

定款変更の手続

Q66

定款変更の手続について説明してください。

A

●ポイント●

株式会社の定款の変更の手続は，株式会社の設立前と設立後によって大きく分けられています。設立前の定款の変更は，発起設立の場合と募集設立の場合で，手続が異なっています。設立後については，定款の変更内容によって手続が異なっています。

1 設立前の定款の変更

　設立前の定款の変更は，発起設立（発起人が設立時に発行株式の全部を引き受けて設立する会社設立方法）の場合と募集設立（発起人が設立時に発行株式を引き受けるほか，設立時に発行株式を引き受ける者の募集をする会社設立方法）の場合で範囲及び手続が異なっています。

　発起設立の場合は，変態設立事項（株式会社の設立の際に，発起人が自己又は第三者の利益を図って会社の財産的基礎を危うくする可能性があるため，定款に記載する必要がある事項）について裁判所が不当と認めたとき（会33⑦），発行可能株式総数を定款で定めていない場合に，会社成立までに，発起人全員の同意をもって，定款を変更して発行可能株式総数の定めを設けなければならないとき（会37①），又は発行可能株式総数を定款で定めている場合に，会社成立までに，発起人全員の同意をもって発行可能株式総数を変更するとき（会37②），及び裁判所が定款の記載事項を不当と認めたために定款の変更をする

場合に限定されています（会33⑨）。

募集設立の場合は，発起設立において定められている事項以外に，創立総会で定款の変更ができます（会96）。

2 設立後の定款の変更

株式会社は，株主総会で定款を変更することができます。定款の変更には「総議決権の過半数を有する株主が出席し，出席株主の議決権の3分の2以上にあたる賛成」が条件である特別決議（会466，309②十一）が必要となります。

また，定款に株式譲渡制限（譲渡により当該株式を取得する場合，株式会社の承認を要する旨）を定めるには「議決権を有する株主の半数以上，かつ，当該株主の議決権の3分の2以上にあたる賛成」が条件である特別決議よりさらに厳しい決議要件（会309③）が必要となります。

事後設立規制

Q67

事後設立規制に係る改正について説明してください。

A

●ポイント●

事後設立について，旧商法では資本金の20分の1以上の対価で取得する場合に，株主総会の特別決議に加えて，検査役の調査を受ける必要がありました。会社法では，純資産の5分の1に緩和され，また検査役の調査は不要になりました。

1　事後設立規制の趣旨

　事後設立とは，株式会社の成立後2年以内において，事業のために継続して使用するために，会社成立前から存在する財産を取得することをいいます。これは，現物出資及び財産引受（会社設立後に財産を譲り受ける契約）の脱法として規制されており，同じく会社財産を減少させることを防止する目的の法規制となります。財産引受との違いは時期的な違いとなり，事後設立は会社設立後2年以内に設立前より存在した財産を取得する契約を締結することをいいます（会467①五）。

2　改正の内容及び趣旨

　旧商法では，事後設立についての金額的な規制が資本金の20分の1とされていましたが，会社法では純資産額の5分の1と緩和され，検査役の調査も不要となり，株主総会での「総議決権の過半数を有する株主が出席し，出席株主の議決権の3分の2以上にあたる賛成」が条件である特別決議（会467①五，309②十一）さえあればできることとなりました。改正の趣旨は，会社設立後は通常は設備投資が機動的かつ積極的に行われる中で，検査役の調査に時間と多額の費用を要することに対する実務上の問題や，中古資産の取得に対する規制であるため，設立前に存在していなかった資産の取得であれば金額的に大きくとも検査役の調査が不要であり，不整合であったことが挙げられます。また，設立後の重要な財産の取得は，そもそも取締役が善管注意・忠実義務を負うため，その範囲内で実施されることが通常であると考えられるためです。

《参考文献》

『論点解説　新・会社法　千問の道標』商事法務，平成18年
東京都主税局ウェブサイト「固定資産税（償却資産）Q＆A」
　　http://J-net21.smrj.go.jp/index.html
新日本監査法人ウェブサイト，企業会計ナビ，「会社法」
　　http://www.shinnihon.or.jp/corporate-accounting/commentary/companies-act/

一般社団法人　日本経済団体連合会「会社法施行規則及び会社計算規則による株式会社の各種書類のひな型」

株式会社の解散

Q68

株式会社の解散に関する規律について説明してください。

A

●ポイント●

株式会社は，定款で定めた存続期間の満了，定款で定めた解散事由の発生，株主総会決議，合併，破産手続開始の決定，裁判所による解散命令といった解散事由があるときに解散します。なお，会社を解散させただけでは会社はなくなりません。会社の法人格を消滅させるには，解散の手続をした後に，清算の手続をする必要があります。

1　解散と清算の相違

　会社の法人格の消滅を来すべき原因である法的事実を解散といいます。しかし，吸収合併の場合を除いて，会社を解散させただけでは会社はなくなりません。会社の法人格を消滅させるには，清算を行う必要があります。清算とは，解散後，会社の一切の権利義務を処理して，残余財産を株主に分配する手続をいいます（**Q70**を参照）。

2　解散事由

株式会社は，次のような場合に解散します（会471，472）。

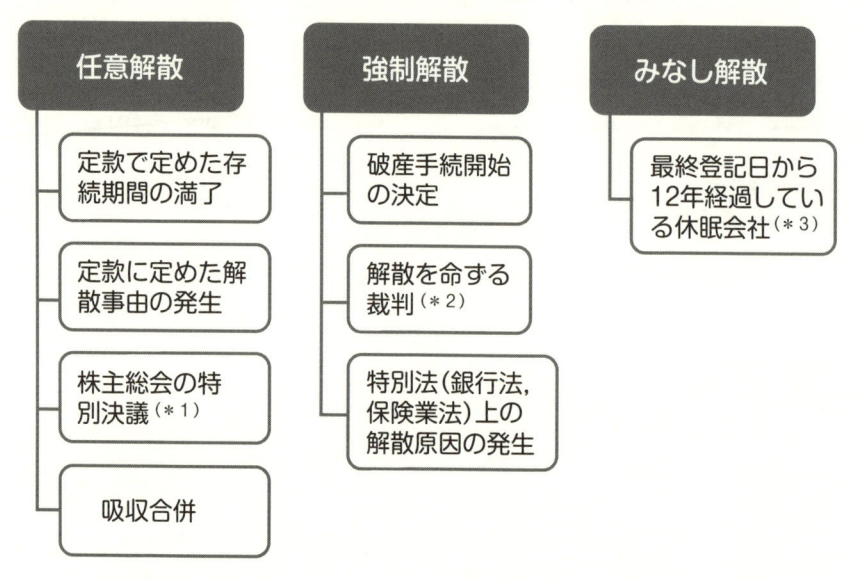

任意解散
- 定款で定めた存続期間の満了
- 定款に定めた解散事由の発生
- 株主総会の特別決議(＊1)
- 吸収合併

強制解散
- 破産手続開始の決定
- 解散を命ずる裁判(＊2)
- 特別法（銀行法，保険業法）上の解散原因の発生

みなし解散
- 最終登記日から12年経過している休眠会社(＊3)

(＊1) 解散を株主総会で決議する場合は，特別決議によって決定します。この決議は，発行済株式総数の過半数以上の株式を有する株主が出席して，その議決権の3分の2以上によってなされる必要があります（会309②十一）。

(＊2) 解散を命ずる裁判には，解散命令（会824）及び解散判決（会833）があります。
- 解散命令－例えば，会社の設立が不法な目的に基づいてされた場合や，会社が正当な理由がないのにその成立の日から1年以内にその事業を開始せず，又は引き続き1年以上その事業を休止した場合など，公益を確保するため会社の存立を許すことができないと認められるときに，法務大臣又は株主，社員，債権者その他の利害関係人の申立てに基づいて，裁判所が会社の解散を命ずるものです。
- 解散判決－例えば，会社が業務の執行において著しく困難な状況に至り，当該会社に回復することができない損害が生じ，又は生ずるおそれがある場合に，総株主（完全無議決権株主は除く）の議決権の10分の1（定款で緩和可）以上の議決権を有する株主又は発行済株式（自己株式を除く）の10分の1（定款で緩和可）以上の数の株式を有する株主が訴えをもって会社の解散を請求することを認めたものです。

(＊3) 12年間役員変更等の登記を一切していない株式会社の場合，法務大臣が当該株式会社に対しその本店の所在地を管轄する登記所に事業を廃止していない旨の届出をすべき旨を官報に公告し，公告してから2か月以内に当該届出又は何らかの登記をしなかった場合には，当該株式会社は解散したものとみなされま

す（会472）。これは，株式会社の場合，最低でも10年に1回は役員変更登記をする必要があるにもかかわらず，全く何らの変更登記をしない場合には，事業活動を行っていないものと考えられるからです。

3 解散の効果

解散後の会社は，清算の目的の範囲内で権利能力を有します（会476）。このため，清算株式会社自らが存続会社となる合併や自らが承継会社となる会社分割及び株式交換や株式移転を行うことはできません（会474，509①三）。また，清算中の会社はあくまでも清算実務を終わらせるためだけの法人とみなされるため，債権の回収は認められていますが，そのほかもともとの目的であった営業活動や資金調達活動を一切行ってはいけないとされています。

4 会社の継続

会社が解散によって清算事業年度に入った後に，その後の情勢の変化により解散前の会社に戻して事業の再開を図ることを会社の継続といいます。一旦解散した会社を継続できるのは解散の理由が次の場合に限定されます（会473）。

① 定款で定めた存続期間の満了
② 定款で定めた解散の事由の発生
③ 株主総会の決議
④ 休眠会社のみなし解散（ただし，解散したものとみなされた後3年以内）

すなわち，自発的に解散した場合には，未だ清算手続中なら，会社を再開することが可能となりますが，破産や裁判所の解散命令・解散判決などにより解散した場合はこれが認められないことになります。

会社の継続の手続としては，株主総会の特別決議を行い，株式会社継続登記を行えば会社を継続することができます（会927）。なお，会社が継続することとなったときは，解散前の状態に戻りますから，清算事務年度（**Q72** 参照）から，もともと定款等に定められていた通常の事業年度に戻ります。

5　解散登記

会社の解散を決定した場合は，本店の所在地では2週間以内，支店の所在地では3週間以内に解散の登記をしなくてはなりません（会926, 932）。

株式会社の清算

Q69

株式会社の清算に関する規律について説明してください。

A

●ポイント●

株式会社は清算手続を通して，債権債務を解消し，残余財産を株主に分配します。多数の利害関係者の利害を調整する必要があるため，清算のための手続が法定されています。清算中の会社では，取締役に代わって，清算人（清算人会）が清算のための業務を執行します。

1　清算の開始原因

会社は次のような場合に清算します（会475）。
① 解散した場合
② 設立無効の訴えに係る請求を認容する判決が確定した場合
③ 株式移転無効の訴えに係る請求を認容する判決が確定した場合

合併の場合には解散した会社の権利義務を処理する必要がなく，また破産手続開始の決定の場合にはそのような処理は破産手続によるため，清算が行われ

るのは、合併・破産手続開始の決定以外の原因で会社が解散した場合となります。

2 清算手続の分類

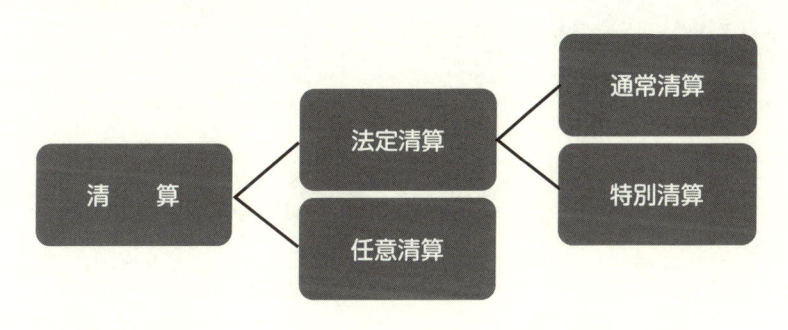

```
清算 ┬─ 法定清算 ┬─ 通常清算
     │           └─ 特別清算
     └─ 任意清算
```

(1) 法定清算

法律上定められた手続によって財産整理を進める方法で、株式会社はすべて法定清算によらねばなりません。これは、株式会社の場合、株主そのほか多くの利害関係人が存在するため利害が複雑に対立する場合が多く、また、原則として会社資産だけが会社債権者への支払に充てられる財産となるため、清算は厳格な手続にて行う必要があるという趣旨からです。ただし、特別清算（Q75を参照）の場合には清算手続が裁判所の監督下で進められますが、通常の法定清算は、清算手続が裁判所の監督外で進められる私的処理となります。

(2) 任意清算

定款の定めや総社員の同意によって会社財産を自由に処分できる方法で、持分会社のうち合名会社及び合資会社にのみ認められます（会668）。株式会社と異なり、持分会社においては、社員間に人的信頼関係があり、かつ社員が解散後も債権者に責任を負う（会673）ためです。もっとも持分会社であっても、解散事由が破産手続開始の決定や解散命令及び解散判決である場合は、任意清算は認められません（会668①）。

3 株主総会の特別決議により解散した場合の法的清算の基本的な流れ

株主総会による解散決議（会471三）及び清算人の選任決議（会478①三）を行う。

⬇

解散日から2週間以内に，解散及び清算人の登記申請を行う（会926, 928）。

⬇

解散日，一定の期間内に債権を申し出るべき旨，期間内に債権の申し出をしないと除斥される旨を官報公告するとともに，会社が把握している債権者に対して個別催告通知する（会499）。

⬇

財産の現況調査を行い，解散日における財産目録及び貸借対照表を作成し，株主総会の承認を得る（会492）。

⬇

現務の結了（会481①一），債権の取立て・債務の弁済（会481①二），残余財産の分配（会481①三，504）といった一連の清算事務を行う。

⬇

清算事務完了後遅滞なく，決算報告を作成し，株主総会の承認を得る（会507）。

⬇

株主総会後2週間以内に，清算結了の登記申請を行う（会929）。

4　清算株式会社の機関

　株式会社が解散し，清算手続に入ると，営業活動を前提とする制度や規定は原則として適用されなくなります。このため，営業活動のために必要な会社の役員である代表取締役や取締役は存在意義を失う代わりに，清算事務を行う責任者である清算人（定款に定めた場合や監査役会設置会社の場合には清算人会）が清算の実務を行います。ただし，株主総会や監査役は営業活動を前提とする制度ではなく，監督機関として，清算株式会社にも存在します。

清算人

項　　目	関連する主要な規定
清算人の職務	清算株式会社は1人以上の清算人を置かなければなりません（会477①）。清算人は以下の職務を行います。 ① 　現務の結了（会481①一）－解散当時に継続中であった事務を完了し，取引関係を終了させることをいいます。 ② 　債権の取立て・債務の弁済（会481①二）－ **Q73** 参照 ③ 　残余財産の分配（会481①三，504）－ **Q74** 参照
清算人の業務執行	<u>原則</u> 　清算人が複数ある時は清算人の過半数をもって意思決定がなされます。 <u>例外</u> 　定款で別の定めをしたときは，この限りではありません（会482②）。
会社の代表	<u>原則</u> 　清算人は各自が清算株式会社を代表します（会483①，②）。 <u>例外</u> 　定款又は定款の定めによる互選，総会決議によって，代表清算人を定めることができます（会483③）。また，取締役が清算人となる場合（この場合「法定清算人」といいます）において，代表取締役を定めていたときは，

265

	その者が代表清算人となります（会483④）。また，裁判所が清算人を選任する場合，その清算人の中から代表清算人を裁判所が定めることができます（会483⑤）。
清算人の選任	原則 　清算人は基本的には解散時の取締役がそのまま就任します（会478①一）。会社の実情に最も詳しいからです。なお，この場合，委員会設置会社においては，監査委員以外の取締役が清算人となります（会478⑤）。 例外 　定款で清算人を定めている場合（会478①二）や総会決議により選任された場合（会478①三）には，その者も清算人になります。また，これらの規定によっても清算人となるものがいない場合には，利害関係人の申立てによって裁判所が選定します（会478②）。
清算人の解任	総会決議によって解任できます（会479①）。また，重要な事実があるときは，裁判所は一定の要件を満たす株主の申立てにより清算人を解任できます（会479②）。
清算人の任期	任期の定めはなく，定款又は総会の選任決議で特に定めがない限り，清算の結了までが任期となります。
清算人の責任	清算人は，その任務を怠ったときは，清算株式会社に対して損害賠償の責任を負います（会486）。また，その職務を行うにつき悪意又は重過失があったときは，第三者に対しても損害賠償責任を負います（会487）。さらに，他にも責任を負うべき清算人，監査役があるときは，連帯債務者とされます（会488）。

清算人会

項　　目	関連する主要な規定
清算人会を設置する場合	定款の定めによって清算人会を設置することができます（会477②）。また，監査役会を置く旨の定款の定めがある会社は清算人会を置かなければなりません（会477③）。
清算人会の職務	清算人会は，すべての清算人によって組織され（会489①），その会議により業務執行に関する会社の意思

決定を行うとともに，清算人の職務執行を監督する機関で，通常の株式会社の取締役会に相当します。具体的には以下のことを行います（会489②）。
① 清算人会設置会社の業務執行の意思決定及び清算人の職務の執行の監督
　・　清算人会は清算人会設置会社の業務執行の意思決定を行います。
　・　代表清算人又は清算人会が選定した業務執行清算人は，清算人会の意思決定に従って，清算人会設置会社の業務を執行します（489⑦）。なお，代表清算人は清算事務に関する一切の裁判上及び裁判外の行為をする権限を有します（会483⑥，349④，⑤）。
　・　清算人会は清算人会設置会社における清算人の職務の執行の監督を行います。
② 代表清算人の選定及び解職
　・　清算人会は，清算人の中から代表清算人を選定します（会489③）。通常は代表取締役が就任する場合が多いです（この場合「法定代表清算人」と呼びます）。
　・　清算人会は，その選定した代表清算人を解職することができます。ただし，裁判所が選定した代表清算人は解職できません（会489④，⑤）。

監査役，監査役会

項　　　目	関連する主要な規定
監査役，監査役会を設置する場合	定款の定めによって監査役又は監査役会を置くことができます（会477②）。ただし，清算開始原因が生じたときに公開会社又は会社法上の大会社であった清算株式会社は監査役を置かなければなりません（会477④）。また，清算開始時に公開会社又は会社法上の大会社で，委員会設置会社であった清算株式会社は，監査委員が監査役となります（会477⑤）。

株式会社の清算に関する規制及び規定の合理化

Q70

株式会社の清算に関する規制及び規定の合理化について説明してください。

A

●ポイント●

株式会社の清算手続は，会社法施行によって簡素化・明確化・迅速化が図られるようになりました。例えば，特別清算（**Q75**を参照）の場合を除いて，通常の清算手続においては旧商法が要求していたような裁判所の監督は要求されていません。あくまで法定の手続に則る必要がありますが，法定の範囲内では私的自治が認められているのです。この他にも様々な清算に関する規制及び規定の合理化が図られています。

1 株式会社の清算に関する規制及び規定の合理化の例

	合理化の内容
通常清算手続への裁判所の関与の廃止	会社法施行前は清算手続には裁判所の監督が必要とされていました。具体的には，解散事由，解散年月日，清算人の氏名・住所等の届出や財産目録・貸借対照表の提出等が要求されていました。 しかしながら，現行の会社法では，特別清算（**Q75**を参照）の場合を除いて，裁判所の監督は廃止されました。

268

清算株式会社の機関設計（特に清算人会、監査役）の合理化	会社法施行前は、清算人が複数人いる場合には清算人会及び監査役の設置を義務づけていました。しかしながら、現行の会社法では、定款の定めによって、清算人会、監査役又は監査役会を置くことができ（会477②）、また、監査役会を置く旨の定款の定めがある場合には、清算人会を置かなければならない（会477③）こととされたため、清算株式会社において、これらの機関の設置は原則任意となりました。また、清算株式会社には、1人又は2人以上の清算人を置かなければならないこととされ（会477①）、一人でも足りることが明確になりました。さらに、監査役についても公開会社・大会社以外の場合にはこれを不要とし（会477④）、監査役を置く場合でも任期制限をなくしました（会480②、336）。
債権者に対する債権申出のための官報公告回数の変更	会社法施行前は、債権者に対する債権申出のための官報公告を合計3回行うこととしていました。しかしながら、現行の会社法では、債権者に対する債権申出のための官報公告を1回で足りることとしました（会499①）。ただし、債権者保護のために債権申出期間として2か月以上を要する点は変更ありません。
決算公告の廃止	会社法施行前は、清算株式会社においても決算公告義務がありました。 しかしながら、現行の会社法では、清算株式会社における決算公告は廃止されました。清算株式会社の権利能力は清算の目的の範囲に限定され、営業活動をすることが想定されない以上、広く利害関係人に対し財務情報を開示するべき必要性が乏しいと考えられるためです。
弁済期前の債務の弁済及び中間利息に関する規定の廃止	会社法施行前は、清算中の会社が弁済期前の債務を弁済すること、及びその場合には法定利息を基準として計算した中間利息を控除することを認めていました。 しかしながら、現行の会社法では、これらの規定は廃止されました。弁済期前の債務を弁済することは、期限の利益の放棄として当然可能なことなので必要性が認められず、またその場合の中間利息の控除については、清算手続のように債務者の都合で早期に弁済する場合に認めるべきか疑問があり、また手続が煩雑であるためです。

金銭以外の財産による分配に関する規定の整備	会社法施行前は，換価されていない残余財産がある場合に，現物のまま分配してよいかにつき明文規定がありませんでした。清算段階に入ると換金が困難となる場合があるため，原則として残余財産の分配は金銭によるものとされ，現物による分配も可能と解釈されていましたが，総株主の同意が必要であるとされていました。しかし，会社の財産を継続して利用したい場合や，現物の換金が困難な場合に，総株主の同意を要したのでは迅速かつ低廉なコストで清算を行うことができませんでした。 　しかしながら，現行の会社法では，金銭以外の財産による分配が清算人の決定により可能であること，また分配を受けることができる残余財産に代えて，その価額に相当する金銭の分配を請求できることが明文化されました（会504①一，505）。
利益配当，自己株式の取得等に関する規定の整備	会社法施行前は，残余財産の分配については，清算株式会社の債務を弁済した後でなければ行うことができないこととなっており，同様に株主への金銭分配である利益配当や自己株式の取得について，清算中の株式会社において認められるかどうかが論点となっていました。 　しかしながら，現行の会社法では，残余財産の分配を除き，清算株式会社は利益配当，自己株式の取得その他株主に対する金銭の支払いをすることができないことが明文化されました（会509①二，②）。同様に，株主による株式買取請求も事業の全部の譲渡の場合以外はできないことや（会469①但書），分割会社となる人的分割及び完全子会社となる株式分割・株式移転が認められない（会509①三）ことが明文化されました。
清算結了後の帳簿資料の保存者選任手続の簡略化	会社法施行前は，清算人その他の利害関係人の請求により裁判所によって選任された者が，本店所在地における清算結了登記後10年間重要な資料（帳簿資料）を保存することになっていました。 　しかしながら，現行の会社法では，裁判所の関与がなくなったことに伴い，原則として清算人がその義務を負うこととしつつ，利害関係人からの申立てがあれば，裁判所が選任することに改め（会508），帳簿資料保存者選任申請手続を省略しています。

… 第7章 定款の変更,事業の譲渡等,解散・清算

清算中の株式会社の計算・公告

Q71

清算中の株式会社の計算・公告について説明してください。

A

> ●ポイント●
>
> 清算株式会社においては,事業年度開始の日から清算の開始原因発生(解散等)の日までを一事業年度とみなし,その後は,清算の開始原因発生(解散等)の日の翌日から1年ごとの期間を事業年度とすることになります(清算事務年度)。清算株式会社であっても貸借対照表及び事務報告並びにこれらの附属明細書を清算事務年度ごとに作成する必要がありますが,旧商法のもとで必要とされていた決算公告は現行の会社法では不要とされました。なお,清算株式会社は債権者に債務を弁済し残余財産を株主に分配することを目的にしているため,清算貸借対照表上の資産は実地棚卸による処分価値で評価されます。また,こうした清算事務年度ごとに作成が必要なものの他,清算開始原因発生時,清算事務終了時に作成が必要となる財務書類もあります。

清算株式会社において作成される財務書類には,以下のものがあります。

財務書類	関連する主要な規定
清算開始原因発生時における財産目録及び貸借対照表	作成 ・ 清算人は就任後遅滞なく,清算開始原因発生時における財産目録及び貸借対照表(財産目録等という)を作成しなければなりません(会492①)。

271

		承認 ・　財産目録等は，清算人会設置会社においては，清算人会の承認を受けなければなりません（会492②）。 ・　また，財産目録等は株主総会の承認を受けなければなりません（会492③）。 保存及び開示 ・　財産目録等は，その作成時から清算の結了の登記の時まで保存しなければなりません（会492④）。 ・　裁判所は，申立又は職権で，訴訟の当事者に対し，財産目録等の全部又は一部の提出を命令することができます（会493）。
	各清算事務年度における貸借対照表及び事務報告並びにこれらの附属明細書	清算事務年度 ・　事業年度開始の日から清算の開始原因発生（すなわち解散等）の日までを一事業年度とみなし，その後は，清算の開始原因発生の日の翌日から1年ごとの期間が清算事務年度となります（会494①）。 作成 ・　清算株式会社は，各清算事務年度の貸借対照表及び事務報告並びにこれらの附属明細書（貸借対照表等という）を作成しなければなりません（会494①）。 監査及び承認 ・　貸借対照表は定時株主総会の承認を受けなければならず，事務報告の内容は定時株主総会に報告されなければなりません（会497）。提出に当たって，監査役会の監査，清算人会の承認が必要な場合は，これらの監査，承認後の貸借対照表等を提出します（会495）。 保存，備置及び開示 ・　清算株式会社は，貸借対照表を作成した時からその本店の所在地における清算結了の登記の時までの間，当該貸借対照表及びその附属明細書を保存しなければなりません（会494③）。 ・　清算株式会社は，貸借対照表及びその附属明細書を，定時株主総会の日の1週間前の日からその本店の所在地における清算結了の登記の時までの間，その本店に備え置かなければなりません（会496①）。株主及び会社債権者は，清算株式会社の営業時間内はいつでも，

	貸借対照表の閲覧，謄本・抄本の交付等を請求できます（会496②）。さらに，清算株式会社の親会社社員は，その権利を行使するため必要があるときには，裁判所の許可を得て，清算株式会社の貸借対照表等の閲覧，謄本・抄本の交付等を請求できます（会496②）。 ・ 裁判所は，申立又は職権で，訴訟の当事者に対し，貸借対照表及びその附属明細書の提出を命ずることができます（会498）。 <u>決算公告</u> ・ 決算公告は現行の会社法のもとでは不要となりました（会509①二）。清算株式会社の権利能力は清算の目的の範囲に限定され，営業活動をすることが想定されない以上，広く利害関係人に対し財務情報を開示するべき必要性が乏しいと考えられるためです。 <u>資産評価基準</u> ・ 清算株式会社は，継続企業の前提がなく，清算貸借対照表上の資産は清算（処分）価値で評価されます。
清算事務終了時の決算報告	<u>作成</u> ・ 清算人は，清算事務が終了したときは遅滞なく，決算報告を作成しなければなりません（会507①）。 <u>承認</u> ・ 清算人会がある場合には清算人会の承認を受けた後（会507②），清算人は決算報告を株主総会に提出して，その承認を受けなければなりません（会507③）。 <u>帳簿資料の保存</u> ・ 清算結了の日から10年間，清算株式会社の帳簿，事業，清算に関する重要な資料（帳簿資料）を保存しなければなりません（会508①）。 ・ 帳簿資料は，通常清算人が保存しますが，利害関係人は清算人に代わって保存するべき者を裁判所に選任することを申し立てることができます（会508②）。

清算中の株式会社の債務の弁済

Q72

清算中の株式会社における債務の弁済について説明してください。

A

●ポイント●

清算株式会社は，清算開始後，遅滞なく，債権者に対してその債権を申し出るべきことを官報に公告し，かつ知れている債権者に対しては各別に催告しなければならないとされています。清算株式会社は，催告の期間内は，原則として債務の弁済をすることができません。また，清算株式会社は，債権者保護の観点から，その債務を弁済した後でなければ，その財産を株主に分配することができません。

1 債権者に対する公告等

債権者保護の観点から，清算株式会社は，清算開始の後，遅滞なく，債権者に対して一定の期間内にその債権を申し出るべき旨を官報に公告し，かつ知れている債権者に対しては各別に催告しなければならないとされています。この一定の期間（債権申出期間）は，2か月を下ることができません（会499①）。また，公告に当たっては，当該期間内に申出をしないときは，清算から除斥される旨を付記しなければなりません（会499②）。清算株式会社に債権の申出をしなかった債権者は，清算から除外され，分配されていない残余財産に対してのみ，弁済を請求することができることになります（会503）。

2　債務の弁済期限

　清算株式会社は、催告の期間内は、債務の弁済をすることができません（会500①）。抜け駆け的な債務の弁済を防止して、債権者間の公平を図るためです。ただし、裁判所の許可のもと、少額の債権、清算株式会社の財産につき担保権によって担保される債権、そのほかこれを弁済してもほかの債権者を害するおそれのない債権に係る債務の弁済をすることはできます（会500②）。この場合、清算株式会社の債務は、履行遅滞になる可能性もありますが、債務弁済期間内に弁済期が到来した債権又は既に到来済みの債権について、債務弁済禁止の規定を理由に、債務不履行によって生じた損害の責任を免れることはできないとされています（会500①）。

3　条件付債権

　債務の弁済に当たって、条件付債権、存続期間が不確定な債権、その他その額が不確定な債権に係る債務を弁済する場合には、裁判所に対し鑑定人の選任を申し立て、その鑑定人の評価にしたがって弁済しなければなりません。なお、この場合、鑑定人の選任等の費用は清算株式会社の負担とされます（会501）。

4　債務の弁済と残余財産の分配の関係

　清算株式会社は、債権者保護の観点から、当該清算株式会社の債務を弁済した後でなければ、その財産を株主に分配することができません（会502本文）。これは、株主は会社の所有者であり、最終的な責任を負わなければならない立場にある以上、会社債権者の保護が優先されるべきだからです。ただし、その存否又は額について争いのある債権に係る債務について、その弁済をするために必要と認められる財産を留保した場合には、分配することができます（会502但書）。

清算中の株式会社の残余財産の分配

Q73

清算中の株式会社の残余財産の分配について説明してください。

A

> ●ポイント●
>
> 清算人（清算人会設置会社においては清算人会）は，残余財産の種類，株主に対する残余財産の割当てに関する事項を決定します。現行の会社法では，簡易・迅速かつ低コストな清算手続の実現のため，残余財産の分配に関する規定が整備されました。

清算人（清算人会設置会社においては清算人会）は，①残余財産の種類及び②株主に対する残余財産の割当てに関する事項を決定しなければなりません（会504①）。

残余財産の種類

項　　目	関連する主要な規定
現物による残余財産の分配	旧商法のもとでは，清算株式会社による残余財産の分配は金銭分配が原則と解釈されてきました。しかし，現在の会社法では，清算人の決定をもって現物による残余財産の分配を行うことが可能になりました（会504①一）。
株主の金銭分配請求権	金銭以外の財産による分配が清算人の決定により可能である反面，株主は金銭以外の残余財産について，金銭分配請求権を有します（会505）。すなわち当該財産を金銭に変換して，その分配を求めることができます。 清算人はこの場合には，次の事項を決定し（会505①），金銭分配請求権行使期間末日の20日前までに株主に対

	して通知しなければなりません（会505②）。 ・　金銭分配請求権を行使できる期間 ・　一定の数未満の株式（基準未満株式）を有する株主に対して，残余財産の分配をしない時にはその旨及びその数（ただし，この場合には，基準株式数の株式を有する株主が割当てを受けた残余財産の価額に，当該基準未満株式の数の基準株式数に対する割合を乗じて得た額に相当する金銭を支払うことになります（会506））。
残余財産の価格の決定	<u>市場価格のある財産</u> 　市場価格（法務省令で定める方法により算出） <u>市場価格のない財産</u> 　清算株式会社の申立てにより裁判所が定める額

株主に対する残余財産の割当てに関する事項

項　　目	関連する主要な規定
残余財産の割当方法	<u>原則</u> 　各株主の有する株式数に応じてなされます（会504③）。 <u>例外</u> 　残余財産の分配につき，内容の異なる2以上の種類の株式を発行しているときは，当該種類の内容に応じて，清算人（清算人会）は次の事項を決定することができます（会504②）。 ・　ある種類株式の株主に対して，残余財産の割当てをしないときは，その旨，当該株式の種類 ・　残余財産の割当てにつき株式ごとに異なる取扱いを行うときは，その旨，当該異なる取扱いの内容
数による平等	ある種類株式の株主に対して，残余財産の割当てをしないという決定があった部分を除いて，残余財産の割当ては，各株主の有する株式数に応じてなされます。 　また，残余財産の割当てにつき株式ごとに異なる取扱いがある場合には，各種類の株式数に応じてなされます。

《参考文献》

「実務家のための新会社法」長谷一雄，森好伸著　株式会社九天社　平成17年
「新会社法で変わった会社のしくみ」佐藤彰紘著　日本法令　平成17年

特別清算手続

Q74

特別清算手続について説明してください。

A

> ●ポイント●
>
> 　特別清算手続は，破産に代わり株式会社を法的手続によって簡易迅速に清算することが可能となる手続です。また，特別清算開始の申立時，及び特別清算に係る協定の認可決定時に税務上のメリットがあることから，親会社が経営不振の子会社を整理する場合にも利用されます。

1　特別清算手続とは

　会社の清算手続には，通常清算手続と特別清算手続があります。
　特別清算手続とは，解散後清算中の株式会社について，清算の遂行に著しい支障を来す事情がある場合や，会社に債務超過の疑いがある場合に，債権者，清算人，監査役，株主の申立てにより，裁判所が会社に命じて開始され，裁判所の監督のもとに行われる特別の清算手続を指します（会510，511）。

2　特別清算手続の利用目的

　特別清算手続を利用することにより，破産に代わり株式会社を法的手続によって簡易迅速に清算することが可能となります。また，特別清算開始の申立てが行われた場合には，個別評価金銭債権の額の50％に相当する金額を税務上損金処理することができるほか，特別清算に係る協定の認可決定が行われた場合には，弁済を猶予された金額を税務上損金処理することができます（法令96①）。したがって，親会社が経営不振の子会社を整理する場合にも利用されます。

3　特別清算手続の申立て

(1)　特別清算手続の申立人は，債権者，清算人，監査役，株主です。なお，債務超過の疑いがある場合には，清算人は特別清算開始の申立義務を負います（会511）。

(2)　債権者又は株主が特別清算開始の申立てを行う場合，特別清算開始の原因となる事実を疎明しなければなりません（会888①）。また，債権者が特別清算開始の申立てを行う場合には，自己の債権の存在も疎明する必要があります（会888②）。

(3)　特別清算開始の申立てをする場合，申立人は，特別清算の手続の費用として裁判所の定める金額を予納しなければなりません（会888③）。

(4)　管轄裁判所は，原則として，株式会社の本店の所在地を管轄する地方裁判所となります（会868①）。親子会社の場合，子会社についての管轄は，親会社につき特別清算手続が係属している地方裁判所にも認められます（会879）。

4　特別清算開始の命令

　裁判所は，特別清算開始の申立てが行われ，特別清算開始の原因となる事由，すなわち清算の遂行に著しい支障を来す事情がある場合や，会社に債務超過の疑いがある場合には，特別清算開始の命令を行います。ただし，次のいずれかに該当する場合を除きます（会514）。

(1)　特別清算の手続の費用の予納がない場合

(2) 特別清算によっても清算を結了する見込みがないことが明らかである場合
(3) 特別清算によることが債権者の一般の利益に反することが明らかである場合
(4) 不当な目的で特別清算開始の申立てがされた場合，その他申立てが誠実にされたものでない場合

　なお，特別清算開始の命令に不服がある場合には，清算株式会社に限り，即時抗告をすることができます。また，特別清算開始の申立てを却下した裁判に不服がある場合には，申立人に限り，即時抗告をすることができます（会890④，⑤）。

5　特別清算手続の開始

(1) 特別清算開始の命令があった場合，清算株式会社の清算は，裁判所が監督を行います（会519）。
(2) 特別清算開始の命令があった場合，清算株式会社は，財産目録等を株主総会に提出し，その承認後遅滞なく，財産目録等を裁判所に提出しなければなりません。ただし，財産目録等が電磁的記録をもって作成されている場合には，当該電磁的記録に記録された事項を記載した書面を裁判所に提出しなければなりません（会492③，521）。
(3) 特別清算開始の命令があった場合，清算人が清算株式会社の財産の現況についての調査を実施して財産目録等を作成したときは，清算株式会社は，遅滞なく，債権者集会を招集し，当該債権者集会に対して，清算株式会社の業務及び財産の状況の調査の結果並びに財産目録等の要旨を報告するとともに，清算の実行の方針及び見込みに関して意見を述べなければなりません。

　ただし，債権者集会に対する報告及び意見の陳述以外の方法によりその報告すべき事項及び当該意見の内容を債権者に周知させることが適当であると認める場合（例えば，親会社のみが債権者である場合等）には，この限りではありません（会562）。
(4) 清算株式会社は，債権者集会に対し，協定の申出をすることができます（会563）。協定においては，協定債権者の権利の全部又は一部の変更に関する条項を定めなければなりません。

なお，協定債権者の権利の全部又は一部を変更する条項においては，債務の減免，期限の猶予その他の権利の変更の一般的基準を定めなければなりません（会564）。
(5) 清算株式会社は，協定を可決するため，再度債権者集会を招集します。その際の可決の要件は，出席した議決権者の過半数の同意，かつ議決権者の議決権の総額の3分の2以上の議決権を有する者の同意です（会567）。しかし，協定が否決され，清算株式会社に破産手続開始の原因となる事実があると認める場合には，裁判所は破産法に従い，破産手続開始の決定をすることができます（会574②一）。
(6) 協定が可決された場合には，清算株式会社は，遅滞なく，裁判所に対し，協定の認可の申立てをしなければならず（会568），裁判所は，協定の認可の決定をします（会569①）。
　　ただし，次の場合には，協定の不認可の決定をします（会569②）。また，協定の実行の見込みがなく，清算株式会社に破産手続開始の原因となる事実があると認める場合には，裁判所は破産法に従い，破産手続開始の決定をすることができます（会574①二）。
　① 特別清算の手続又は協定が法律の規定に違反し，かつ，その不備を補正することができないものであるとき。ただし，特別清算の手続が法律の規定に違反する場合において，当該違反の程度が軽微である場合を除く。
　② 協定が遂行される見込みがないとき。
　③ 協定が不正の方法によって成立するに至ったとき。
　④ 協定が債権者の一般の利益に反するとき。
(7) 協定は，認可の決定の確定によって効力が生じ（会570），清算株式会社及びすべての協定債権者のために，それらの者に対して効力を有します（会571①）。なお，協定は，債権者が有する担保権，協定債権者が清算株式会社の保証人その他清算株式会社とともに債務を負担する者に対して有する権利及び清算株式会社以外の者が協定債権者のために提供した担保には影響しません（会571②）。

6 清算株式会社の行為制限

　特別清算開始の命令があった場合には，清算株式会社が次に掲げる行為をする場合，裁判所の許可が必要となります。（会535，536）。

(1) 財産の処分（会536①各号に掲げる行為を除く。）
(2) 借　　財
(3) 訴えの提起
(4) 和解又は仲裁合意（仲裁法（平成15年法律第138号）第2条第1項に規定する仲裁合意）
(5) 権利の放棄
(6) その他裁判所の指定する行為
(7) 事業の全部の譲渡
(8) 事業の重要な一部の譲渡（当該譲渡により譲り渡す資産の帳簿価額が当該清算株式会社の総資産額の5分の1（これを下回る割合を定款で定めた場合には当該割合）を超えないものを除く。）

7 特別清算の終了

　裁判所は，特別清算が結了したとき，又は特別清算の必要がなくなったときに清算人，監査役，債権者，株主又は調査委員の申立てにより，特別清算終結の決定をします（会573）。

第8章

持分会社

合同会社の概要

Q75

合同会社の概要について説明してください。

A

●ポイント●

　合同会社とは，平成18年5月1日施行の会社法により新しく設けられた会社形態です。合同会社は株式会社と同様に，社員はすべて会社債務に対し有限責任しか負わないとされる一方，同じ持分会社である合名会社，合資会社と同様に広く定款自治が認められています。

1　持分会社としての特徴

　会社法では，以下のとおり会社を株式会社と持分会社に分類し，更に持分会社を合名会社，合資会社，合同会社に分類しています。

＜会社法における会社分類＞

```
              ┌── 株式会社
              │              ┌── 合名会社
   会　社 ────┤              │
              │              │
              └── 持分会社 ──┼── 合資会社
                             │
                             └── 合同会社
```

株式会社は，会社の経営が出資者である株主ではない第三者に委任され，出資者の個性が経営に影響を与えません（所有と経営の分離）。

これに対し，持分会社は，出資者自らが経営を行い，出資者の個性が経営に影響を与え，定款による自由な会社運営が認められており，いわゆる人的会社と呼ばれます（所有と経営の一致）。

持分会社には，合名会社，合資会社，合同会社があり，この内合同会社は会社法により新設された会社形態です（会575）。

2　合同会社としての特徴

合同会社は，対社内的には構成員が合意することを前提とした組合的な規律に服します。対社外的には出資者である社員全員が出資額を限度とした責任しか負わない間接有限責任という特徴があります。

合同会社は，LLC（Limited Liability Company）と呼ばれることがありますが，日本の合同会社は米国のLLCとは異なり構成員課税が認められていません。

構成員課税とは，会計主体である組合単位での課税がなく，その構成員である出資者の所得と会計主体である組合における出資者の持分に応じた所得を通算できる課税方式であり，パススルー課税とも呼ばれています。

3　合同会社が新設された趣旨

株式会社では，出資者である株主は出資額を限度とした責任しか負わないという長所があるものの，株主を，その有する株式の内容及び数に応じて，平等に取り扱わなければならず（会109），また，機関設計については取締役や監査役，会計監査人等（監査役や会計監査人は設置しないことも可能）の設置が強制されるため，機動的な会社運営が困難となる場合があります。

これに対し，合名会社や合資会社のような人的に繋がりの強い会社は，内部組織について広く定款自治が認められており，どのような機関設計にするかや，利益配分についても自由に決定できるものの，出資者は無限責任を負うものとされ，資金調達が困難となる場合があります。

合同会社は，出資額を限度とした責任しか負わないという株式会社における長所を持ちながら，合名会社や合資会社のように広く定款自治が認められてい

るという長所も併せ持っています。すなわち，株式会社や，合名会社・合資会社の短所を解消するために新設された会社形態といえます。

なお，広く定款自治が認められている状態とは，会社の重要なルールである定款を出資者が自由に設定することができ，より各社にあった会社運営が可能となる状態のことです。例えば，資金があまりない社員でも高い技術を持っている社員に多く配当することも可能となります。

4　有限責任事業組合との異同

合同会社と比較されるものに有限責任事業組合があります。有限責任事業組合はLLP（Limited Liability Partnership）とも呼ばれます。合同会社も有限責任事業組合も組合的な規律が適用され，定款又は組合契約の変更等については原則として全員一致で決定されるという点，出資者が出資額を限度とした責任しか負わない点，広く定款又は組合契約による自治が認められている点等の共通点があります。

相違点としては，合同会社は会社法に基づく組織であるのに対し，有限責任事業組合は有限責任事業組合契約に関する法律に基づく組織である点，合同会社は法人格がありますが，有限責任事業組合には法人格がない点，合同会社は法人税が課されるのに対し，有限責任事業組合はパススルー課税が認められている点，合同会社では業務執行を行わない社員がいることも可能ですが，有限責任事業組合では出資者全員が何らかの業務執行に参加する必要がある点，さらに，合同会社は構成員1名でも存続できますが，有限責任事業組合は存続できない点等があげられます。

＜株式会社・合同会社・有限責任事業組合の異同点＞

異同点	株式会社	合同会社	有限責任事業組合
法律	会社法	会社法	有限責任事業組合契約に関する法律
機関設計	一定の機関を設置しなければならない	広く定款自治が認められている	広く組合契約による自治が認められている

剰余金の配当	株式数に応じて実施（会105①一）	広く定款自治が認められている	広く組合契約による自治が認められている
法人格	法人格あり	法人格あり	組合契約であり法人格はない
課税	法人税が課税される	法人税が課税される	法人税は課税されずパススルー課税
出資者の責任	有限責任	有限責任	有限責任
構成員	株主が1名でも存続可能	出資者が1名でも存続可能	複数名の出資者が必要
業務執行	所有と経営が分離している	業務執行に関わらない社員がいてもよい	出資者全員が何らかの業務執行に参加しなければならない
組織再編	合併等の組織再編可能	合併等の組織再編可能	不可能

持分会社の設立

Q76

持分会社の設立について説明してください。

A

●ポイント●

持分会社では，社員となろうとする者が定款を作成し，その全員がこれに署名し，又は記名押印し，会社法第576条所定の記載事項等を記載又は記録した上で，本店の所在地において設立の登記をすることにより成立します。

1 持分会社の設立手続

持分会社を設立するには、その社員になろうとする者が定款を作成し、その全員がこれに署名し、又は記名押印しなければなりません。

なお、定款は、電磁的記録により作成することもできます。この場合には、電磁的記録に記録された情報については、法務省令で定める署名又は記名押印に代わる措置をとらなければなりません（会575）。

持分会社の定款については、 **Q78** にて記述しています。

合同会社を設立する場合、社員になろうとする者は、定款の作成後、合同会社の設立登記をする時までに、その出資に係る金銭の全額を払い込み、又はその出資に係る金銭以外の財産の全部を給付しなければなりません。

ただし、合同会社の社員になろうとする者全員の同意がある場合には、登記、登録その他権利の設定又は移転を第三者に対抗するために必要な行為は、合同会社の成立後でも可能です（会578）。

持分会社は、その本店の所在地において設立登記をすることによって成立します（会579）。

2 持分会社の設立の取消しの訴え

下記(1)、(2)に定める者は、持分会社の成立の日から2年以内に、訴えをもって持分会社の設立の取消しを請求することができます（会832）。

(1) 社員が民法その他の法律の規定により設立に係る意思表示を取り消すことができるときの当該社員

(2) 社員がその債権者を害することを知って持分会社を設立したときの当該債権者

設立に係る意思表示を取り消すことができる社員による、持分会社の設立の取消しの訴えは、持分会社が被告となります（会834十八）。

一方、債権者による、持分会社の設立の取消しの訴えは、持分会社及びその債権者を害することを知って設立した社員が被告となります（会834十九）。

持分会社の社員

Q77

持分会社の社員について説明してください。

A

●ポイント●

持分会社の社員は，自然人も法人も，無限責任社員にも有限責任社員にも成ることができます。合名会社は全員が無限責任社員，合資会社は無限責任社員と有限責任社員，合同会社は全員が有限責任社員となっております。

1 社員の責任

　合名会社の社員は全員が無限責任社員，合資会社の社員は一部が無限責任社員でその他が有限責任社員，合同会社の社員は全員が有限責任社員です（会576②～④）。

合名会社	無限責任社員
合資会社	
合同会社	有限責任社員

　持分会社の社員は，持分会社の財産によってその債務を完済することができない場合，又は持分会社の財産に対する強制執行が効を奏しなかった場合には，連帯して持分会社の債務を弁済する責任を負います（会580①）。
　ただし，無限責任社員が限度なく責任を負うのに対し，有限責任社員は，出

資額を限度として持分会社の債務を弁済する責任を負います（会580②）。

　社員が，持分会社の債務を弁済する責任を負う場合，社員は，持分会社が主張することができる抗弁をもって持分会社の債権者に対抗できます（会581①）。

　この場合において，持分会社がその債権者に対して相殺権，取消権又は解除権を有する場合には，社員は，当該債権者に対する債務の履行を拒否することができます（会581②）。

　有限責任社員が無限責任社員となった場合，当該社員が無限責任社員となる前に生じた持分会社の債務についても，無限責任社員として弁済する責任を負います（会583①）。

　有限責任社員（合同会社の社員を除く。）が出資額を減少した場合でも，当該社員は，その旨の登記をする前に生じた持分会社の債務については，減少する前の出資額の範囲内で弁済する責任を負います（会583②）。しかし，この責任は登記後2年以内に請求又は請求の予告をしない債権者に対しては，登記後2年を経過した時に消滅します（会583④）。

　無限責任社員が有限責任社員となった場合，当該社員は，その旨の登記をする前に生じた持分会社の債務については，無限責任社員として弁済する責任を負います（会583③）。しかし，この責任も登記後2年以内に請求又は請求の予告をしない債権者に対しては，登記後2年を経過した時に消滅します（会583④）。

　合資会社の有限責任社員が，自己を無限責任社員であると相手に誤認させるような行為をした場合，当該有限責任社員は，その誤認に基づいて合資会社と取引をした者に対して，無限責任社員と同一の責任を負います（会588①）。

　また，合資会社又は合同会社の有限責任社員が，その責任の限度を相手に誤認させるような行為をした場合，当該有限責任社員は，その誤認に基づいて合資会社又は合同会社と取引をした者に対して，その誤認させた責任の範囲内で当該合資会社又は合同会社の債務を弁済する責任を負います（会588②）。

2　持分の譲渡

　社員は，他の社員全員の承諾がなければ，持分の全部又は一部を他人に譲渡することができません（会585①）。ただし，業務を執行しない有限責任社員は，

業務を執行する社員全員の承諾がある場合には，持分の全部又は一部を他人に譲渡することができます（会585②）。

また，持分会社は，その持分の全部又は一部を譲り受けることができません（会587）。

3 業務執行社員の権利義務

(1) 業務執行社員は，善管注意義務及び忠実義務を負います（会593）。
(2) 業務執行社員は，競業避止義務を負います。ただし，定款の定めにより免除することもできます（会594）。
(3) 業務執行社員は，利益相反取引の制限を受けます。ただし，定款の定めにより免除することもできます（会595）。
(4) 業務執行社員は，その任務懈怠により，持分会社に対し連帯して，損害賠償責任を負います（会596）。
(5) 業務執行有限責任社員がその職務を行うについて悪意・重過失があったときは，当該有限責任社員は，連帯して，第三者に対し損害賠償責任を負います（会597）。
(6) 業務執行社員は，持分会社を代表します。ただし，他に持分会社を代表する社員その他持分会社を代表する者を定めた場合は，その定めた者が持分会社を代表します（会599）。
(7) 持分会社は，持分会社を代表する社員その他の代表者がその職務を行うことについて第三者に加えた損害を賠償する責任を負います（会600）。
(8) 持分会社が社員に対し，又は社員が持分会社に対して訴えを提起する場合，当該訴えについて持分会社を代表する者がいないときは，当該社員以外の社員の過半数をもって，持分会社を代表する者を定めることができます（会601）。
(9) 社員が持分会社に対して社員の責任を追及する訴えの提起を請求した場合，持分会社が当該請求の日から60日以内に当該訴えを提起しないときは，当該請求をした社員は，当該訴えについて持分会社を代表することができます（会602）。

4　法人が業務を執行する社員である場合の特則

　法人が業務執行社員である場合には，当該法人は，当該業務執行社員の職務を行うべき者を選任し，他の社員に通知しなければなりません（会598）。

5　社員の加入

(1)　持分会社は，新たに社員を加入させることができます。その効力は，当該社員に係る定款の変更をした時に発生します。また，合同会社の場合には，新たに社員となろうとする者が定款の変更をした時にその出資に係る払込み又は給付の全部又は一部を履行していないときは，当該払込み又は給付を完了した時に，合同会社の社員となります（会604）。

(2)　持分会社の成立後に加入した社員は，その加入前に生じた持分会社の債務についても，弁済する責任を負います（会605）。

6　社員の退社

(1)　持分会社の存続期間を定款で定めなかった場合又はある社員の終身の間持分会社が存続することを定款で定めた場合には，各社員は，6か月前までに退社の予告をすれば，事業年度の終了の時において退社できます。しかし，やむを得ない事由がある場合には，いつでも退社することができます（会606）。

(2)　社員は，次に掲げる事由が発生した場合には退社となります。ただし，⑤〜⑦の事由の全部又は一部によっては退社しない旨を定めることができます（会607）。

　①　定款で定めた事由の発生
　②　総社員の同意
　③　死　　亡
　④　合併（合併により当該法人である社員が消滅する場合に限る。）
　⑤　破産手続開始の決定
　⑥　解　　散
　⑦　後見開始の審判を受けたこと

⑧ 除　　名
(3) 退社した社員は，その登記をする前に生じた持分会社の債務について，従前の責任の範囲内で弁済する責任を負います（会612）。

持分会社の定款

Q78

持分会社の定款について説明してください。

A

> ●ポイント●
>
> 　持分会社の定款には，以下の事項を記載し，又は記録しなければなりません（会576）。
> 　1．目　　的
> 　2．商　　号
> 　3．本店の所在地
> 　4．社員の氏名又は名称及び住所
> 　5．社員が無限責任社員又は有限責任社員のいずれであるかの別
> 　6．社員の出資の目的及びその価額又は評価の標準

1　定款の作成（社員全員）

　持分会社では，社員になろうとする者が定款を作成し，社員全員が署名，又は記名押印しなければなりません（会575①）。

2 絶対的記載事項

持分会社の定款には，以下(1)～(6)の事項を記載し，又は記録しなければなりません。なお，下記(5)について，合名会社の場合には社員全員を無限責任社員とする旨を，合資会社の場合には社員の一部を無限責任社員としその他の社員を有限責任社員とする旨を，合同会社の場合には社員全員を有限責任社員とする旨を記載又は記録しなければなりません（会576）。

(1) 目　　　的
(2) 商　　　号
(3) 本店の所在地
(4) 社員の氏名又は名称及び住所
(5) 社員が無限責任社員又は有限責任社員のいずれであるかの別
(6) 社員の出資の目的（有限責任社員にあっては，金銭等に限る。）及びその価額又は評価の標準

上記に規定する以外に，持分会社の定款には，会社法の規定により定款の定めがなければその効力を生じない事項及びその他の事項で会社法の規定に違反しないものを記載又は記録することができます（会577）。

3 定款変更

持分会社は，定款に別段の定めがある場合を除き，総社員の同意によって，定款の変更をすることができます（会637）。

4 定款の変更による持分会社の種類変更

合名会社は，以下の定款変更をすることにより，他の種類の持分会社となります（会638①）。

(1) 有限責任社員を加入させる定款の変更

合名会社　➡　合資会社

(2) その社員の一部を有限責任社員とする定款の変更

合名会社　➡　合資会社

(3) その社員の全部を有限責任社員とする定款の変更

合名会社　➡　合同会社

　合資会社は，以下の定款変更をすることにより，他の種類の持分会社となります（会638②）。

(1) その社員の全部を無限責任社員とする定款の変更

合資会社　➡　合名会社

(2) その社員の全部を有限責任社員とする定款の変更

合資会社　➡　合同会社

　合同会社は，以下の定款変更をすることにより，他の種類の持分会社となります（会638③）。

(1) その社員の全部を無限責任社員とする定款の変更

合同会社　➡　合名会社

(2) 無限責任社員を加入させる定款の変更

合同会社　➡　合資会社

(3) その社員の一部を無限責任社員とする定款の変更

合同会社　➡　合資会社

5　合資会社の社員の退社による定款のみなし変更

　合資会社の有限責任社員が退社したことにより，無限責任社員のみとなった場合，当該合資会社は，合名会社となる定款変更をしたものとみなされます（会639①）。

合資会社の無限責任社員が退社したことにより，有限責任社員のみとなった場合，当該合資会社は，合同会社となる定款変更をしたものとみなされます（会639②）。

業務執行と社員の責任

Q79

持分会社における業務執行と社員の責任について説明してください。

A

●ポイント●

持分会社の社員は原則として業務執行権を有し，株式会社の取締役と同様，善管注意義務，忠実義務，競業避止義務，利益相反取引の制限の義務等を負います。ただし，定款の定めにより業務執行権を特定の社員に付与することができます。

1 業務執行社員

持分会社の社員は，原則として会社の業務執行権を有します（会590①）。社員が2人以上いる場合には，持分会社の業務は，定款に別段の定めがある場合を除いて，社員の過半数をもって決定します（会590②）。

定款によって業務執行権を特定の社員のみに付与することもできますが（会590①），このとき業務執行社員が2人以上いる場合には，持分会社の業務は，定款に別段の定めがある場合を除いて，業務執行社員の過半数をもって決定します（会591①）。

2　業務及び財産状況に関する調査

　上記のように定款によって業務執行社員を定めた場合であっても，各社員はその業務及び財産の状況を調査することができます（会592①）。これを定款で別段の定めをすることもできますが，定款によっても，事業年度終了時又は重要な事由があるときの各社員の調査権限を制限することができません（会592②）。

3　善管注意義務・忠実義務

　持分会社の業務執行社員は，株式会社の取締役同様，善良なる管理者の注意をもってその職務を行う義務を負い，また法令及び定款を遵守し持分会社のために忠実にその職務を行う義務を負うことになります（会593①，②）。

　また，業務を執行する社員は，持分会社又は他の社員の請求があるときは，いつでもその職務の執行の状況を報告し，その職務が終了した後は，遅滞なくその経過及び結果を報告する必要があります（会593③）。

4　競業避止義務

　業務執行社員は，当該社員以外の社員の「全員」の承認を受けなければ，定款に別段の定めがある場合を除いて，以下の行為をすることができません（会594①）。

(1)　自己又は第三者のために持分会社の事業の部類に属する取引をすること
(2)　持分会社の事業と同種の事業を目的とする会社の取締役，執行役又は業務を執行する社員となること

5　利益相反取引の制限

　業務執行社員は，以下の場合には，定款に別段の定めがある場合を除いて，当該社員以外の社員の「過半数」の承認を受けなければなりません（会595）。

(1)　業務執行社員が自己又は第三者のために持分会社と取引をしようとするとき
(2)　持分会社が業務を執行する社員の債務を保証することその他社員でない

者との間において持分会社と当該社員との利益が相反する取引をしようとするとき

6　持分会社及び第三者に対する損害賠償責任

業務執行社員は，その任務を怠った場合には，持分会社に対し連帯してこれによって生じた損害を賠償する責任を負います（会596）。また，業務執行を行う有限責任社員がその職務を行うについて悪意又は重大な過失があったときには，当該有限責任社員は連帯してこれによって第三者に生じた損害を賠償する責任を負います（会597）。

7　誤認行為の責任

合資会社の有限責任社員が自己を無限責任社員であると誤認させる行為をしたときは，当該有限責任社員はその誤認に基づいて合資会社と取引をした者に対し，無限責任社員と同一の責任を負うことになります（会588①）。

また，合資会社又は合同会社の有限責任社員がその責任の限度を誤認させる行為（上記の行為を除く。）をしたときは，当該有限責任社員は，その誤認に基づいて合資会社又は合同会社と取引をした者に対し，その誤認させた責任の範囲内で当該合資会社又は合同会社の債務を弁済する責任を負うことになります（会588②）。

8　持分会社を代表する社員等の行為についての持分会社の損害賠償責任

持分会社は，持分会社を代表する社員その他の代表者がその職務を行うについて第三者に加えた損害を賠償する責任を負います（会600）。

9　持分会社と社員との間の訴えにおける会社の代表

持分会社が社員に対し，又は社員が持分会社に対して訴えを提起する場合において，当該訴えについて持分会社を代表する者（当該社員を除く。）が存在しないときは，当該社員以外の社員の過半数をもって，当該訴えについて持分会社を代表する者を定めることができます（会601）。

また，社員が持分会社に対して社員の責任を追及する訴えの提起を請求した場合において，持分会社が当該請求の日から60日以内に当該訴えを提起しないときは，当該請求をした社員は，当該訴えについて持分会社を代表することができます。ただし，当該訴えが当該社員若しくは第三者の不正な利益を図り又は当該持分会社に損害を加えることを目的とする場合は，この限りではありません（会602）。

持分会社の会計帳簿・計算書類の規定

Q80

持分会社の会計帳簿・計算書類の規定について説明してください。

A

●ポイント●

持分会社であっても，一般に公正妥当と認められる企業会計の慣行に従い，会計帳簿及び計算書類を作成・保存することが求められています。

1 会計の原則

持分会社は，株式会社同様，一般に公正妥当と認められる企業会計の慣行に従うこととされています（会614）。

2 会計帳簿

持分会社は，会社計算規則等に従い，適時に，正確な会計帳簿を作成する必要があります（会615①）。

また，持分会社は，会計帳簿の閉鎖の時から10年間，その会計帳簿及びその事業に関する重要な資料を保存しておく必要があります（会615②）。

　さらに，裁判所は申立てにより又は職権で，訴訟の当事者に対し，会計帳簿の全部又は一部の提出を命ずることができます（会616）。

　以上の点，株式会社と同様の規定となっています（会431，432，434）。

3　計算書類

　持分会社は，会社計算規則等に従い，その会社成立の日における貸借対照表を作成する必要があります（会617①）。また，各事業年度に係る計算書類（貸借対照表その他持分会社の財産の状況を示すために必要かつ適切なものとして会社計算規則等で定めるもの）を作成する必要があります（会617②）。

　計算書類は電磁的記録をもって作成することができ（会617③），また，計算書類は作成したときから10年間保存する必要があります（会617④）。

作成すべき計算書類（会617，計規70，71①）

	必ず作成	任意作成
合名会社，合資会社	貸借対照表	損益計算書 社員資本等変動計算書 個別注記表の全部又は一部
合同会社	貸借対照表 損益計算書 社員資本等変動計算書 個別注記表	－

4　計算書類等の閲覧

　持分会社の社員は，原則として，当該持分会社の営業時間内は，いつでも，計算書類の閲覧や謄写を会社に請求することができます（会618①）。これにつき定款で別段の定めをすることができますが，その場合でも事業年度終了時に社員からの閲覧や謄写の請求を妨げることはできません（会618②）。

5　計算書類等の閲覧命令

　裁判所は，申立てにより又は職権で，訴訟の当事者に対し，計算書類の全部又は一部の提出を命ずることができます（会619）。

6　合同会社の計算等に関する特則

　持分会社のうち合同会社は，有限責任社員のみから構成されるため，債権者保護の観点から特則が設けられており，合名会社・合資会社と合同会社で異なる扱いが以下のように定められています。

	合名会社・合資会社	合同会社
会社債権者の書類閲覧請求権	なし。	債権者に計算書類の閲覧請求権が認められる（会625）。
資本金の減少	損失補てんのために資本金の額を減少させることができる（会620）。	損失補てんのほか，出資等を払い戻すために資本金の額を減少させることができる（会626）。また，債権者保護手続が定められており，債権者が異議を述べることができる（会627）。
利益の配当	社員は，持分会社に対して，利益の配当を請求できる（会621①）。	配当額が配当日の利益額を超える場合には，配当できない（会628）。
出資の払戻し	社員は，持分会社に対して出資の払戻しを請求できる（会624）。	定款を変更してその出資の価額を減少させる場合についてのみ出資の払戻しを請求できるが，払戻し額に制限がある（会632）。また，社員の退社に伴う剰余金額を超過する払戻しの場合には，債権者保護手続が定められており，債権者が異議を述べることができる（会635）。

利益の配当

Q81

持分会社における利益の配当について説明してください。

A

●ポイント●

持分会社は株式会社と違い，運営について会社の自治が広く認められていることから，原則として利益の配当に関する事項について定款で自由に定めることができます。ただし，有限責任社員だけで構成される合同会社については，債権者保護の観点から利益の配当につき制限が定められています。

1 利益の配当

社員は，持分会社に対し，利益の配当を請求することができ，また，持分会社は，利益の配当を請求する方法その他の利益の配当に関する事項を定款で定めることができます（会621①，②）。

2 社員の損益分配の割合

損益分配の割合について定款の定めがないときは，その割合は，各社員の出資の価額に応じて，つまり持分割合によって決定されます（会622①）。また，利益又は損失の一方についてのみ分配の割合についての定めを定款で定めたときは，その割合は，利益及び損失の分配に共通であるものと推定されます（会622②）。

3　有限責任社員の利益の配当に関する責任

　持分会社が利益の配当により有限責任社員に対して交付した金銭等の帳簿価額（配当額）が，当該利益の配当をする日における利益額を超える場合には，当該利益の配当を受けた有限責任社員は，当該持分会社に対し，連帯して，当該配当額に相当する金銭を支払う義務を負うことになります（会623①）。

4　利益配当に関する合同会社の特則

(1)　利益配当の制限

　合同会社は，利益の配当により社員に対して交付する金銭等の帳簿価額（配当額）が当該利益の配当をする日における利益額を超える場合には，当該利益の配当をすることができません。この場合においては，合同会社は，社員から利益配当の請求があったときでも，これを拒むことができます（会628）。

利益額の定義（会社計算規則第163条）

　以下に掲げる額のうちいずれか少ない額
① 　利益配当請求に応じて利益の配当をした日における利益剰余金の額
② 　下記aからbとcの合計額を減じた額
　a　利益配当請求をした社員に対して既に分配された利益の額
　b　利益配当請求をした社員に対して既に分配された損失の額
　c　利益配当請求をした社員に対して既に利益の配当により交付された金銭等の帳簿価額
　　（注）　上記（a－b）は利益配当を受けた社員に計算上帰属する純額の利益の額を意味する。

---

(2)　利益配当業務を行った社員の責任

　合同会社が上記(1)の規定に違反して利益額以上の配当をした場合には，当該利益の配当に関する業務を執行した社員は，当該合同会社に対し，当該利益の配当を受けた社員と連帯して，当該配当額に相当する金銭を支払う義務を負うことになります。ただし，当該業務を執行した社員がその職務を行うについて

注意を怠らなかったことを証明した場合は，この責任を問われることはありません（会629①）。

　また，この金銭の返還義務は，免除することができません。ただし，利益の配当をした日における利益額を限度として当該義務を免除することについて総社員の同意がある場合は，これを要件として許されます（会629②）。

(3) 社員に対する求償権の制限等

　合同会社が上記(1)の規定に違反して利益額以上の配当をした場合において，利益の配当を受けた社員は，配当額が利益の配当をした日における利益額を超えることにつき善意であるときは，当該配当額について，当該利益の配当に関する業務を執行した社員からの求償の請求に応ずる義務を負いません（会630①）。

　また，上記(1)の規定に違反して利益額以上の配当をした場合において，合同会社の債権者は，利益の配当を受けた社員に対し，配当額（当該配当額が当該債権者の合同会社に対して有する債権額を超える場合は，当該債権額）に相当する金銭を支払わせることができます（会630②）。

(4) 欠損が生じた場合の責任

　合同会社が利益の配当をした場合において，当該利益の配当をした日の属する事業年度の末日に欠損額が生じたときは，当該利益の配当に関する業務を執行した社員は，当該合同会社に対し，当該利益の配当を受けた社員と連帯して，その欠損額（当該欠損額が配当額を超えるときは，当該配当額）を支払う義務を負います。ただし，当該業務を執行した社員がその職務を行うについて注意を怠らなかったことを証明した場合は，この責任を問われることはありません（会631①）。また，この義務は，総社員の同意がなければ，免除することができません（会631②）。

第8章 持分会社

> **欠損額の定義（会社計算規則第165条）**
>
> 　以下の①から②及び③の合計額を減じて得た額（ゼロ未満であるときは，ゼロ）が欠損額となる。
> ① ゼロから利益配当をした日の属する事業年度の末日における資本剰余金の額及び利益剰余金の額の合計額を減じて得た額
> ② 利益配当をした日の属する事業年度に係る当期純損失金額
> ③ 当該事業年度において持分の払戻しがあった場合におけるイに掲げる額からロに掲げる額を減じて得た額（ゼロ未満である場合にあっては，ゼロ）
> 　イ　当該持分の払戻しに係る持分払戻額
> 　ロ　当該持分の払戻しをした日における利益剰余金の額及び資本剰余金の額の合計額

合同会社の清算

Q82

合同会社の清算について説明してください。

A

> ●ポイント●
>
> 　合名会社，合資会社，合同会社が清算する場合の手続は，原則同様ですが，合同会社が清算する場合は，他の持分会社と違い任意清算は認められておらず，必ず法定清算によらなければなりません。

1　清算の開始原因

持分会社は，次に掲げる場合には，清算をする必要があります（会644）。
(1) 解散した場合（合併によって解散した場合及び破産手続開始の決定により解散した場合であって当該破産手続が終了していない場合を除く。）
(2) 設立の無効の訴えに係る請求を認容する判決が確定した場合
(3) 設立の取消しの訴えに係る請求を認容する判決が確定した場合

2　清　算　人

(1)　設　　　置

上記原因の発生により清算をする持分会社（以下「清算持分会社」という。）には，1人又は2人以上の清算人を置く必要があります（会646）。

(2)　就任・解任

清算持分会社の清算人となるべき者については，以下のように規定されています。

	清算人の就任（会社法第647条第1項～第2項）
原　　則	① 業務を執行する社員（②又は③に掲げる者がある場合を除く。） ② 定款で定める者 ③ 社員（業務を執行する社員を定款で定めた場合にあっては，その社員）の過半数の同意によって定める者
上記清算人となる者がないとき	裁判所が，利害関係人の申立てにより，清算人を選任する。
社員が欠けたこと又は解散を命ずる判決によって解散した場合	裁判所は，利害関係人若しくは法務大臣の申立てにより又は職権で，清算人を選任する。
設立無効の訴え又は設立取消の訴えの請求を認める判決が確定した場合	裁判所は，利害関係人の申立てにより，清算人を選任する。

また、裁判所が選任した清算人でない場合は、定款に別段の定めがない限り、清算持分会社はいつでも解任することができ（会648①）、また、重要な事項がある場合で社員その他利害関係人の申立てにより、清算人を解任することができます（会648③）。

(3) 職務・業務執行

清算人の職務は、株式会社の清算人と同様、①現務の結了、②債権の取立て及び債務の弁済、③残余財産の分配となっています（会649）。また、清算人が2人以上いる場合には、定款に別段の定めがある場合を除いて、清算人の過半数により清算業務の決定を行います。ただし、社員が2人以上いる場合には、事業の全部又は一部の譲渡については、社員の過半数をもって決定します（会650）。

(4) 損害賠償責任

以下の場合に応じて、清算人は損害賠償責任を負います（会652, 653）。

清算持分会社に対する責任	清算人は、その任務を怠ったときは、清算持分会社に対し、連帯して、これによって生じた損害を賠償する責任を負う（会652）。
第三者に対する責任	清算人がその職務を行うについて悪意又は重大な過失があったときは、当該清算人は、連帯して、これによって第三者に生じた損害を賠償する責任を負う（会653）。

(5) 代　　表

以下の場合に応じて、清算持分会社を代表する清算人が決定されます（会655①～⑤）。また、清算持分会社を代表する清算人は、その清算業務に関する一切の裁判上・裁判外の行為をする権限を有し（会655⑥, 599④）、この権限に制限を加えた場合において、その制限は善意の第三者に対抗できません（会655⑥, 599⑤）。

原　　則	清算人は持分会社を代表し，2人以上いる場合であっても，清算人は，各自が清算持分会社を代表する。
定款又は定款の定めに基づく清算人の互選による場合	定款によって，清算人の中から清算持分会社を代表する清算人を定めることができる。また，定款の規定により代表清算人は清算人の互選により定める旨を規定した場合には，互選によって，清算人の中から清算持分会社を代表する清算人を定めることができる。
業務を執行する社員が清算人となる場合	持分会社を代表する社員を定めていたときは，当該持分会社を代表する社員が清算持分会社を代表する清算人となる。
裁判所が清算人を選任する場合	裁判所は，その清算人の中から清算持分会社を代表する清算人を定めることができる。

3　破産手続の開始

　清算持分会社の財産がその債務を完済するのに足りないことが明らかになったときは，清算人は，直ちに破産手続開始の申立てをする必要があり（会656①），裁判所が破産手続開始の決定を行い破産管財人にその事務を引き継いだときに，清算人の任務が終了したものとされます（会656②）。

4　財産目録の作成等

　清算人は，その就任後遅滞なく，清算持分会社の財産の現況を調査し，清算の原因が発生した日の財産目録及び貸借対照表（財産目録等）を作成し，各社員にその内容を通知する必要があります（会658①）。

5　債務の弁済等（合同会社のみ）

　合同会社が清算することとなった後，遅滞なく，当該清算持分会社の債権者に対し，2か月以上の期間を定めて，その債権を申し出るべき旨を官報に公告し，かつ，知れている債権者には，各別にこれを催告する必要があります（会660①）。

6　残余財産の分配

残余財産の分配の割合について定款の定めがないときは、その割合は、各社員の出資の価額に応じて定めるものとされています（会666）。

7　任意清算（合名会社及び合資会社のみ）

有限責任社員のみにより構成される合同会社については必ず法定清算によらなければなりませんが、合名会社及び合資会社は以下の規定による任意清算が認められています。

(1) 財産の処分の方法

定款又は総社員の同意によって処分の方法を定めることができます（会668）。

(2) 財産目録等の作成

解散の日（解散後に財産処分の方法を定めた場合には、その財産処分方法が決められた日）から2週間以内に、解散日における財産目録及び貸借対照表を作成する必要があります（会669）。

(3) 債権者保護手続

財産処分方法を定めた場合、解散後の清算持分会社の債権者は、当該清算持分会社に対して財産処分方法について異議を述べることができます（会670①）。この場合、清算持分会社は、解散の日（解散後に財産処分の方法を定めた場合には、その財産処分方法が決められた日）から2週間以内に一定の事項を官報に公告し、かつ、知れている債権者には各別に催告する必要があります（会670②）。

(4) 持分の差押債権者の同意等

財産処分方法を定めた場合、社員の持分を差し押さえた債権者があるときは、その解散後の清算持分会社がその財産の処分をするには、その債権者の同意を得る必要があります（会671）。

8 帳簿資料の保存

　清算人は，清算持分会社の本店の所在地における清算結了の登記の時から10年間，清算持分会社の帳簿並びにその事業及び清算に関する重要な資料（帳簿資料）を保存する必要があります（会672①）。

9 社員の責任の消滅時効

　社員の責任は，清算持分会社の本店の所在地における解散の登記をした後5年以内に請求又は請求の予告をしない清算持分会社の債権者に対しては，その登記後5年を経過した時に消滅します。ただし，この期間の経過後であっても，社員に分配していない残余財産があるときは，清算持分会社の債権者は，清算持分会社に対して弁済を請求することができます（会673）。

《参考文献》

『条文ガイド六法　会社法　第3版』尾崎哲夫著，自由国民社，平成22年

『コンメンタール　会社計算規則・商法施行規則　第2版』弥永真生著，商事法務，平成21年

『論点解説　新・会社法—千問の道標』相澤哲，郡谷大輔，葉玉匡美著，商事法務，平成18年

『会社法実務ハンドブック　第2版』高野一郎著，中央経済社，平成22年

第9章

社　債

社債の発行

Q83

社債の発行についての取扱いについて説明してください。

A

●ポイント●

社債は，取締役会決議等により社債発行に関する事項を決議し，社債の申込み，割当て，払込みにより，発行されます。

1 社債発行の方法

社債の発行方法として，主に下記の方法があります。

(1) 総額引受

総額引受けとは，社債発行会社との契約で特定の引受人が社債の発行総額を引き受ける方法をいいます。この方法によれば，社債発行会社は早期に確実に資金を調達することができます。

なお，売出しのために総額引受をすることができる者は，金融商品取引業者に限られます（金商法2⑥一，⑧六，29）。

(2) 公 募

公募とは，社債発行会社が一般公衆から社債引受人を募集する方法で，主に下記の方法があります。

① 委託募集

募集事務を金融機関等他の会社に委託し，受託会社が募集に必要な行為を

行い，社債金額の払込みを受けて，社債発行会社の社債を発行する方法です。

なお，社債の応募額が不足した場合，当該不足分を受託会社が社債発行会社との契約でこれを引き受ける場合（残額引受）もあります。

② 売 出 発 行

社債総額を確定することなく，一定の売出期間を定め，その期間内に一般公衆に対して個別的に社債を売り出す方法です。

会社法においては，募集社債の引受けの申込みの金額が募集社債の総額に達しない場合は，引受けの申込額について社債を発行する打切発行が原則となります（会676①十一）。

2　社債発行の手続

社債の発行は，下記の手続により行われます。

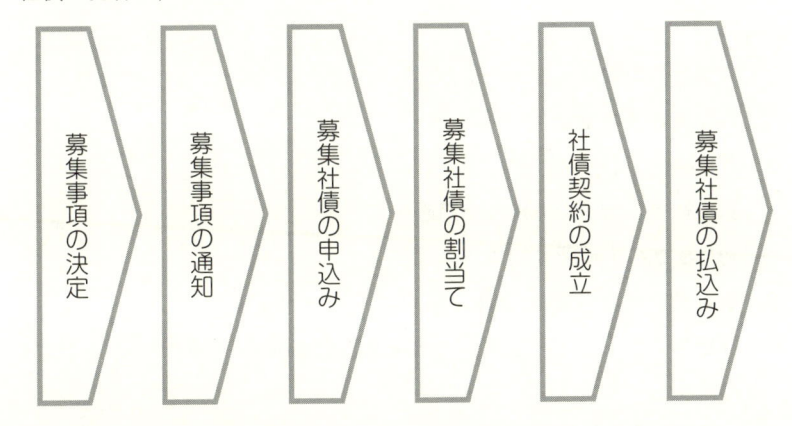

募集事項の決定 → 募集事項の通知 → 募集社債の申込み → 募集社債の割当て → 社債契約の成立 → 募集社債の払込み

(1) 募集事項の決定

① 取締役会設置会社における決定方法

社債の募集事項決定は業務執行行為の1つであり，取締役会設置会社であれば，取締役会において社債の募集事項を決定することになります（会362④五）。

ただし，取締役会設置会社であっても，委員会設置会社の場合には，募集社債に関する事項の決定を取締役会の決議により，執行役に委任することが認められています（会416④）。そのため，取締役会において委任決議がなされている場合には，執行役が社債の募集事項を決定することになります。

② 取締役会非設置会社における決定方法

　取締役会の非設置会社で，取締役が２人以上いる場合は，定款に別段の定めがある場合を除き，取締役の過半数をもって社債の募集事項を決定します（会348②）。

　ただし，募集社債に関する事項の決定について，業務執行権を有する取締役に委任している場合には（会348③），その取締役が決定することになります。

　なお，取締役会非設置会社の場合，株主総会において，会社の組織，運営，管理等のすべての事項を決議することも可能であるので（会295①），定款に別段の定めがなくとも，募集社債に関する事項を株主総会で決定することもできます。

③ 決 定 事 項

　募集社債を発行するには，発行会社は下記の事項を決定する必要があります（会676）。

　a．募集社債の総額
　b．各募集社債の金額
　c．募集社債の利率
　d．募集社債の償還の方法及び期限
　e．利息支払の方法及び期限
　f．社債券を発行するときは，その旨
　g．社債券の記名式と無記名式の転換請求（会698）を制限する場合には，その旨
　h．社債管理者が社債権者集会の決議によらずに訴訟行為又は破産手続等に属する行為（会706①二）をすることができることとする場合には，その旨
　i．各募集社債の払込金額若しくはその最低金額又はこれらの算定方法
　j．金銭の払込みの期日
　k．打切発行としない場合には，その旨及びその一定の日
　l．a～kに掲げるもののほか，法務省令で定める事項

(2) 募集事項の通知

募集事項の決定後，発行会社は募集社債の引受けの申込みをしようとする者に対して，次に掲げる事項を通知する必要があります（会677①）。

① 会社の商号（会677①一）
② 当該募集に係る募集社債に関する事項（会677①二）
③ 社債管理者を定めたときは，その名称及び住所（会677①三，施規163一）
④ 社債原簿管理人を定めたときは，その氏名又は名称及び住所（会677①三，施規163二）

これは，募集株式の場合と同様に，引受人の投資判断のため，会社法において一定の情報開示を求めているものです。

(3) 募集社債の申込み

募集株式の通知を受け，募集社債の引受けの申込みをする者は，下記の事項を記載した書面を発行会社に提出する必要があります（会677②）。

① 申込みをする者の氏名又は名称及び住所（会677②一）
② 引き受けようとする募集社債の金額及び金額ごとの数（会677②二）
③ 払込金額の最低金額がある場合には（会676九），希望する払込金額（会677②三）

(4) 募集社債の割当て

発行会社は，募集社債の申込者の中から割当てを受ける者を決定し，その者に割り当てる募集社債の金額及び金額ごとの数を決定します。この場合において，申込者に割り当てる募集社債の金額ごとの数は，申込みの数よりも減少することができます（会678①）。

発行会社は割当ての決定後，募集社債と引換えにする金銭の払込みの期日の前日までに，申込者に対し，当該申込者に割り当てる募集社債の金額及び金額ごとの数を通知する必要があります（会678②）。

なお，総額引受けの場合は，その引受人は，募集社債の内容を契約により把握できる立場にあるので，会社法第677条及び第678条の規定は適用されません

（会679）。

(5) 社債契約の成立

社債の申込みに対し発行会社が割当てをすれば，申込者は社債権者となり（会680一），社債契約が成立します。

総額引受けの場合は，引受人と総額引受契約が成立した時に，社債権者となります（会680二）。

(6) 募集社債の払込み

社債契約が成立し，社債権者となった者は，払込金額の払込期日までにその金額の払込義務を負います。

社債権者は，募集事項として定められた金銭の払込みの期日に遅延することなく払込金額の払込みを行う必要があります。

社債の譲渡

Q84

社債の譲渡について説明してください。

A

●ポイント●

社債の譲渡は，社債券を発行しない場合，社債券を発行する場合は記名社債と無記名社債により，譲渡の効力要件，発行会社，第三者に対する対抗要件が異なります。

1 社債譲渡の効力要件及び対抗要件

社債の譲渡に関する効力要件及び対抗要件は，下記のとおりです。

分　類（注）	効力要件	対抗要件	
		発行会社	第三者
社債券を発行しない場合	当事者間の合意	社債原簿の名義書換	社債原簿の名義書換
社債券を発行する場合			
記名社債	当事者間の合意 社債券の交付	社債原簿の名義書換	社債券の交付
無記名社債	当事者間の合意 社債券の交付	社債券の交付	社債券の交付

（注）　社債譲渡の効力の観点からの分類

2 分類の説明

(1) 社債券の発行

旧商法では，社債は社債券が発行されることが前提となっていましたが，会社法では社債券を発行しないことが前提となっています。

社債券を発行する場合は，募集社債に関する事項として，その旨を明示する必要があります（会676六）。

(2) 記名社債と無記名社債

社債券を発行する場合，当該社債券に社債権者の氏名等を記載するか否かによって，記名社債と無記名社債とに分類されます。すなわち，記名社債とは記名式の社債券が発行されている社債であり，無記名社債とは，無記名式の社債券が発行されている社債をいいます。

3 社債譲渡の効力要件

社債券を発行する旨の定めがない社債の譲渡の効力要件は，会社法では規定されておらず，当事者の合意のみで足りることになります。

これに対し，社債券を発行する旨の定めがある社債の譲渡は，当事者の合意の他に，譲渡の対象となる社債券を交付しなければ，その効力は生じないとされています（会687）。

これは，社債の譲渡につき社債券の交付が必要であること，すわなち，譲渡の効力要件であることを明らかにすることによって，社債券が有価証券であることを規定していると考えられます。

4 社債譲渡の対抗要件

(1) 社債券を発行しない場合

社債券を発行する旨の定めがない場合，当該社債を取得した者の氏名又は名称及び住所を社債原簿に記載し，又は記録しなければ，社債発行会社及び第三者に対抗することができないと会社法で規定されています（会688①）。

社債原簿とは，社債の種類，種類ごとの社債の総額，社債権者の氏名（無記名社債を除く）等を記載し，又は記録した社債発行会社の帳簿です（会681）。社債の取得者は，社債を譲り受けた場合，社債原簿の名義書換を行わなければ，社債発行会社及び第三者に社債権者であることが主張できないことになります。

なお，社債券を発行しない場合の社債原簿の名義書換は，利害関係人の利害を害するおそれがないものとして法務省令で定める場合を除き，社債の取得者と社債権者として社債原簿に記載された者等が共同して請求する必要があります（会691①，②）。

(2) 記名社債の場合

記名社債の譲渡は，当事者間の合意と社債券の交付によって行われますが，取得者の氏名又は名称及び住所を社債原簿に記載しなければ，発行会社に対抗することができません（会688②）。

これは，社債券は有価証券であるため，社債券の交付が発行会社その他の第三者に対する対抗要件となると考えられます。しかしながら，会社法では社債発行会社が社債権者を集団的に処理する便宜を考慮し，記名社債における発行会社に対する対抗要件は，社債原簿の名義書換としています。

なお，記名社債の社債原簿の名義書換は，社債の取得者が社債券を提示して

単独で請求することが認められており、社債権者として社債原簿に記載された者等と共同して請求する必要はありません（施規168②）。

(3) 無記名社債の場合

無記名社債については、社債の譲渡の対抗要件として、社債原簿の名義買換に関する規定（会688①、②）の適用はありません（会688③）。したがって、無記名社債の譲渡の対抗要件は、有価証券の譲渡と同様に、社債券の提示により発行会社及び第三者対抗要件を備えることとなります。

5　権利の推定及び善意取得

社債券については、社債券の流通性を高めるために、会社法において下記のように規定されています。

(1) 権利の推定

社債券の占有者は、当該社債券に係る社債についての権利を適法に有するものと推定されます（会689①）。

(2) 善意取得

悪意又は重大な過失があるときを除いて、社債券の交付を受けた者は、当該社債券に係る社債についての権利を取得できます（会689②）。

社債の銘柄統合

Q85

社債の銘柄統合について説明してください。

A

> ●ポイント●
>
> 社債の銘柄統合とは，社債の流動性を高めるため，既発行の社債と同一の内容の社債を新たに発行し，又は，内容の異なる既発行の複数の取引銘柄の社債を同一の取引銘柄の社債にすることをいいます。

1 社債の銘柄統合の意義

　社債の銘柄統合とは，社債の流動性を高めるため，既発行の社債と同一の内容の社債を新たに発行し，又は，内容の異なる既発行の複数の取引銘柄の社債を同一の取引銘柄の社債にすることをいいます。

　旧商法においては，社債の銘柄統合が認められるかについて不明確であり，会社法において，社債の銘柄統合に関する規定の整備を行うことが要望されていました。

　そこで，会社法では，社債の「種類」の定義規定を置き，社債の発行時期にかかわらず，社債の権利内容が同一であれば，社債の種類が同一となるという整理がされています（会681一）。

　社債の銘柄統合は，社債の流動性が向上し，資金調達上のメリットがあります。また，統合により別々に開催する必要があった社債権者集会を合わせて開催すればよく，事務処理上のメリットもあります。

2 社債の種類

　社債の種類とは，社債の銘柄統合の意義で記載のとおり，銘柄統合を行うことができる社債の範囲を表すものです。社債の銘柄統合をする場合，それぞれの社債権者の経済的利益，債権者としての地位が均一である等が必要であり，そのために会社法第681条第1号及び会社法施行規則第165条において，11個の項目があげられています。

① 社債の利率
② 社債の償還の方法及び期限
③ 利息支払の方法及び期限
④ 社債券を発行するか否か
⑤ 社債権者が会社法第698条の規定による請求（記名式社債券から無記名式社債券，あるいは無記名式社債券から記名式社債券への変更）の全部又は一部をすることができないこととするか否か
⑥ 社債管理者が社債権者集会の決議によらずに会社法第706条第1項第2号に掲げる行為（その社債の全部についてする訴訟行為又は破産手続等に属する行為）をすることができることとするか否か
⑦ 他の会社と合同して募集社債を発行するときは，各会社の負担部分が同一であるか
⑧ 社債管理者を定めたときは，その名称及び住所並びに会社法第702条の規定による委託に係る契約の内容が同一であるか
⑨ 社債原簿管理人を定めたときは，その氏名又は名称及び住所が同じであるか
⑩ 社債が担保付社債であるときは，担保付社債信託法第19条第1項第1号，第11号及び第13号に掲げる事項が同一であるか
⑪ 社債が信託社債であるときは，当該信託社債についての信託を特定するために必要な事項が同一であるか

　①，②，③については，社債を有することにより得られる金銭が異なれば社債の経済的価値は当然異なるため，異なる種類の社債となります。
　④，⑤の社債券に関する事項は，社債券の発行の要否等により社債の譲渡の

方法及びその対抗要件が相違し，社債の流動性に影響を及ぼすため，社債の種類も異なることと規定されています。

⑦については，債務者が異なる場合，当該社債の安全性に影響があるため，他の会社と合同して募集社債を発行するか否かにより，社債の種類も異なることと規定されています。

⑥，⑧，⑨については，社債権者の権利に関する事項で，社債権者集会の権限に影響を与える事項，社債管理者を定めるか否か，社債原簿管理人を定めるか否かは，社債権者の利害の均質性に影響を及ぼすため，社債の種類も異なることと規定されています。

⑩，⑪についても，付している担保の内容，信託を特定するために必要な事項が異なれば，社債の経済的価値に影響を及ぼすため社債の種類も異なることと規定されています。

3　銘柄統合の手続

以上のように，社債の銘柄を統合するには，社債の種類を同一にする必要がありますが，その方法としては，下記の方法があります。

① 既発行の社債と同一の種類の社債を新たに発行する。
② 既発行の社債で種類の異なる社債につき，社債権者集会の議決等に基づき社債の内容を変更すること。

新株予約権付社債

Q86

新株予約権付社債について説明してください。

A

> ●ポイント●
>
> 新株予約権付社債とは，社債の他に，その社債を発行した会社の株式を決められた一定価格で買い取る権利が付いている社債をいいます。

1 新株予約権付社債の意義

新株予約権付社債とは，新株予約権を付した社債をいい，（会２二十二）新株予約権とは，発行した会社に対して行使することにより当該会社の株式の交付を受けることができる権利をいいます（会２二十一）。

平成13年改正前商法では，特殊の社債として，転換社債と新株引受権付社債が認められていましたが，平成13年改正商法により新株予約権付社債の発行が認められたことにより，転換社債と新株引受権付社債は新株予約権付社債に包含され，会社法においてもそれが引き継がれています。

2 新株予約権付社債の種類

(1) 転換社債型の新株予約権付社債

転換社債型新株予約権付社債は，新株予約権を行使しようとする者の請求により，社債を償還し，新株予約権の行使に際して払込みをすべき金額の払込みがあったものとされる社債です。そのため，新株予約権が行使されると社債は消滅することとなります。

(2) 新株引受権付社債型の新株予約権付社債

新株引受権付社債型の新株予約権付社債は，金銭等，当該社債以外の財産の出資により新株予約権の行使に際して払込みをすべき金額の払込みがあったものとされる社債です。この場合，社債部分は社債として残ることになります。

なお，新株予約権付社債は，新株予約権と社債とを別々に譲渡することはできないため（会254②），平成13年改正前商法に規定されていた分離型新株引受権付社債は，新株予約権と社債とが同時に募集されて同一人物に割り当てられたものとして取り扱われ，新株予約権と普通社債の規定がそれぞれ適用されることになります。

3 新株予約権付社債の発行手続

新株予約権付社債の発行手続は，新株予約権の発行手続に準じた手続となりますが，新株予約権付社債の発行手続として留意すべき事項を下記に記載します。

(1) 募集事項の決定

新株予約権付社債の募集事項の決定として，新株予約権に関する募集事項（会238）に加えて，社債に関する募集事項（会676）も定める必要があります（会238①六）。

また，定款変更の場合（会118①），組織変更（会777①），吸収合併，吸収分割及び株式交換（会787①），新設合併，新設分割及び株式移転（会808①）の場合の新株予約権の買取請求の方法につき，別段の定めとする場合は，その定めを決定する必要があります（会238①七）。

(2) 新株予約権付社債の割当て

新株予約権付社債を引き受ける者の募集については，募集社債に関する事項の決定（会676），募集社債の申込み（会677），募集社債の割当て（会678），募集社債の申込み及び割当てに関する特則（会679），募集社債の社債権者（会680）に関する規定は，新株予約権付社債についての社債を引き受ける者の募集については適用されず（会248），これらの事項は，新株予約権に関する事項が適用されます。

4　新株予約権付社債の譲渡

(1)　効力要件

　証券が発行されていない新株予約権付社債は，当事者間の合意のみで譲渡できます。

　証券発行新株予約権付社債の譲渡は，当該証券発行新株予約権付社債に係る新株予約権付社債券を交付しなければ，譲渡の効力は生じません（会255②）。

　なお，新株予約権又は社債の一方だけを譲渡することはできませんが，新株予約権又は社債が消滅した時は，残った一方を譲渡することは認められています（会254②，③）

(2)　対抗要件

　新株予約権付社債の譲渡は，新株予約権の場合と同様に新株予約権原簿の名義書換を行わなければ，会社その他の第三者に対抗することができません（会257①）。

　記名式の新株予約権付社債券が発行されている証券発行新株予約権付社債については，新株予約権原簿の名義書換は会社に対してのみの対抗要件となります（会257②）。

　また，無記名新株予約権付社債に付された新株予約権については，新株予約権原簿の名義書換の対抗要件は適用されません（会257③）。

5　新株予約権の行使

　新株予約権を行使しようとする場合は，次に掲げる事項を明らかにする必要があります（会280①）。

①　その行使に係る新株予約権の内容及び数

②　新株予約権を行使する日

　また，証券発行新株予約権付社債を行使する場合は，新株予約権付社債に係る新株予約権付社債券を株式会社に提示又は提出しなければなりません（会280③～⑤）。

6 証券発行新株予約権付社債についての社債の償還

　証券発行新株予約権付社債についての社債の償還をする場合において，当該証券発行新株予約権付社債に付された新株予約権が消滅していないときは，当該証券発行新株予約権付社債に係る新株予約権付社債券を会社に提示し，当該新株予約権付社債券に社債の償還をした旨を記載することになります（会292②）。

《参考文献》

『詳細　会社法の理論と実務（第2版）』田邊光政監修，弁護士法人関西法律特許事務所，成和共同法律事務所編，民事法研究会，平成19年

『会社法入門（第12版）』前田　庸著，有斐閣，平成21年

『新訂　会社法（第10版）』　加美和照著，勁草書房，平成23年

『新基本法コンメンタール　会社法3』　奥島孝康，落合誠一，浜田道代編，日本評論社，平成21年

第10章

組織再編行為

会社法における組織変更

Q87

会社法における組織変更について説明してください。

A

> ●ポイント●
>
> 会社法における組織変更とは，企業の組織再編の一つで，株式会社が合名会社，合資会社，又は合同会社となること，又はその逆方向の変更による法人形態の変更を指します。

1　株式会社の組織変更

(1)　はじめに

　会社法における組織変更とは，企業の組織再編の一つで，株式会社が合名会社，合資会社，又は合同会社となること，又はその逆方向の変更による法人形態の変更を指します（会２二十六）。

　株式会社が，株式会社から持分会社へ組織変更を行う際には，①組織変更計画の作成，②組織変更計画記載事項を記載（記録）した書面（電磁的記録）の事前開示（本店への備置き），③総株主の同意，④新株予約権の買取請求，⑤債権者保護手続，⑥効力発生，⑦組織変更の登記の各手続が必要です。

　なお，①の組織変更計画を作成，②の事前開示を行った後，③から⑤までの各手続については，⑥の効力発生日の前日までの間に同時に行うことにより，時間を短縮することができます。

(2) 組織変更計画の作成

株式会社から持分会社への組織変更を行う場合には，組織変更計画を作成することが必要です（会743）。

組織変更計画の記載事項は会社法で以下のように規定されています（会744）。

①	組織変更後の持分会社（以下「組織変更後持分会社」といいます。）の基本的事項	
	a	組織変更後の持分会社が合名会社，合資会社又は合同会社のいずれであるかの別
	b	組織変更後持分会社の目的，商号及び本店の所在地
	c	組織変更後持分会社の社員についての次に掲げる事項 イ　当該社員の氏名又は名称及び住所 ロ　当該社員が無限責任社員又は有限責任社員のいずれであるかの別 　　合名会社であるときは，その社員の全部を無限責任社員とする旨を定めなければなりません（会744②）。また，合資会社であるときは，その社員の一部を無限責任社員とし，その他の社員を有限責任社員とする旨を定めなければなりません（会744③）。そして，合同会社であるときは，その社員の全部を有限責任社員とする旨を定めることが必要です（会744④）。 ハ　当該社員の出資の価額
	d	上記ｂ，ｃのほか，組織変更後持分会社の定款で定める事項
②	組織変更後持分会社が組織変更に際して組織変更をする株式会社の株主に対して金銭等を交付する場合	
	a	当該金銭等についての次に掲げる事項 イ　当該金銭等が組織変更後持分会社の社債であるときは，当該社債の種類及び種類ごとの各社債の金額の合計額又はその算定方法 ロ　当該金銭等が組織変更後持分会社の社債以外の財産であるときは，当該財産の内容及び数若しくは額又はこれらの算定方法
	b	組織変更をする株式会社の株主（組織変更をする株式会社を除く。）に対する金銭等の割当てに関する事項
③	組織変更をする株式会社が新株予約権を発行している場合	
	a	組織変更後持分会社が組織変更に際して当該新株予約権の新株予約権者に対して交付する当該新株予約権に代わる金銭の額又はその算

		定方法
	b	組織変更をする株式会社の新株予約権の新株予約権者に対する金銭の割当てに関する事項
④	組織変更の効力発生日	

(3) 組織変更計画作成後の手続

　組織変更計画作成後の手続としては，①組織変更計画に関する書面等の事前開示（本店への備置き），②総株主の同意，③新株予約権の買取請求，④債権者保護手続を行うことになりますが，②から④の各手続は，それぞれ効力発生日の前日までの間に同時進行が可能であり，効力発生日までに債権者保護手続が完了すれば，効力発生日に効力が発生することになります。

① 組織変更計画等の事前開示（本店への備置き）

　組織変更をする株式会社は，組織変更計画備置開始日（＊1）から組織変更の効力発生日までの間，事前開示事項（＊2）を記載又は記録した書面又は電磁的記録をその本店に備え置かなければなりません（会775①）。

> ＊1　組織変更計画備置開始日（会775②）
> 　「組織変更計画備置開始日」とは次に掲げる日のいずれか早い日をいいます。
> 　a　組織変更計画について組織変更をする株式会社の総株主の同意を得た日
> 　b　組織変更をする株式会社が新株予約権を発行しているときは，新株予約権者への組織変更に関する通知の日又は公告の日のいずれか早い日
> 　c　債権者への公告の日又は知れたる債権者への個別催告の日のいずれか早い日

> *2　事前開示事項（会775①，施規180）
>
> 　　組織変更をする株式会社の事前開示事項は，下記のとおりです。
>
> 　a　組織変更計画の内容（会775①）
> 　b　組織変更をする株式会社が新株予約権を発行しているときは，組織変更後持分会社が組織変更に際して当該新株予約権の新株予約権者に対して交付する金銭の額又はその算定方法及び新株予約権者に対する金銭の割当てに関する事項の相当性に関する事項（施規180一）
> 　c　組織変更をする株式会社において最終事業年度がないときは，当該株式会社の成立の日における貸借対照表（施規180二）
> 　d　組織変更後持分会社の債務の履行の見込みに関する事項（施規180三）
> 　e　組織変更計画備置開始日後，上記b～dに掲げる事項に変更が生じたときは，変更後の当該事項（施規180四）

②　総株主の同意

　組織変更計画は，効力発生日の前日までに総株主の同意を得なければなりません（会776①）。

③　新株予約権の買取請求

　組織変更をする場合には，組織変更をする株式会社の新株予約権の新株予約権者は，当該株式会社に対し，自己の有する新株予約権を公正な価格で買い取ることを請求することができます。この場合の具体的な手続としては，会社は，効力発生日の20日前までに，新株予約権の新株予約権者及び登録新株予約権質権者に対して，それぞれ組織変更をする旨を通知（又は公告）します（会777③，④，776②，③）。新株予約権者は，効力発生日の20日前の日から効力発生日の前日までの間に，当該株式会社に対して，その新株予約権買取請求に係る新株予約権の内容と数を明確にして，自己の有する新株予約権を公正な価格で買い取ることを請求することができます（会777①，⑤）。

④　債権者保護手続

　組織変更をする株式会社は，次に掲げる事項（＊1）を官報に公告し，かつ，

知れたる債権者には，各別にこれを催告することが必要です（会779②）。なお，官報のほか，定款の定めに従い，時事に関する事項を掲載する日刊新聞紙に掲載する方法又は電子公告で公告するときは，知れたる債権者への個別催告は不要とされています（会779③）。

＊1　債権者への公告事項（会779②，施規181）
　　a　組織変更をする旨
　　b　組織変更をする株式会社の計算書類（貸借対照表，損益計算書）に関する事項として法務省令で定める次のⅰ～ⅶの事項（施規181一～七）。なお，公告の日又は催告の日のいずれか早い日における事項とされています。
　　　ⅰ　最終事業年度に係る貸借対照表又はその要旨につき組織変更をする株式会社が決算公告をしている場合は次に掲げるもの
　　　　・　官報で公告をしているときは，当該官報の日付及び当該公告が掲載されている頁
　　　　・　時事に関する事項を掲載する日刊新聞紙で公告をしているときは，当該日刊新聞紙の名称，日付及び当該公告が掲載されている頁
　　　　・　電子公告により公告をしているときは，当該情報が掲載されているホームページのアドレス
　　　ⅱ　最終事業年度に係る貸借対照表について組織変更をする株式会社が5年間継続して電子公告を行う場合（会440③）は，当該情報が掲載されているホームページのアドレス
　　　ⅲ　有価証券報告書提出会社である場合は，有価証券報告書を提出している旨
　　　ⅳ　特例有限会社のため，計算書類の公告に関する会社法第440条の規定が適用されないときはその旨
　　　ⅴ　最終事業年度がないときはその旨
　　　ⅵ　組織変更をする株式会社が清算株式会社であるときはその旨
　　　ⅶ　ⅰ～ⅵ以外の場合には，会社計算規則第6編第2章の規定によ

> る最終事業年度に係る貸借対照表の要旨の内容
> c 債権者が一定期間（1か月を下ることができない）内に異議を述べることができる旨

⑤ 組織変更の効力発生日の変更

債権者保護手続が完了していない場合には，組織変更の効力が発生しないことになるので（会745⑥），この場合には，効力発生日を変更する必要があります（会780①）。効力発生日を変更する場合には，変更前の効力発生日の前日までに，変更後の効力発生日を公告する必要があります（会780②）。

⑥ 組織変更の登記

株式会社から持分会社への組織変更は，債権者保護手続が完了していない場合を除き，効力発生日に効力が生じます（会745①，⑥）。会社は，効力発生日から2週間以内に，本店所在地において，株式会社の解散登記，持分会社の設立登記をしなければなりません（会920）。

2 持分会社の組織変更

(1) 組織変更計画の作成

持分会社から株式会社への組織変更手続の場合も株式会社の組織変更の場合と同様，組織変更計画の作成が必要です（会743）。

持分会社から株式会社への組織変更計画の記載事項についても会社法で以下のように規定されています（会746）。

①	組織変更後の株式会社（以下「組織変更後株式会社」という。）の基本的事項	
	a	組織変更後株式会社の目的，商号，本店の所在地，発行可能株式総数
	b	上記aのほか，組織変更後株式会社の定款で定める事項
	c	組織変更後株式会社の取締役の氏名
	d	組織変更後株式会社が会計参与設置会社の場合は会計参与の氏名又は名称，監査役設置会社（監査役の監査の範囲を会計に関するものに限定する旨の定款の定めがある株式会社を含む。）の場合には監査役の氏名，会計監査人設置会社の場合は会計監査人の氏名又は名称
②	組織変更前の持分会社の社員が取得する株式等に関する事項	
	a	組織変更をする持分会社の社員が組織変更に際して取得する組織変更後株式会社の株式の数又はその数の算定方法
	b	各社員に対する株式の割当てに関する事項
③	組織変更後株式会社が組織変更に際して組織変更をする持分会社の社員に対して金銭等を交付する場合	
	a	当該金銭等についての次に掲げる事項 イ　当該金銭等が組織変更後株式会社の社債（新株予約権付社債についてのものを除く。）であるときは，当該社債の種類及び種類ごとの各社債の金額の合計額又はその算定方法 ロ　当該金銭等が組織変更後株式会社の新株予約権（新株予約権付社債に付されたものを除く。）であるときは，当該新株予約権の内容及び数又はその算定方法 ハ　当該金銭等が組織変更後株式会社の新株予約権付社債であるときは，当該新株予約権付社債についてのイに規定する事項及び当該新株予約権付社債に付された新株予約権についてのロに規定する事項 ニ　当該金銭等が組織変更後株式会社の社債等（社債及び新株予約権をいう。）以外の財産であるときは，当該財産の内容及び数若しくは額又はこれらの算定方法
	b	組織変更をする持分会社の社員に対する金銭等の割当てに関する事項
④	組織変更の効力発生日	

(2) 組織変更計画の作成後の手続

① 株式会社から持分会社へ組織変更する場合との相違点

組織変更計画作成後における持分会社から株式会社へ組織変更を行うための手続は，株式会社から持分会社へ組織変更するための手続と比較して簡略化されています。

相違点は以下のとおりです。

a 組織変更計画については，総社員の同意を得なければなりませんが（会781①），定款に別段の定めがあれば，総社員の同意は不要です（会781①但書）。

b 新株予約権者が存在しないため，新株予約権の買取請求の手続が不要です。

c 組織変更計画に関する書面等の事前開示（本店への備置き）の手続も不要です。

② 債権者保護手続

持分会社の場合も，債権者保護手続は必要とされています（会781②，779）。具体的には，計算書類の公告等に関する会社法第779条第2項第2号の規定を除き，すべて持分会社にも準用されています。

すなわち，組織変更をする持分会社は，a 組織変更をする旨及びb 債権者が一定期間内に異議を述べることができる旨を官報に公告し，かつ，知れたる債権者への個別催告を要します。合同会社は一定の場合に個別催告の代替措置として公告が認められますが，合名会社と合資会社は，個別催告が義務づけられています。

③ 組織変更の効力発生日の変更

組織変更の効力発生日の変更については，株式会社の場合の規定が準用され（会781②），債権者保護手続が完了していない場合には，組織変更の効力が発生しないこととなりますので，この場合には，効力発生日を変更する必要があります（会781②，780①）。

効力発生日の変更は，変更前の効力発生日の前日までに，変更後の効力発生日を公告する必要があります（会781②，780②）。

④ 組織変更の登記

　持分会社から株式会社への組織変更は，債権者保護手続が完了していない場合を除き，効力発生日に効力が生じます（会747①，⑤）。会社は効力発生日から2週間以内に，本店所在地において，持分会社については解散の登記，株式会社については設立の登記をしなければなりません（会920）。

　なお，下記の表において，○に該当する会社形態の変更が組織変更に当たります。△に該当するものは，「組織変更」に当たらず，定款の変更のみで行うことができます。

		株式会社	合名会社	合資会社	合同会社
株式会社		—		○	
持分会社	合名会社	○	—	△	△
	合資会社		△	—	△
	合同会社		△	△	—

対価の柔軟化

Q88

対価の柔軟化について説明してください。

A

●ポイント●

　対価の柔軟化とは，吸収合併，吸収分割又は株式交換の場合の対価を，存続会社等の株式を交付せず，金銭その他のものを交付することができるものとすることをいいます。

1 対価の柔軟化の導入の経緯

(1) 対価の柔軟化とは

会社法では，組織再編の際に，消滅会社等の株主等に対して，存続会社等の株式を交付せず，金銭その他の財産を交付することや対価を交付しないことができるとされています。これを一般に「対価の柔軟化」と呼んでいます。

(2) 対価の柔軟化の導入の経緯

企業のグローバル化を背景として，主として経済界から組織再編の対価の柔軟性を求める声が強くなっていました。具体的には，子会社が他の会社を吸収合併する場合に，その親会社の株式を交付する場合（いわゆる三角合併）や，キャッシュ・アウト・マージャーと言われる，消滅会社の株主に現金のみを交付する合併，完全子会社化などの要望がありました。特に上場会社ではない会社を存続会社とする合併においては，存続会社の株主にとっては，株主構成を変えずに合併をすることができ，また，消滅会社の株主にとっても，市場性のない株式よりは現金の交付を受ける方がよいので，実務上メリットが大きいと考えられてきました。そこで，会社法では，吸収合併，吸収分割，及び株式交換において，消滅会社等の株主等に対して，存続会社等の株式を交付せず，金銭その他の財産を交付することが認められることとなりました（会749①二等）。

なお，新設合併，新設分割，株式移転については，対価の柔軟化は認められていません。これらの場合は，設立される会社の株式を対価としなければ，会社が成立しないことになるためです。なお，消滅会社等の株主に対して，新設会社等の株式に加えて新設会社等の社債，新株予約権，新株予約権付社債を交付することはできます（会753①八等）。

(3) キャッシュ・アウト・マージャー

キャッシュ・アウト・マージャーとは，消滅会社の株主に対して存続会社の株式ではなく，現金を交付する合併のことをいいます。これにより，消滅会社の株主は合併後の会社の株主にはならず，存続会社の株主は合併後も継続して存続会社の出資比率を維持することができます。この方法は，主に少数株主を

排除する際(スクイーズ・アウト)などに利用される方法で，日本では平成19年5月の会社法の改正で認められました。スクイーズ・アウトは，対価が著しく不当でなく，略式合併の要件（ Q89 参照）を満たせば，消滅会社における株主総会の決議を省略することができますので，消滅会社の少数株主の承諾なしに合併対価を現金にすることにより，当該少数株主を排除することができます（会784①）。

　そこで，金銭のみを対価とする吸収合併を行う場合には，事前開示書類においても，金銭を合併対価として選択した理由の記載が必要です（施規182③二）。

(4) 三角合併

　三角合併とは，存続会社が消滅会社の株主に対して，存続会社自身の株式ではなく，存続会社の親会社の株式を交付することをいいます。具体的には，子会社が親会社株式を対価として他の会社と合併する場合などに用います。日本では平成18年5月の会社法の改正で認められました。

　この三角合併は，合併消滅会社の株主が親会社の株主となる一方で，合併消滅会社の事業は合併存続会社たる子会社が承継する点にあります。

　なお，三角合併を利用すれば，対価が著しく不当でない限り（会784②），略式合併の要件（ Q89 参照）を満たせば消滅会社における株主総会の決議を省略することができますので，消滅会社たる当該他の会社の少数株主の承諾なしに，合併対価を親会社株式にすることで，当該少数株主を排除(スクイーズ・アウト)することができます（会784①）。

＜三角合併の概念図（親会社株式を交付する場合）＞

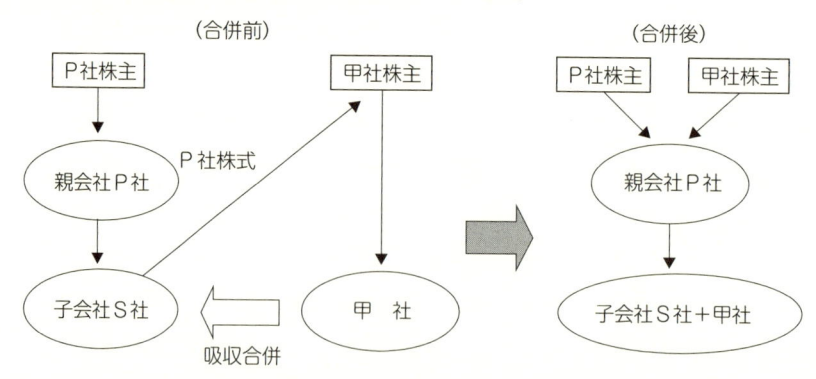

2 会計処理

(1) 連結子会社間の三角合併の場合

連結子会社間の三角合併の場合は，共通支配下の取引に該当するため，吸収合併存続会社となる子会社の個別財務諸表では，吸収合併消滅会社となる子会社から，適正な帳簿価額と，対価として交付した親会社株式の適正な帳簿価額との差額をのれんとして計上します（企業結合適用指針243）。

親会社の個別財務諸表では，合併対価として受け取った自己株式の金額を，吸収合併消滅子会社株式の適正な帳簿価額により算定します（企業結合適用指針244但書）。

また，連結財務諸表では，資本取引として，吸収合併消滅会社となる子会社の少数株主に交付した自己株式の時価と適正な帳簿価額との差額を自己株式処分差額とします（企業結合適用指針245）。

(2) 他の会社との三角合併の場合

企業グループ内ではない，他の会社との三角合併の場合は，共同支配企業の形成及び共通支配下の取引以外の企業結合となるため，「取得」の会計処理を行うことになります。すなわち，吸収合併存続会社となる子会社では，交付した親会社株式の時価と，企業結合日前日における適正な帳簿価額との差額を損益に計上します（企業結合適用指針81，82）。

なお，連結財務諸表では，子会社の個別財務諸表で計上した損益を自己株式処分差額に振り替えます（企業結合適用指針82，390）。

3 税務処理

対価の柔軟化により存続会社等の株式ではなく，金銭その他の財産をその対価として交付する場合の合併等は，非適格組織再編として，時価による資産の譲渡として取り扱われ，資産の譲渡損益が発生します。

100％グループ内の組織再編の場合は非適格になる場合はほとんどありませんが，平成22年度税制改正により導入されたグループ法人税制によれば，万一非適格組織再編になった場合でも，100％グループ内の合併法人等に資産の移

転が行われた場合には，資産の譲渡損益の繰延べを行うべく，合併法人において，譲渡損益の修正を行うことになります。

略式組織再編

Q89

略式組織再編について説明してください。

A

> ●ポイント●
>
> 会社が組織再編行為を行う場合には，原則として当事者である両方の会社において，株主総会の特別決議が必要とされます。しかし，会社が特定の会社に支配されている場合には，支配されている側の子会社においては，株主総会の決議が不要であり取締役会等で決定できます。

1 略式組織再編とは

(1) 略式組織再編

会社が組織再編行為を行うことは，会社の組織を大きく変更することであるため，原則として当事者である両方の会社において，株主総会の特別決議（3分の2以上の賛成）が必要とされます。しかし，親会社が子会社の特別支配会社である場合，すなわち，総株主の議決権の90％以上を単独で又は100％子会社を通じて保有している場合，支配している親会社の意向で株主総会特別決議が可決されることが明らかです。このような結論が明らかな場合に，手間，時間，費用をかけてまで，株主総会を開催するのは煩雑であるため，子会社にお

ける株主総会の決議を省略でき，取締役会等で決定できるとするのが略式組織再編行為です（会784①等）。

2　略式組織再編の種類

略式組織再編としては，略式吸収合併，略式株式交換，略式吸収分割，略式事業譲渡があります。

(1)　略式吸収合併

略式吸収合併は2つのケースがあり，1つは，存続会社（親会社）が消滅会社（子会社）の特別支配会社である場合，すなわち総株主の議決権の90％以上を単独で又は100％子会社を通じて保有している場合，消滅会社（子会社）における株主総会の決議を省略でき，取締役会等で決定できるという制度です（会784①）。もう1つは，消滅会社（親会社）が存続会社（子会社）の特別支配会社である場合，すなわち総株主の議決権の90％以上を単独で又は100％子会社を通じて保有している場合，存続会社（子会社）における株主総会の決議を省略でき，取締役会等で決定できるという制度です（会796①）。なお，総株主の議決権の90％以上という割合は定款において変更することが可能ですが，90％を下回る変更は認められません（会468①括弧書）。

ただし，存続会社（親会社）が消滅会社（子会社）の特別支配会社である場合は，合併対価等の全部又は一部が譲渡制限株式等であって，消滅会社が公開会社であり，かつ種類株式発行会社でない場合は，略式合併の規定は適用されず，株主総会決議が必要です（会784①但書）。

また，消滅会社（親会社）が存続会社（子会社）の特別支配会社である場合は，合併対価等の全部又は一部が存続会社の譲渡制限株式であって，存続会社が公開会社でないときは，略式合併の規定は適用されず，株主総会決議が必要です（会796①但書）。

(2)　略式株式交換

略式株式交換とは，上記(1)略式吸収合併の「存続会社」を「株式交換完全親会社」へ，「消滅会社」を「株式交換完全子会社」へ読換えをすればそれで足

ります。

(3) 略式吸収分割
① 吸収分割会社における略式分割
吸収分割会社における略式吸収分割については，上記(1)の「存続会社」を「吸収分割承継会社」へ，「消滅会社」を「吸収分割会社」に読換えをすればそれで足ります。

② 略式吸収分割と略式吸収合併，略式株式交換との相違点
略式吸収合併，略式株式交換の場合で，存続会社等が消滅会社等の特別支配会社である場合は，対価等の全部又は一部が譲渡制限株式等であって，消滅会社等が公開会社であり，かつ種類株式の発行会社でない場合には，消滅会社等の略式組織再編は認められず，株主総会決議が必要です（会784①但書）。また，略式吸収合併，略式株式交換，略式吸収分割の場合で，消滅会社等が存続会社等の特別支配会社である場合は，対価等の全部又は一部が存続会社等の譲渡制限株式であって，存続会社等が公開会社でないときは，存続会社等の略式組織再編は認められず，株主総会決議が必要です（会796①但書）。

なお，略式吸収分割の場合は，子会社が吸収分割会社となる場合には，分割対価の交付は吸収分割会社の株主ではなく，吸収分割会社自身に対して行われるため，吸収分割会社の株主に影響がないので，対価の全部又は一部が譲渡制限株式等の場合でも株主総会の承認を不要とする略式分割が認められています（会784①但書）。

（子会社が吸収分割会社である場合）

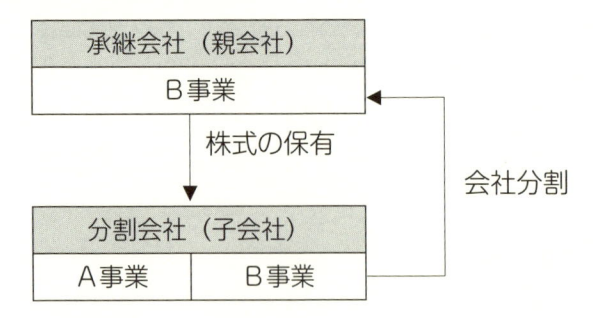

```
┌─────────────────────┐
│ 承継会社（親会社）      │
│     B事業              │←─────┐
└─────────────────────┘       │
         ↑                      │
       株式の保有               会社分割
         │                      │
┌─────────────────────┐       │
│ 分割会社（子会社）      │       │
│  A事業 │ B事業        │───────┘
└─────────────────────┘
```

簡易組織再編

Q90

簡易組織再編について説明してください。

A

● ポイント ●

会社が組織再編行為を行う場合には，原則として当事者である両方の会社において，株主総会の特別決議が必要とされます。しかし，会社がその規模に比べて相対的に小規模な会社と組織再編行為を行う場合に，大きい方の会社において，株主総会の決議が不要であり取締役会等で決定できます。

1 簡易組織再編とは

　組織再編は，原則として株主総会の承認を必要としていますが，対価の額が吸収型再編の受入側の資産額の5分の1以下である組織再編（無対価を含みます。）は存続会社等における株主総会の決議は不要とされ，取締役会等で決定できるとされています。また，会社分割の場合は承継させる側でも簡易分割が可能であり，吸収分割と新設分割のいずれにおいても，承継させる総資産額が分割会社全体の総資産額の5分の1以下である時は分割会社において，株主総会の承認を要せず，取締役会等で決定できるとされています。

　ただし，受入側の簡易組織再編は以下の場合にはできないとされています。
① 会社法第795条第2項の場合（差損が生じる場合）
② 会社法第796条第1項ただし書の場合（譲渡制限株式を交付する場合）

　なお，例えば，債務超過会社を吸収合併する際に，差損が生じることを回避するには，合併の直前に存続会社が消滅会社に対して増資を行い，債務超過を

解消することが考えられますが，このまま合併を行った場合，合併による抱き合わせ株式の消滅の結果，合併存続会社の純資産額が減少し，やはり差損が生じるため，結果として簡易合併はできないことに注意する必要があります。

2 簡易合併

吸収合併において，下記①から③の合計額が吸収合併存続会社の純資産額として法務省令で定める方法により算定される額[注1]に対して5分の1を超えない場合には，吸収合併存続会社における株主総会の決議は不要です（会796③，施規196）。

① 吸収合併消滅会社の株主に対して交付する存続会社の株式の数に存続会社の1株当たり純資産額を乗じて得た額[注2]
② 吸収合併消滅会社の株主に対して交付する存続会社の社債，新株予約権又は新株予約権付社債の帳簿価額の合計額
③ 吸収合併消滅会社の株主に対して交付する存続会社の株式等以外の財産の帳簿価額の合計額

ただし，上記の要件を満たす場合でも，以下の場合には，存続会社は株主総会の承認が必要です。

① 吸収合併存続会社において差損が生じる場合（会795②）
② 吸収合併存続会社が公開会社でない場合であって，かつ，吸収合併消滅会社の株主に対して交付する金銭等の全部又は一部が吸収合併存続会社の譲渡制限株式である場合（会796①但書）
③ 一定数の株式を有する株主が反対した場合（会796④）。ここで一定数とは，原則的には，6分の1であり，定款で定めた場合はその数，その他定足数や可決要件等を変更している場合はそれに伴って修正した数を指し，いずれか小さい数とされています（施規197）。

(注1) 吸収合併存続会社の純資産額として法務省令で定める方法により算定される額とは，次の表のそれぞれの時点におけるaからfの金額の合計額からgの額を減じたものとなります（施規196）。ただし，これにより算定された金額が500万円を下回る場合は，500万円が吸収合併存続会社の純資産額として用いられます。

344

項　目	基準時点
a　資本金の額	算定基準日
b　資本準備金の額	算定基準日
c　利益準備金の額	算定基準日
d　剰余金の額	＊
e　評価・換算差額等の額	最終事業年度末
f　新株予約権の帳簿価額	算定基準日
g　自己株式及び自己新株予約権の帳簿価額の合計額	算定基準日

＊　特殊なケースを除き，最終事業年度末におけるその他資本剰余金とその他利益剰余金の和にその後の増減を加味した額となります（会446，計規149，150）。

　ここで，算定基準日とは，「吸収合併契約，吸収分割契約又は株式交換契約を締結した日（当該これらの契約により当該これらの契約を締結した日と異なる時（当該これらの契約を締結した日後から当該吸収合併，吸収分割又は株式交換の効力が生ずる時の直前までの間の時に限る。）を定めた場合にあっては，当該時）」とされています（施規196）。

(注2)　1株当たり純資産額＝（基準純資産額÷基準株式数）×株式係数
- 基準純資産額とは，算定基準日における存続会社等の純資産額を基準に算定したものです。具体的には（注1）の吸収合併存続会社の純資産額と同様の計算を行いますが，これにより算定された金額が500万円を下回る場合であっても当該金額（ただし，零未満である場合は零）とされます（施規25③）。
- 株式係数とは，原則として「1」となりますが，種類株式発行会社において，定款である種類の株式について1以外の数を定めた場合にあっては，当該数となります（施規25⑤）。
- 基準株式数とは，種類株式を発行していない場合は，発行済株式の総数（自己株式を除く。）となり，種類株式を発行している場合は，株式会社が発行している各種類株式（自己株式を除く。）の数に当該種類の株式に係る株式係数を乗じて得た数の合計額とされています（施規25④）。

3　簡易株式交換

　簡易株式交換については，上記2簡易合併の場合の「吸収合併存続会社」を「株式交換完全親会社」へ，「吸収合併消滅会社」を「株式交換完全子会社」へ読換えをすればそれで足ります。

4 簡易会社分割

(1) 吸収分割承継会社における簡易分割

吸収分割承継会社においては，上記2簡易合併の「吸収合併存続会社」を「吸収分割承継会社」へ，「吸収合併消滅会社」を「吸収分割会社」へ読換えをすればそれで足ります。

(2) 吸収分割会社における簡易分割

吸収分割においては，吸収合併，株式交換と異なり，吸収分割会社においても簡易分割が認められています。

吸収分割承継会社に承継させる資産の帳簿価額の合計額が吸収分割会社の総資産額として法務省令で定める方法により算定される額(注1)に対して，5分の1を超えない場合には，吸収分割会社における株主総会の決議は不要です（会784③，施規187）。

吸収分割会社の総資産額については，原則として吸収分割契約の締結日を基準とし，一方，吸収分割承継会社に承継させる資産の帳簿価額については，効力発生の直前で判断します。

(注1) 吸収分割会社の総資産額として法務省令で定める方法により算定される額とは，次の表のそれぞれの時点におけるそれぞれの項目のうち，aからhの金額の合計額からiの額を減じたものとなります（施規187①）。

	項　　目	基準時点
a	資本金の額	算定基準日
b	資本準備金の額	算定基準日
c	利益準備金の額	算定基準日
d	剰余金の額	＊
e	評価・換算差額等の額	最終事業年度末
f	負債の部に計上した額	最終事業年度末
g	最終事業年度の末日後に吸収合併・吸収分割・他の会社の事業の権利義務の承継又は他の会社の事業の全部の譲受けにより承継又は譲受けをした負債の額	算定基準日
h	新株予約権の帳簿価額	算定基準日
i	自己株式及び自己新株予約権の帳簿価額の合計額	算定基準日

* 特殊なケースを除き，最終事業年度におけるその他資本剰余金とその他利益剰余金の和にその後の増減を加味した額となります（会446，計規149，150）。

ここで「算定基準日」とは，「吸収分割契約を締結した日（当該吸収分割契約により当該吸収分割契約を締結した日と異なる時（当該吸収分割契約を締結した日後から当該吸収分割の効力が生ずる時の直前までの間の時に限る。）を定めた場合にあっては，当該時）」とされています（施規187）。

(3) 新設分割会社における簡易分割

新設分割において，新設分割設立会社に承継させる資産の帳簿価額の合計額が，新設分割会社の総資産額として法務省令で定める方法により算定される額^(注2)に対して，5分の1を超えない場合は，新設分割会社における株主総会の決議は不要です（会805，施規207）。

(注2) 新設分割会社の総資産額として法務省令で定める方法により算定される額とは，上記(2)の（注1）の表のそれぞれの時点におけるそれぞれの項目のうち，aからhの金額の合計額からiの額を減じたものとなります（施規207）。

この場合における「算定基準日」とは，「新設分割計画を作成した日（当該新設分割計画により当該新設分割計画を作成した日と異なる時（当該新設分割計画を作成した日後から当該新設分割の効力が生ずる時の直前までの間の時に限る。）を定めた場合にあっては，当該時）」とされています（施規207）。

事業譲渡等

Q91

事業譲渡等の規制について説明してください。

A

> ●ポイント●
>
> 事業譲渡等を行う場合には，株主総会の特別決議が必要です。しかし，相手方が事業譲渡等をする株式会社の特別支配会社である場合には，株主総会の決議が不要です。また，事業の重要な一部の譲渡，事業の全部の譲受け及び事後設立について，規模が小さい場合には，株主総会の決議は不要です。

1 事業譲渡等の概要と手続

　会社法では，事業譲渡などの次の行為をする場合には，その効力発生日の前日までに，原則として，株主総会の特別決議による承認を受けなければならないこととしています（会467①，309②十一）。

① 事業の全部の譲渡
② 事業の重要な一部の譲渡
③ 他の会社の事業の全部の譲受け
④ 事業の全部の賃貸，事業の全部の経営の委任，他人と事業上の損益の全部を共通にする契約その他これらに準ずる契約の締結，変更又は解約
⑤ 株式会社の成立後2年以内におけるその成立前から存在する財産であってその事業のために継続して使用するものの取得（事後設立）

　会社法では，上記①及び②の事業譲渡のほかに③及び④を含めて「事業譲渡等」としています（会468①）。

　事業譲渡については，契約を承継する場合にそれぞれ個別に契約の相手先との同意が必要となるなど，合併や会社分割による権利義務等の承継と異なる点があることに注意が必要です。

　なお，上記①～⑤に該当する場合であっても，株主総会の承認を要しない場合があり，以下2から4で説明します。

2　簡易事業譲渡

　事業の重要な一部の譲渡については，譲渡する資産の帳簿価額が譲渡会社の総資産額として法務省令で定める方法により算定される額（注１）の５分の１（これを下回る割合を定款で定めた場合にあっては，その割合）以下の場合は，簡易事業譲渡として株主総会の決議は不要です（会467①二括弧書，施規134）。

（注１）　譲渡会社の総資産額として法務省令で定める方法により算定される額とは，次の表のそれぞれの時点におけるそれぞれの項目のうち，ａからｈの金額の合計額からｉの額を減じたものとなります（施規134①）。

項　　　目		基準時点
a	資本金の額	算定基準日
b	資本準備金の額	算定基準日
c	利益準備金の額	算定基準日
d	剰余金の額	＊
e	評価・換算差額等の額	最終事業年度末
f	負債の部に計上した額	最終事業年度末
g	最終事業年度の末日後に吸収合併・吸収分割・他の会社の事業の権利義務の承継又は他の会社の事業の全部の譲受けにより承継又は譲受けをした負債の額	算定基準日
h	新株予約権の帳簿価額	算定基準日
i	自己株式及び自己新株予約権の帳簿価額の合計額	算定基準日

＊　特殊なケースを除き，最終事業年度におけるその他資本剰余金とその他利益剰余金の和にその後の増減を加味した額となります（会446，計規149，150）。
　　ここで「算定基準日」とは，「契約を締結した日（当該契約により当該契約を締結した日と異なる時（当該契約を締結した日後から当該譲渡の効力が生ずる時の直前までの間の時に限る。）を定めた場合にあっては，当該時）」とされています（施規134）。

3　簡易事業譲受け

　事業全部の譲受けの場合は，原則として株主総会の特別決議が必要ですが，譲受け事業の全部の対価として交付する財産の帳簿価額の合計額が譲受会社の純資産額として法務省令で定める方法により算定される額（注２）の５分の１

を超えない場合は簡易事業譲受けとして，株主総会の決議は不要です（会468②）。

ただし，簡易事業譲受けに該当する場合であっても，一定数の株式を有する株主が，事業譲受けに関する株主への通知又は公告の日から2週間以内に反対する旨の通知をした場合には，株主総会の特別決議が必要となります（会468③，施規138）。

(注2) 事業の全部の譲受けを行う会社等の純資産額として法務省令で定める方法により算定される額とは，次の表のそれぞれの時点において，aからfの金額の合計額からgの額を減じた額となります（施規137①）。ただし，これにより算定された金額が500万円を下回る場合は，500万円が簡易事業譲受けの判定に用いられることになります。

	項　目	基準時点
a	資本金の額	算定基準日
b	資本準備金の額	算定基準日
c	利益準備金の額	算定基準日
d	剰余金の額	＊
e	評価・換算差額等の額	最終事業年度
f	新株予約権の帳簿価額	算定基準日
g	自己株式及び自己新株予約権の帳簿価額の合計額	算定基準日

＊　特殊なケースを除き，最終事業年度におけるその他資本剰余金とその他利益剰余金の和にその後の増減を加味した額となります（会446，計規149，150）

4　略式事業譲渡等

事業譲渡等（上記1①～④）に係る契約の相手方が，その事業譲渡をする株式会社の特別支配会社である場合には，事業譲渡等をする株式会社の株主総会決議は不要となります（会468①）。

ここで，特別支配会社とは，事業譲渡等をする株式会社の総株主の議決権の90％（これを上回る割合を定款で定めた場合にはその割合）以上を単独で又は100％子会社を通じて所有している会社をいいます。

5　事業譲渡における競業避止義務

　事業を譲渡した会社は，当事者の別段の意思表示がない限り，同一市町村の区域内及びこれに隣接する市町村の区域内においては，事業を譲渡した日から20年間は同一の事業を行うことができません（会21①）。なお，当事者間の意思表示によって，競業避止義務の排除や加重を行うことができます。

　なお，「同一の市町村」とは，東京都の場合は特別区を指し，政令指定都市の場合は区を指します（会21①括弧書）。

　また，譲渡会社が同一の事業を行わない旨の特約をした場合には，その特約は事業の譲渡日から30年の期間内に限り，その効力を有するものとされています（会21②）。

6　事業譲受け等に関する規制

　私的独占の禁止及び公正取引の確保に関する法律では，事業等の譲受会社に，一定の基準に該当する場合には，事前届出義務を課しています。

　この一定の基準とは，国内売上高合計が200億円を超える会社（譲受会社）が，次のいずれかに該当する事業譲受けを行う場合には，事前に所定の様式による届出書を公正取引委員会に提出し，審査を受けなければなりません（独禁法16②）。

　なお，この届出が受理されてから30日を経過するまでは，事業譲受けを行うことはできません（独禁法10⑧，16③）。

(1) 国内売上高が30億円を超える会社の事業の全部を譲り受ける場合
(2) 他の会社の事業の重要部分の譲受けをしようとする場合であって，当該譲受けの対象部分に係る国内売上高が30億円を超える場合
(3) 他の会社の事業上の固定資産の全部又は重要部分の譲受けをしようとする場合であって，当該譲受けの対象部分に係る国内売上高が30億円を超える場合

《参考文献》
『会社法実務ハンドブック（第2版）』髙野一郎著　中央経済社　平成22年
『Q＆A　企業再編のための合併・分割・株式交換等の実務』仰星監査法人編著　清文社　平成24年

組織再編行為と株式買取請求権

Q92

反対株主の買取請求について説明してください。

A

> ●ポイント●
>
> 　株式買取請求権は株主の投下資本の回収機会を確保することにその目的があります。反対株主の買取請求権は少数派株主の経済的利益を保護することを目的とするものであって，定款の定めをもっても株式買取請求権は奪うことはできません。

1　株主総会決議を要する場合について

　組織再編行為をするために株主総会の決議を要する場合は，以下の株主に会社に対して自己の有する株式を公正な価格で買い取ることを請求する権利が認められています。

- その株主総会で議決権を行使できる株主のうち総会に先立ってその組織再編行為に反対する旨を会社に通知し，かつ，株主総会において反対した株主
- その株主総会において議決権を行使することができない株主

2 株主総会決議を要しない場合について

　組織再編行為をするために株主総会の決議を要しない場合は，すべての株主に，会社に対して自己の有する株式を公正な価格で買い取ることを請求する権利が認められています。

　旧商法においては，株式買取請求権が行使された場合の株式の買取価格である「公正な価格」は，株式買取請求権行使のもととなる組織再編行為に係る株主総会の承認決議がなかった場合の公正な価格とされていました。一方で，会社法においては，株式買取請求権が行使された場合の株式の買取価格である「公正な価格」は組織再編行為による企業価値の増加分等を適切に反映した公正な価格と解されています（会785①，797①，806①）。

3 株主買取請求権が認められない場合と買取請求権の撤回について

　以下の場合，株式買取請求権は認められていません。
- 事業全部の譲渡をする場合にその承認決議と同時に解散決議がなされた場合（会469①但書）
- 吸収合併，株式交換，新設合併において総株主の同意が必要な場合（会785①一，783②，806①一，804②）
- 会社分割の場合に分割会社において簡易組織再編行為が認められる場合（会784③，785①二，805，806①一）

　また，株式買取請求をした株主は原則として，会社の承諾を得た場合に限り，その買取請求権を撤回することができます（会785⑥，797⑥，806⑥）。

4 株式買取の手続と効力発生日について

　株式買取請求は，事業譲渡・吸収合併・吸収分割・株式交換の場合（以下「事業譲渡等」という。）には，効力発生の20日前の日から効力発生の前日までの間に，新設合併・新設分割・株式移転の場合（以下「新設合併等」という。）には，通知・公告をした日から20日以内に，それぞれその株式買取請求に係る株式の数を明らかにしてしなければなりません（会469⑤，785⑤，797

⑤, 806⑤)。

　株式の価格の決定について, 株主と会社との間に協議が調ったときは, 会社は事業譲渡等の場合には効力発生日から60日以内に, 新設合併等の場合には会社設立日から60日以内に, その支払いをしなければなりません (会470①, 786①, 798①, 807①)。

　株式の買取りは, 吸収合併 (消滅会社の株主)・株式交換 (完全子会社となる会社の株主) の場合には効力発生日, 事業譲渡・吸収合併 (存続会社の株主)・株式交換 (完全親会社となる会社の株主)・吸収分割・新設分割の場合にはその株式の代金の支払いの時に, 新設合併・株式移転の場合には設立会社の設立日に, 効力を生じます (会470⑤, 786⑤, 798⑤, 807⑤)。

5　会社法制の見直しに関する要綱の内容

　組織再編における株式買取請求については, 会社法制の見直しに関する要綱において一部見直しが検討されています。

(1)　買取口座の創設

　現行法では, 株式買取請求をした反対株主は, 買取請求の相手方である消滅会社等又は存続会社等の承諾を得た場合に限りその株式買取請求を撤回できるものとされています (会785⑥他)。これは, 株式買取請求をし, その後株価の動向をみながら市場で売却した方が有利な場合には当該請求を撤回して当該株式を市場で売却するなどして, 投機的に株式買取請求権を濫用することを防ぐために設けられたものです (「立案担当者による新・会社法の解説」別冊商事法務No.295, 201ページ)。しかし, この株式買取請求の撤回の制限が会社法施行時に設けられましたが, 現在, 上場会社の株式は電子化されており, 振替株式については, 振替口座間の振替により売買の効力が発生しますので, 会社の承諾に拘わらず, 市場で売却すれば, 実質的に株式買取請求を撤回することが可能になっています。

　そこで, 会社法制の見直しに関する要綱では, 組織再編に係る株式買取請求の撤回の制限をより実効化するため株式買取請求に係る株式が, 振替株式である場合には, 組織再編に反対の株主は, 株式買取請求をすると同時に, 当該請

求に係る振替株式について，株式買取請求に係る振替株式の振替を行うために会社の申出により開設される買取口座を振替先口座とする振替の申請をしなければならないものとされ，この振替の申請をしなかった場合には，株式買取請求はその効力を生じないものとされています（要綱第2部第3・1③）。

(2) 株式等の買取りの効力が生ずる時

現行法では前記4のとおり規定されています。

会社法制の見直しに関する要綱では，会社法第116条第1項各号の行為をする会社，事業譲渡等をする会社，存続会社等，吸収分割会社又は新設分割会社に対する株式買取請求について，当該請求に係る株式の買取りは，これらの行為がその効力を生ずる日に，その効力を生ずるものとしています（要綱第2部第3・2①）。

(3) 株式買取請求に係る株式等に係る価格決定前の支払制度

現行法では，株式買取請求権に係る株式等について，裁判所に価格決定の申立てがされた場合には，消滅会社等又は存続会社等は裁判所の決定した価格に対して支払日まで年6分の利息を支払わなければなりません（会786④他）。しかし，現在の経済状況を踏まえると，年6分の利率がつくことが株式買取請求の濫用を招く原因となっているとの指摘がされています。また，実務上は，裁判所の決定がされる前に，反対株主と会社の間で，会社が反対株主に対し，株式買取請求に係る株式につき，一定の価格を支払う旨の合意をすることがあるとの指摘もあります。

会社法制の見直しに関する要綱では，会社法第116条第1項各号の行為をする株式会社，全部取得条項付種類株式を取得する株式会社，株式売渡請求をする特別支配株主，株式の併合をする株式会社，事業譲渡等をする株式会社，消滅株式会社等又は存続株式会社等は，株式買取請求又は価格決定の申し立てをした株主に対し，株式の価格の決定がされる前に，公正な価格と認める額を支払うことができるとされています（要綱第2部第3・3）。これは，会社の利息の負担を軽減するとともに，株式買取請求の濫用を防止する観点から設けられたものであり，会社は反対株主に対し，株式の価格の決定がされる前に，会

社が公正な価格と認める額を支払うことができるものとして、会社がこの制度による支払いをした場合には、当該支払いをした額に対する支払い後の利息を支払う義務を負わないものと考えられます。

(4) 簡易組織再編、略式組織再編等における株式買取請求

現行法では、存続会社において簡易組織再編の要件を満たす場合（会796③）、及び譲受会社において簡易事業譲渡の要件を満たす場合（会468②）には、存続会社又は譲受会社には、存続会社又は譲受会社のすべての株主が株式買取請求権を有するものとされています（会797②二、469②二）。しかし、現行法が簡易組織再編等について株主総会の決議を要しないものとしているのは、簡易組織再編等が会社や株主に与える影響が軽微であることによります。よって、簡易組織再編等は会社組織の基礎に本質的な変更をもたらす行為とはいえず、反対株主は株式買取請求権を有しないものとすべきとの指摘がされています（中間試案補足説明第2部第4・3）。

そこで、「会社法制の見直しに関する要綱」では、存続株式会社等に簡易組織再編の要件を満たす場合及び譲受会社において簡易事業譲渡の要件を満たす場合には、反対株主は、株式買取請求権を有しないものとされています（要綱第2部第3・4①）。また、略式組織再編又は略式事業譲渡の要件を満たす場合には、特別支配会社は、株式買取請求権を有しないものとし、株式買取請求に関する通知の対象である株主から特別支配会社を除くものとされています（要綱第2部第3・4②）。

組織再編行為と新株予約権

Q93

組織再編行為に伴う新株予約権の承継について説明してください。

A

> ●ポイント●
>
> 　新株予約権の発行に際して，組織再編に伴う新株予約権の承継についてその条件を定めることができます。また，承継について定めがない新株予約権であっても，買取請求権が行使できる場合があります。

1　新株予約権の内容

　新株予約権の発行に際して，新株予約権の内容として，合併の場合には存続会社又は新設会社の，吸収分割の場合には承継会社の，新設分割の場合には新設会社の，株式交換の場合には完全親会社の，株式移転には株式移転により設立する会社の新株予約権をその新株予約権者に交付する旨及びその条件を定めることができます（会238①一，236①八）。

2　新株予約権の買取請求

　以下の場合には自己の有する新株予約権を公正な価格で買い取ることを請求することができます（会787①，808①）。

- 新株予約権の発行条項に承継に関する定めがある場合で，組織再編行為に際して，その定めに沿わない取扱いがなされた場合
- 新株予約権の発行条項に承継に関する定めがない場合で，組織再編行為により他の株式会社に新株予約権が承継されることとなった場合

再編方法	合併		吸収分割	新設分割	株式交換	株式移転
承継会社	存続会社	新設会社	承継会社	新設会社	完全親会社	新設会社

⇩

新株予約権を承継し，新株予約権者に新株予約権を交付する

3 新株予約権付社債について

　新株予約権付社債の場合，原則として，新株予約権と社債に分離することなく，新株予約権付社債の買取りを請求します（会787②本文，808②本文）。

　ただし，新株予約権付社債の募集要項として，新株予約権のみ買取り，又は新株予約権若しくは新株予約権付社債のいずれかの買取りを請求することができる旨を定めたときは，それに従い買取請求権を行使することができます（会787②但書，808②但書）。

　株式交換・株式移転に際して，新株予約権付社債が承継されるときは，その新株予約権付社債権者，及び，株式交換の場合にはさらに完全親会社となる会社の債権者に対する債権者保護手続を経なければなりません（会789①三，810①三，799①三）。

第11章

会社法制の見直し

取締役会の監督機能

Q94

取締役会の監督機能についてどのような見直しがされているのかについて説明してください。

A

●ポイント●

　取締役会は業務の意思決定をなす機関であり，妥当性，合目的性を持った経営判断をするため，取締役会の監督は，適法性のみならず妥当性，合目的性といった広範囲に及び，監督の実効性を確保するため，取締役会に上程されない事項についても監督の権限を有し義務を負います。

　また，会社法制の見直しに関する要綱では，監督機能の強化のため監査・監督委員会設置会社制度（仮称）の創設や　社外取締役に関する規定の見直しが検討されています。

1　現行法の取扱い

(1)　委員会設置会社以外の会社

　代表取締役及び業務執行取締役が業務の執行にあたりますが，それは取締役会の意思決定に基づくものでなければなりません。そのため，取締役会は，取締役の職務執行を監督する権限を有します（会362②二）。また，取締役会の監督機能の実効性を確保するため，代表取締役及び業務執行取締役に3か月に1回以上業務執行の状況を取締役会に報告することを要求し（会363②），このための取締役会の開催を省略することはできません（会372②）。

監督は，適法性のみならず妥当性や合目的性まで及びます。これは，取締役会は業務執行の意思決定をなす機関であり，妥当性や合目的性をもった経営判断をすることが期待され，その観点からの監督をなす能力を有しているはずだからです。

また，取締役会は常に活動状態にはないため，監督の実効性をあげるため，取締役会に上程されない事項についても監督の権限を有し義務を負っています。

(2) 委員会設置会社

委員会設置会社においては，取締役会は，取締役及び執行役の職務の執行を監督します（会416①）。委員会設置会社では，執行役が業務執行を担当するため，その職務の執行を取締役会の監督の対象とする必要があります。

2 会社法制の見直しに関する要綱の内容

(1) 監査・監督委員会設置会社（仮称）制度について

① 現行法の問題点

現行法の下で認められている機関設計のうち，監査役会設置会社については，少なくとも2人の社外監査役の選任が義務付けられています（会335③）。そのため社外監査役に加えて社外取締役も選任することの重複感や負担感から社外取締役の機能の活用という観点からは，必ずしも利用しやすい機関設計となっていないとの指摘があります（中間試案補足説明第1部第1・2(1)ア）。

他方，委員会設置会社については，過半数の社外取締役で構成される指名委員会や報酬委員会等を置くことへの抵抗感等から，現状上場企業で委員会設置会社を採用している会社は少数となっています。

そこで，社外取締役の設置趣旨である本来の機能を活用するため，新たな類型の機関設計として，監査・監督委員会設置会社制度（仮称，以下「監査・監督委員会設置会社」という。）を創設することが検討されています。これは業務執行と監督機能を分離するために，自ら業務執行をしない社外取締役を複数置き，監査を担うとともに経営者の選定・解職等への関与を通じて監督機能を果たす制度です（中間試案補足説明第1部第1・2(1)ア）

② 監査・監督委員会の設置
　a．株式会社は，大会社であるか，また公開会社であるかにかかわらず，定款自治により監査・監督委員会を置くことができます（要綱第1部第1・1(1)①）。
　b．この制度は，取締役会の監督機能の充実という観点から新設する機関設計であり，監査・監督委員会設置会社には取締役会の設置を義務付けています。さらに，計算書類の適正性・信頼性の確保の観点から，会計監査人の設置が義務付けられています（要綱第1部第1・1(1)②）。
　c．監査・監督委員会設置会社では，監査・監督委員会が監査を担うことから監査機能の重複を避けるため監査役を置かないものとしています（要綱第1部第1・1(1)③）。
　d．監査・監督委員会設置会社の業務は株主総会によって選任される取締役の中から選定される代表取締役等の会社法第363条第1項各号に掲げる取締役が執行するものとしています（要綱第1部第1・1(1)⑤）。

③ 監査・監督委員の選任・解任及び報酬等の決定の手続
監査の実効性を確保するためには，その地位が経営者から独立している必要があります。そこで独立性を確保する目的で以下の手続等が予定されています。
　a．監査・監督委員である取締役は，それ以外の取締役とは区別して，株主総会の決議によって選任します（要綱第1部第1・1(2)①）。また，選任に関する議案を株主総会に提出するには，監査・監督委員会の同意を得なければなりません（要綱第1部第1・1(2)②）。また，解任は株主総会の特別決議によります（要綱第1部第1・1(2)④）。
　b．監査・監督委員である取締役の報酬等は，それ以外の取締役の報酬等とは区別して，定款又は株主総会の決議によって定めるものとされています（要綱第1部第1・1(2)⑧）。
　c．監査・監督委員である取締役の任期は2年とされているのに対して，監査・監督委員以外の取締役の任期は1年とされています（要綱第1部第1・1(2)⑦）。

④ 監査・監督委員会の構成と権限
　a．監査・監督委員は3名以上で組織します。監査・監督委員は取締役でな

ければならず，かつ過半数は社外取締役でなければなりません（要綱第1部第1・1(3)①，②）。

b．監査・監督委員会は取締役の職務の執行の監査及び監査報告の作成の職務を担います。また，現行法の監査役は会計監査人の選解任，再任しないことの議案についてはその同意又は議案提出等の請求しかできませんが，監査・監督委員会は議案の内容の決定ができます（要綱第1部第1・1(4)①）。

その他，取締役による法令違反等があると認められるときは，遅滞なく，その旨を取締役会に報告しなければならないなど，監査・監督委員会及び各監査・監督委員は，現行法の監査委員会及び各監査委員が有する権限とほぼ同様の権限を有しています。

(2) 社外取締役の規律について

① 監査役設置会社（公開会社であり，かつ，大会社であるものに限ります。）のうち，金融商品取引法第24条第1項の規定によりその発行する株式について有価証券報告書を提出しなければならない株式会社において，社外取締役が存在しない場合には，社外取締役を置くことが相当でない理由を事業報告の内容とすることとされています（要綱第1部第1・2（前注））。

② 現行法では，社外取締役は株式会社の取締役であって，当該株式会社又はその子会社の業務執行取締役又は執行役又は支配人その他の使用人ではなく，かつ，過去に当該株式会社その子会社の業務執行取締役若しくは執行役又は支配人その他の使用人となったことがないものと定義されています（会2十五）。

これに対して，社外取締役の経営に対する監査機能の実効性を高めるという観点から，現行法における社外取締役の要件は十分とはいえず，経営者と利害関係を有しない独立性，つまり親会社の関係者でないものであることなどが必要であるとの指摘がありました。

そこで，社外取締役の要件として以下の追加がされています。

a．株式会社の親会社等又はその取締役若しくは執行役若しくは支配人その他の使用人ではないこと（親会社の関係者ではないこと）（要綱第1部第

1・2(1)①)。
　b．株式会社の親会社等の子会社等の業務執行取締役若しくは執行役又は支配人その他の使用人ではないこと（兄弟会社の関係者ではないこと）（要綱第1部第1・2(1)②)。
　c．株式会社の取締役若しくは執行役若しくは支配人その他の重要な使用人又は親会社等（自然人であるものに限る。）の配偶者又は2親等内の親族ではないこと（株式会社等の関係者の近親者ではないこと）（要綱第1部第1・2(1)③)。
③　独立性の強化により確保がより困難になるとの指摘に対応し，社外取締役の要件に係る対象期間を限定することが検討されています。
　現行法では過去に一度でも経営者の指揮命令系統に属したことがある者は，社外取締役の要件は満たさないものとされています。
　そこで，上記指摘に対応するため，一度業務執行取締役などに就任した場合でも10年が経過すれば社外取締役になれることが検討されています。ただし，取締役が監査役に就任し，10年経過後に社外取締役に就任するようなことは，独立性を確保するという社外取締役の制度趣旨に反するため認められません。

監査役の監査機能

Q95

監査役の監査機能についてどのような見直しがされているのかについて説明してください。

A

> ●ポイント●
>
> 　監査役の監査の範囲については議論があり得るところです。会社法制の見直しに関する要綱では，監査機能の強化のため社外監査役の要件に関する規定等の見直しが検討されています。

1　基本的な監査機能について

　監査役は計算書類並びに附属明細書及び臨時計算書類を監査し監査報告書を作成します（会436①，②，441②）。また，取締役などの職務執行を監査するため，いつでも取締役などに対し事業の報告を求め，会社の業務及び財産の状況を調査することができます（会381②）。

2　子会社に対する監査機能について

　子会社がある場合には，親会社は子会社に対して支配力を有し，子会社を用いた違法行為や会計操作が行われる可能性があるため，親会社の監査役は子会社に対しても報告を要求し，その業務及び財産の状況を調査することができます（会381③）。

3　監査役と取締役会について

　監査役は取締役会において法令及び定款違反又は著しく不当な決議がなされるのを防ぐため，取締役会に出席し必要と認めるときは意見を述べる義務があります（会383①）。また，取締役会の招集請求権及び招集権が与えられています（会383②，③，④）。加えて，取締役が株主総会に提出する議案，書類その他法務省令で定めるものを調査しなければならず，法令，定款違反又は著しく不当な事項があると認められるときは，株主総会に調査結果を報告しなければなりません（会384）。

4 監査役と取締役の関係について

　監査役の監査の範囲を会計に関するものに限定する旨の定款の定めがある会社を除き，取締役が監査役設置会社の目的の範囲外の行為その他法令若しくは定款に違反する行為をし，又はこれらの行為をするおそれがある場合で，その行為によって会社に著しい損害が生ずるおそれがあるときは，その取締役に対し，その行為をやめることを請求することができます（会385）。

5 社外監査役の規律について

(1) 現　行　法

　社外監査役は，株式会社の監査役であって，過去に当該株式会社又はその子会社の取締役，会計参与若しくは執行役又は支配人その他の使用人となったことがないものと定義されています（会2十六）。

(2) 会社法制の見直しに関する要綱

　社外監査役の監査の実効性を確保するため，前記の社外取締役の要件の見直しが検討されていることに伴い，社外監査役の要件の見直しが検討されています。

① 株式会社の親会社等又はその取締役，監査役若しくは執行役若しくは支配人その他の使用人ではないこと（親会社の関係者ではないこと）（要綱第1部第1・2(1)①イ）。

② 株式会社の親会社等の子会社等の業務執行取締役若しくは執行役又は支配人その他の使用人ではないこと（兄弟会社の関係者ではないこと）（要綱第1部第1・2(1)②）。

③ 株式会社の取締役若しくは支配人その他の重要な使用人又は親会社等（自然人であるものに限る。）の配偶者又は2親等内の親族ではないこと（株式会社等の関係者の近親者ではないこと）（要綱第1部第1・2(1)③イ）。

6　社外監査役の対象期間について

(1)　現　行　法

過去に一度でも経営者の指揮命令系統に属した者は，社外監査役の要件は満たさないものとされています。

(2)　会社法制の見直しに関する要綱

独立性の強化により確保がより困難になるとの指摘に対応し，社外監査役の要件に係る対象期間を限定することが検討されており，一度業務執行取締役などに就任した場合でも10年が経過すれば社外監査役になることができるなどが検討されています。

7　会計監査人の選解任等について

(1)　現　行　法

会計監査人の選解任，不再任に関する議題，議案及び報酬等の決定は，取締役又は取締役会の権限とされています。これに対して監査役又は監査役会は会計監査人の選解任，不再任に関する議案等への同意権並びに報酬等への同意権を有しています（会344，399①，②）。

(2)　会社法制の見直しに関する要綱

従来から，監査を受ける立場にある取締役又は取締役会が，会計監査人の選解任に関する議案や報酬等を決定するのは，会計監査人の独立性の観点から問題があるとの指摘がありました（中間試案補足説明第1部第2・1(1)）。

そこで，監査役又は監査役会は，株主総会に提出する会計監査人の選解任及び不再任の議案の内容の決定権を有するとされています（要綱第1部第2）。

一方で，会計監査人の報酬金額の決定は，企業経営と密接に関係することから，経営責任を担う取締役又は取締役会がこれを決定することが適切であるとの考えのもと現行法のままであることが検討されています。

監査役又は監査役会の権限	現 行 法	見直しに関する要綱
選解任，不再任議題	同 意 権	決 定 権
報 酬 等	同 意 権	同 意 権

《参考文献》

『リーガルマインド会社法　第12版』弥永真生著，有斐閣，平成21年

会社法制の見直しに関する要綱

会社法制部会資料27

『月刊監査役』No.596別冊付録，公益社団法人日本監査役協会，平成24年2月号

『超図解　ビジネスmini誰でもわかる新会社法　改訂新版』蓮見正純・六川浩明著，エクスメディア，平成17年

『新会社法実務相談』弥永真生・岩倉正和・太田洋・佐藤丈文監修　西村ときわ法律事務所編著，商事法務，平成18年

支配株主の異動を伴う第三者割当てによる募集株式の発行等

Q96

現行法では，公開会社が第三者割当てによる募集株式の発行等を行う場合，払込金額が引受人に特に有利な金額でない限り，株主総会の決議を要しないとされていますが，これに対する見直し案及び議論されていることについて教えてください。

A

> ●ポイント●
>
> 支配権の異動を伴う第三者割当による募集株式の発行等について株主総会の決議を要するものとすることや，資金調達の緊急性が高い場合の柔軟な対応が必要な場合の措置等が議論されています。

1　現行法の取扱いと問題点

　現行法では，公開会社は，払込金額が引受人に特に有利な金額でない限り，株主総会の決議を要せず，募集株式の発行等をすることができます（会201①，199③）。ここで，公開会社とは，その発行する全部又は一部の株式の内容として譲渡による当該株式の取得について株式会社の承認を要する旨の定款の定めを設けていない株式会社をいいます（会2五）。しかし，かかる規律によれば，支配権の異動を伴うような募集株式の発行等も取締役会の決議で行うことができてしまうため，支配権の異動を伴う募集株式の発行等については，株主総会の決議を要求すべきであるという主張が，従来からなされています。

　すなわち，資金調達を機動的に実施したい会社にとって便宜的なものとなっていますが，その一方で，取締役会が既存株主の議決権を希薄化させたり，割当先を選んだりすることができてしまうという側面があることから，既存株主や投資家を保護する観点からは望ましくないとの批判がなされています。

　そのような中で，既に上場会社については，有価証券上場規程が平成21年に改正され，希薄化率が25％以上となる第三者割当てや支配株主の異動を伴う第三者割当ての場合，増資の緊急性が極めて高い場合を除き，社外取締役や社外監査役など経営者から一定程度独立した者から第三者割当ての必要性及び相当性に関する意見を入手して開示するか，又は株主総会の決議等による株主の意思確認のいずれかを実施することが求められることとなっています（東京証券取引所有価証券上場規程432）。

　また，金融商品取引法による開示においては，支配株主が生じるような「大

規模な第三者割当」について，有価証券届出書に当該大規模な第三者割当を行うこととした理由及び当該大規模な第三者割当による既存の株主への影響についての取締役会の判断の内容，大規模な第三者割当を行うことについての判断の過程（経営者から独立した者からの当該大規模な第三者割当についての意見の聴取，株主総会決議における株主の意思の確認その他の大規模な第三者割当に関する取締役会の判断の妥当性を端とする措置を講じる場合は，その旨及び内容を含む）を具体的に記載することとされています（企業内容等の開示に関する内閣府令第2号様式記載上の注意23－8）。

このような流れの中で，会社法制の見直しに関する要綱において，支配株主の異動を伴う一定の第三者割当てについては，株主総会決議を必要とすることとされました。

2 会社法制の見直しに関する要綱

(1) 公開会社における募集株式の割当て等の特則

平成24年9月7日の法制審議会の総会において承認された会社法制の見直しに関する要綱においては，公開会社が，支配株主の異動を伴う募集株式の発行等を行う場合には，情報開示の充実を図るとともに，一定割合の議決権を有する株主が一定期間内に当該募集株式の発行等に反対する旨を通知した場合には，原則として株主総会の決議を要するものとされました。

ここで，支配株主の異動を伴う募集株式の発行等とは，当該募集株式の引受人がその引き受けた募集株式の株主となった場合に有することとなる議決権の数に当該引受人の子会社等が有する議決権の数とを併せて，総株主の議決権の過半数となるような募集株式の発行等とされています。

そして，この場合には，募集株式の発行の払込期日又は払込期間の初日の2週間前までに，株主に対し，次の事項を通知しなければならないとしています。

① 当該引受人の氏名又は名称及び住所
② 当該引受人が引き受けた場合に有することとなる議決権数と当該引受人の子会社等が有する議決権数の合計数
③ その他の法務省令で定める事項（要綱第1部第3・1(1)①）

この通知は，公告をもって代えることができ，また，金融商品取引法の規定

により有価証券届出書等の開示が行われている場合やその他の株主の保護に欠けるおそれがないものとして法務省令で定める場合は，当該通知を要しないものとされています（要綱第1部第3・1(1)②，③）。

ただし，総株主の議決権の10分の1以上の議決権を有する株主が当該通知等の日から2週間以内に当該引受人による募集株式の引受けに反対する旨を公開会社に対し通知したときは，払込期日の前日までに，株主総会の決議によって当該引受人に対する募集株式の割当て又は当該引受人との間の総数引受契約の承認を受けなければならないものとされました。

ただし，当該公開会社の財産の状況が著しく悪化している場合において，当該公開会社の存立を維持するため緊急の必要があるときは，株主総会は不要とされました（要綱第1部第3・1(1)④）。

なお，この株主総会の決議は議決権を行使することができる株主の議決権の過半数を有する株主が出席し，出席した当該株主の議決権の過半数をもって行わなければならないとされ，決議要件は普通決議とされています（要綱第1部第3・1(1)⑤）。

(2) 公開会社における募集新株予約権の割当て等の特則

募集新株予約権の割当て等に関しては，会社法制の見直しに関する中間試案の段階では，注において検討事項とされていましたが，要綱では，募集株式の発行等と同様の定めが置かれました（要綱第1部第3・1(2)）。

多重代表訴訟

Q97

多重代表訴訟の制度の創設が検討されていますが，制度の内容，見直し案を教えてください。

A

> ●ポイント●
>
> 子会社取締役の責任追及のための代表訴訟を認め，親会社株主の損害回復を図り，また，取締役等の任務懈怠を抑止することの実効性を確保するという観点から，多重代表訴訟制度を創設することとされています。

1 現行法の内容と問題点

現行の会社法では，株主は株式会社に対して責任追及等の訴えを提起することができるとされています（会847）。すなわち，ある子会社の取締役が任務懈怠によって当該子会社に対して損害賠償責任を負った場合に，当該取締役に対して代表訴訟を提起できるのは，当該子会社の株主だけであり，当該会社の親会社の株主は代表訴訟提起権を有していません。したがって，子会社に損害が生じた場合に，子会社の取締役等に対して責任を追及することができるのは，子会社の株主である親会社だけで，親会社の株主は，親会社の取締役等の責任を追及するしかありません。

もともと現行法の代表訴訟の制度は，取締役等が株式会社に対して責任を負っている場合に，取締役等の間の親密な関係・同僚意識から，株式会社が取締役等の責任を追及することを期待することができず，株式会社ひいては株主の利益が害されるおそれがあることから，株主に，株式会社の取締役等の責任

を追及するための代表訴訟を提起することを認め，株式会社ひいては株主の利益を回復するものであるとされています。また，取締役等の責任の制度趣旨については，このような損害回復機能だけでなく，取締役等の任務懈怠を抑止する機能（任務懈怠抑止機能）があるとの指摘もされています（中間試案補足説明第2部第1・1(1)）。

子会社の取締役等の責任を追及することができるのは，親会社となりますが，親会社の役員と子会社の役員の間においても，同一企業グループの同僚という意識等から，責任追及がなされないおそれがあるといえます。

そこで，中間試案では，一定の場合には，子会社の事業活動を直接に監督・是正することができるよう，親会社株主が子会社取締役等の責任を追及する訴え（多重代表訴訟）を提起することができるものとする制度を創設することが提案されました。

ただし，多重代表訴訟制度の創設に賛成する立場と反対する立場からそれぞれ意見が出されたため，同制度を創設しないとする案も提案されました。

その後の部会の審議でもA案を支持する意見と反対する意見がありましたが，要綱においては多重代表訴訟の制度を創設するものとされました。

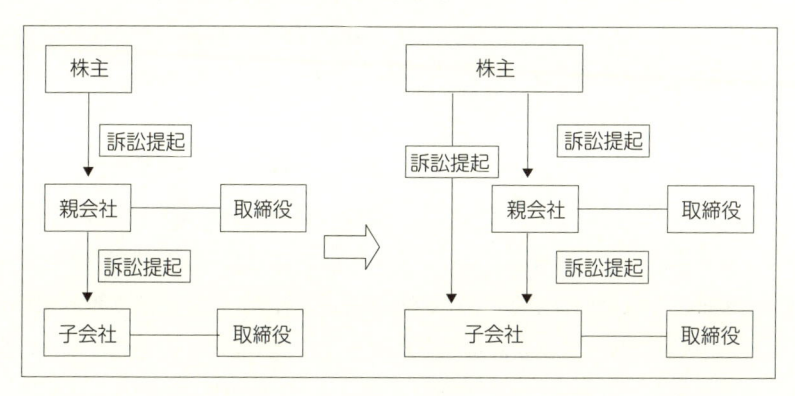

2　会社法制の見直しに関する要綱

(1)　原告の範囲

多重代表訴訟の訴えを起こすことが認められるのは，最終完全親会社の総株主の議決権又は発行済株式の100分の1以上を有する株主に限られます（要綱

第2部第1・1①)。ここで、最終完全親会社とは、株式会社の完全親法人である株式会社であって、その完全親法人（株式会社であるものに限る。）がないものをいいます（要綱第2部第1・1②)。

現行の株主代表訴訟では、1株でも有していれば訴えを起こすことができる（単独株主権）のに対して、多重代表訴訟の提起権は、100分の1以上有する者にされました（少数株主権）が、これは、完全子会社とその完全親会社の株主との関係は、当該完全親会社を通じた間接的なものであるという理由によるものです（中間試案補足説明第2部第1・1(2))。

株式保有要件については、現行の株主代表訴訟と同様に、最終完全親会社が公開会社である場合には、多重代表訴訟の訴えを起こすことができる親会社株主を6か月前から引き続き親会社の株式を保有する者に限るとされています（要綱第2部第1・1③)。

(2) 被告の範囲

多重代表訴訟の被告となるのは、完全子会社の取締役、監査役、会計監査人などとなります（要綱第2部第1・1①、②)。これは、子会社に少数株主が存在する場合には、当該少数株主に、子会社の取締役等の責任の追及を委ねることができることが理由となっています（中間試案補足説明第2部第1・1(2))。

次に、多重代表訴訟の被告の範囲を企業集団において一定の重要性を有している子会社に限っています。すなわち、責任の原因となる事実が生じた日において、当該株式会社の最終完全親会社が有する当該株式会社の株式の帳簿価額（当該最終完全親会社の完全子法人が有する当該株式会社の株式の帳簿価額を含む。）が当該最終完全親会社の総資産額の5分の1を超える場合に限り、当該請求の対象とすることができるとされています（要綱第2部第1・1④)。

(3) 子会社取締役等の責任の免除

株式会社に最終完全親会社がある場合には、当該株式会社の取締役等の責任（多重代表訴訟に係る提訴請求の対象とすることができるものに限る。）は、当該最終完全親会社の総株主の同意がなければ、免除することができないもの

とされています（要綱第2部第1・1⑥）。

子会社少数株主の保護

Q98

　親会社と子会社の利益相反取引により子会社の少数株主が不利益を生じるような場合，親会社の責任に関して明文の規定を設けておくべきであるという見直しが検討されていますが，その内容及び議論されていることについて教えてください。

A

●ポイント●

　親子会社間の利益相反取引による子会社の少数株主への不利益を保護するために，当該親会社の責任に関する明文の規定を設けることが中間試案の段階では提案されていましたが，要綱では，そのような規定は織り込まれず，個別注記表等に記載された親会社との利益相反取引に関する情報開示の充実を図ることの見直しがされました。

1　現行法の内容と問題点

　親子会社関係においては，親会社が，子会社の株主総会における議決権を背景とした影響力により，子会社の利益を犠牲にして自己の利益を図ろうとするおそれがあるとの指摘がなされています（中間試案補足説明第2部第2・1(1)）。

2　中間試案の内容

(1)　中間試案で提案された2つの案

中間試案では，株式会社とその親会社との利益が相反する取引によって当該株式会社が不利益を受けた場合における当該親会社の責任に関し，明文の規定を設けるものとするA案と，これを設けないものとするB案の2案が掲げられました。

中間試案のA案①では，親子会社間の利益相反取引により，当該取引がなかったと仮定した場合と比較して当該株式会社が不利益を受けた場合には，親会社は，子会社に対して，当該不利益に相当する額を支払う義務を負うものとするとし，②において，①の不利益の有無及び程度は，当該取引の条件のほか，当該子会社と親会社の間における当該取引以外の取引の条件その他一切の事情を考慮して判断されるものとするとされました。

一方，B案は，明文の規定は，設けないものとされていました。

(2)　情報開示の充実についての提案

中間試案では，情報開示の充実として，「個別注記表又は附属明細書に表示された株式会社とその親会社等との間の取引について，監査報告等による情報開示に関する規定の充実を図るものとする。」とされました（中間試案第2部第2・2）。

現行法では，親会社等との重要な取引については，個別注記表における「関連当事者との取引に関する注記」（計規98①十五，112）や附属明細書（計規117）において，取引の内容，取引の種類別の取引金額，取引条件及び取引条件の決定方針等を表示しなければならないものとされています。これらの表示の適正さは，会計監査人や監査役による監査意見の対象とされています（会436①，②一，計規122①二，126①二他）。

これに対して，中間試案では，親子会社間の利益相反取引は定型的に子会社に不利益を及ぼすおそれがあることから，情報開示をさらに充実させることが提案されました。

3 会社法制の見直しに関する要綱

　中間試案のA案に対しては，反対意見も多く意見がまとまらず，その結果，会社法制の見直しに関する要綱では，子会社少数株主の保護については，明文規定は設けられず，親会社等との利益相反取引に関する情報開示の充実を図ることについてのみ盛り込まれました。

　すなわち，「子会社少数株主の保護の観点から，個別注記表等に表示された親会社等との利益相反取引に関し，株式会社の利益を害さないように留意した事項，当該取引が株式会社の利益を害さないかどうかについての取締役（会）の判断及びその理由等を事業報告の内容とし，これらについての意見を監査役（会）等の監査報告の内容とするものとする」とされました（要綱第2部第1の後注）。

キャッシュ・アウト

Q99

キャッシュ・アウトを行うために会社法上の制度が用いられる場合の規律についての見直し，検討されていることを教えてください。

A

●ポイント●

特別支配株主による株式売渡請求の制度の創設及び全部取得条項付種類株式の取得に関する規律の見直しがされています。

1　現行法における取扱い

　キャッシュ・アウトとは，現金を対価として少数株主の締出しを行うことを言います。少数株主を締め出すことにより，日々の株価変動にとらわれずに，長期的視野に立った柔軟な経営が可能となること，株主総会に関する手続の省略による意思決定の迅速化や株主管理コストの削減，有価証券報告書の提出義務等の法規制を遵守するためのコストやIR費用，監査費用等のコストの削減ができる点で，メリットがあるとされています。

　現行法においては，まず，金銭を対価とする組織再編（株式交換等）が考えられます。すなわち，対象会社が上場会社の場合，公開買付後に，対象会社が完全子会社となる現金交付株式交換等を行い，少数株主に対して現金を交付する方法があります。この場合には，キャッシュ・アウトの対象となる株式を発行している株式会社における株主総会の特別決議を要する（会783①，309②十二）ことになっていますが，キャッシュ・アウトを行う株主が当該株式会社の総株主の議決権の10分の9以上を有していれば，略式組織再編の手続により，当該株式会社における株主総会の決議は要しないとされています（会784①）。

金銭を対価とする株式交換

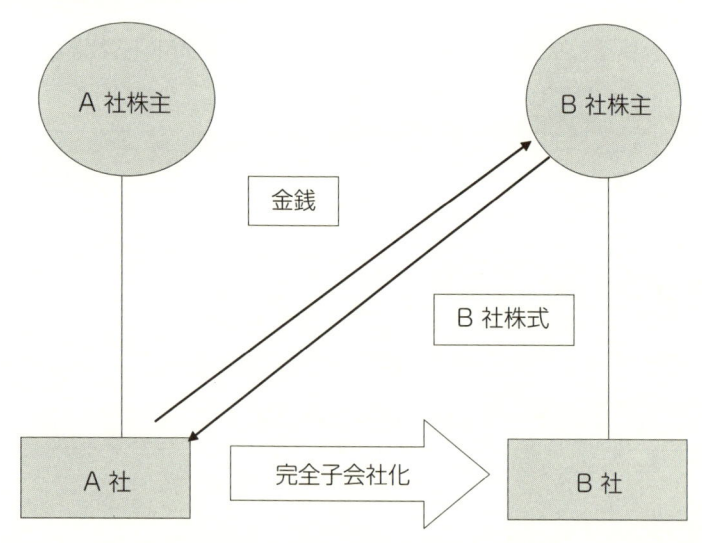

ただし，この方法は，税務上非適格株式交換等とみなされますので，完全子会社の保有資産を時価評価し評価損益に課税されることになります。実務上，このような税制上の理由から，この方法を選択しない場合が多いと考えられます。

そのため，株式を対価とする全部取得条項付種類株式の取得により，少数株主の有する株式をいったん端数株式とした後，端数の処理により当該端数株式の売却代金を少数株主に交付するという手法が通例となっています。この方法は，税務上の問題はありませんが，全部取得条項付種類株式の取得については，常に当該株式会社の株主総会の特別決議を要することとなっています（会171①，309②三）。そのため，キャッシュ・アウトを完了するまでに長時間を要し，時間的・手続的コストが大きいといわれています。

また，キャッシュ・アウトに先行して公開買付が行われる場合にキャッシュ・アウト手続が行われるまでに長期間を要すると，その間，公開買付に応募しない株主は不安定な立場となり，公開買付の買付価格に納得していない株主も，応募しないことにより不利益になるのではないかというリスクを避けるために，公開買付に応募した方がよいという判断をしてしまうという問題も指摘されています。

また，全部取得条項付種類株式の制度は，もともと少数株主を締め出すことそれ自体を目的に設けられているわけではなく，締出しを目的とする行為が現行法上どのような場合に許容され得るのかは，引き続き解釈に委ねられているところとなっています。

このようなことから，締出しの対象となる株主の権利保護と行為の法的安定性の確保の双方の要請を満たす制度の必要性が認識され，キャッシュ・アウトを目的とする制度の創設が提案されました。

会社法制の見直しに関する要綱では，「特別支配株主による株式売渡請求」という新しいキャッシュ・アウト制度の創設がなされ，また，全部取得条項付種類株式制度については，キャッシュ・アウトの手法として利用されることを前提として，少数株主の保護の観点から，情報開示の充実や取得価格の決定申立ての手続に関する見直しがなされました。

2 会社法制の見直しに関する要綱の内容

(1) 特別支配株主による株式売渡請求等

　新たなキャッシュ・アウト制度は，株式会社（対象会社）の特別支配株主は，対象会社のすべての株主に対し，その有する株式の全部を特別支配株主に売り渡すことを請求することができるものとする，というものです（要綱第2部第2・1(1)①）。また，その際，あわせて対象会社のすべての新株予約権者に対し，その有する新株予約権の全部を特別支配株主に売り渡すことを請求することができるものとされています（要綱第2部第2・1(1)②）。

　特別支配株主とは，「ある株式会社の総株主の議決権の10分の9（定款でこれを上回る割合を定めることができる）以上をある者及び当該者が発行済株式の全部を有する株式会社等が有している場合における当該者」をいいます（要綱第2部第2・1(1)①（注））。

　この制度では，特別支配株主が，所定の手続に従った売渡請求権を行使すると，株主総会の決議を経ることなく，少数株主の保有する株式が特別支配株主に直接移転することになります。

　キャッシュ・アウトの対価その他のキャッシュ・アウトの条件は，特別支配株主が定めるものとされています（要綱第2部第2・1(2)①）。しかしながら，売渡株主の利益への配慮という観点から，特別支配株主による一方的な条件提示のみによって無条件にキャッシュ・アウトを認めることは適切ではなく，キャッシュ・アウトの条件について，一定の制約が必要であるとして対象会社による一定の関与が求められています（中間試案補足説明第2部第3・1(3)）。すなわち，単に特別支配株主と少数株主との取引と位置づけるのではなく，特別支配株主は対象会社から株式売渡請求の承認を受けること（要綱第2部第2・1(2)②）やその承認を行った場合に対象会社は売渡株主に対する通知を行うこと（要綱第2部第2・1(2)③）などが課せられています。

(2) 全部取得条項付種類株式の取得に関する規律

　全部取得条項付種類株式の取得を利用したキャッシュ・アウトは，組織再編の場合に比べて情報開示の規律が十分でないとの指摘がなされています（中間

試案補足説明第2部第3・2(1))。そこで，全部取得条項付種類株式の取得に際しても，組織再編の場合と同様に事前開示手続及び事後開示手続を設けるものとしています（要綱第2部第2・2①）。

また，全部取得条項付種類株式の取得がされることについて，取得価格の決定の申立権を有する株主への周知を図るために，全部取得条項付種類株式を取得しようとする株式会社は，取得日の20日前までに，全部取得条項付種類株式の株主に対し，その旨を通知しなければならないものとする（公告をもって代えることができる）とし（要綱第2部第2・2③），取得価格の決定の申立期間を，取得日の20日前の日から取得日の前日までとするとされています（要綱第2部第2・2④）。

会社分割等における債権者の保護

Q100

詐害的な会社分割における債権者の保護を図るための会社法上の規定を設けることが検討されている点について，その内容を教えてください。

A

●ポイント●

分割会社が承継会社に，承継されない債務の債権者（残存債権者）を害することを知って，会社分割をした場合には，残存債権者は，承継会社に対して，承継した財産の価額を限度として，当該債務の履行を請求することができるものとされます（要綱第2部第5・1）。

1 現行法における取扱い

　最近では、債務超過の会社が、会社分割を行うことを利用して、承継会社等に債務の履行の請求をすることができる債権者と当該請求をすることができない債権者とを恣意的に選別し、承継会社等に優良事業や資産を承継させた後に、当該会社を清算してしまうといった残存債権者を害する会社分割が行われていることがあります。

　典型的には、債務超過の株式会社（甲社）が優良資産ないし優良事業と弁済したい債務だけを別の株式会社（乙社）に会社分割の方法で移転し、甲社に残された債権者（残存債権者）にとっての責任財産を乙社の株式だけとするという手法です。

　現行法では、たとえば新設分割が行われ、新設会社に承継された債務の債権者については、分割会社に対して債務の履行の請求ができなくなるため、分割会社に対して新設分割についての異議を述べることができます（会810①二）。しかしながら、分割会社の残存債権者は、分割会社に債務の履行の請求ができるため、債権者保護手続の対象外となっています。

　その結果、残存債権者は、会社分割無効の訴えの原告適格もありません（会828②九・十）。

（現行法の取扱い）

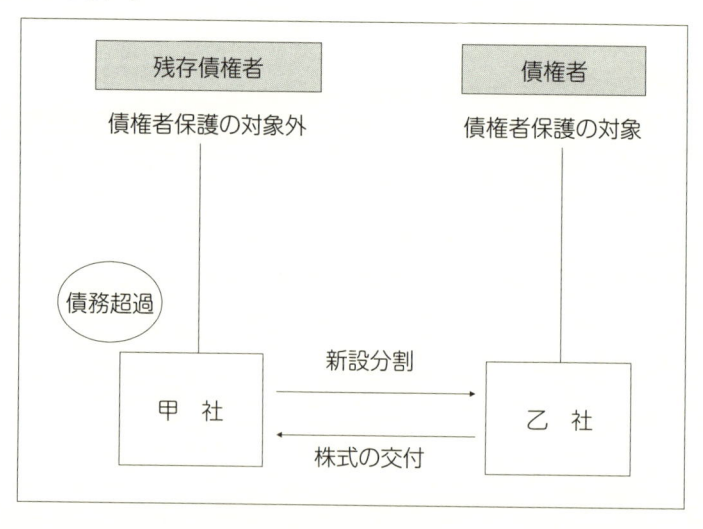

```
┌──────────┐              ┌──────────┐
│ 残存債権者 │              │  債権者   │
└──────────┘              └──────────┘
債権者保護の対象外          債権者保護の対象

 ╭────╮
 │債務超過│
 ╰────╯
┌──────┐   新設分割    ┌──────┐
│ 甲社 │ ───────────→ │ 乙社 │
│      │ ←─────────── │      │
└──────┘   株式の交付   └──────┘
```

このような詐害的な会社分割における残存債権者の保護を図るための現行法に基づく方策としては，判例によって既に対応されています。すなわち，民法上の詐害行為取消権（民424）の行使等を認める裁判例があります（東京地裁平成22年5月27日判決，東京高裁平成22年10月27日判決）。この判決は，上記の例で言えば，残存債権者に乙社に対する価格賠償請求を認めたものです。

このように，判例によってこのようなことに対する対応がなされてきてはいますが，詐害的な会社分割における残存債権者の保護は，詐害行為取消権のような民法の一般原則に委ねるだけではなく，会社法にも規定を設けることが必要である（中間試案補足説明第2部第6・1）という考えが提案されました。

2　会社法制の見直しに関する要綱の内容

要綱では，以下のような規律を設けることにより，会社債権者の保護を図ろうとされました。

すなわち，「残存債権者」を害することを知って会社分割をした場合には，残存債権者は，吸収分割承継会社（新設分割設立会社）に対して，承継した財産の価額を限度として，当該債務の履行を請求することができるものとしています。

ただし，吸収分割承継会社が吸収分割の効力が生じた時において残存債権者を害すべき事実を知らなかったときは，この請求の権利は生じないものとしており，吸収分割承継会社の悪意が要件とされています。

上記の規律の適用は，現行法において残存債権者に異議権の与えられないいわゆる物的分割の場合としており，いわゆる人的分割の場合は新たな規律の対象からは除かれています（要綱第2部第5・1①（注））。すなわち，人的分割の場合は，残存債権者は，会社分割について異議を述べることができますので，上記の請求をする権利は生じないものとしています。

なお，詐害性のある会社分割とはどのような場合かについては，基本的には，民法の定める詐害行為取消権におけるものと同様に解されることになると考えられています（中間試案補足説明第2部第6・1）。

新しい規律では，除斥期間が設けられることになります。すなわち，分割会社が会社分割をしたことを残存債権者が知ったときから2年以内に請求又はそ

の予告をしない場合には，この権利は当該期間を経過したときに消滅するものとしています。会社分割の効力が生じたときから20年を経過したときも，同様とするものとされています（要綱第2部第5・1②）。

　また，会社分割の場合だけでなく，事業譲渡の場合も残存債権者の保護という点では同様の事情が認められ，両者を区別することは妥当ではありません。したがって，事業譲渡の場合においても上記同様の規律を設けるものとされました（要綱第2部第5・1②（注2））。

資料

会社法制の見直しに関する要綱

[法務省法制審議会
  平成24年9月7日]

会社法制の見直しに関する要綱

第1部　企業統治の在り方

第1　取締役会の監督機能

1　監査・監督委員会設置会社制度（仮称）

　株式会社の機関設計として、「監査・監督委員会設置会社（仮称）」を新設するものとする。

(1) **監査・監督委員会の設置**
　① 株式会社は，定款の定めによって，監査・監督委員会を置くことができるものとする（監査・監督委員会を置く株式会社を，以下「監査・監督委員会設置会社」という。）。
　② 監査・監督委員会設置会社には，取締役会及び会計監査人を置かなければならないものとする。
　③ 監査・監督委員会設置会社は，監査役を置いてはならないものとする。
　④ 委員会設置会社は，監査・監督委員会を置いてはならないものとする。
　⑤ 第363条第1項各号に掲げる取締役が監査・監督委員会設置会社の業務を執行するものとする。

(2) **監査・監督委員の選任・解任及び報酬等の決定の手続等**
　① 監査・監督委員会の委員（以下「監査・監督委員」という。）である取締役は，それ以外の取締役とは区別して，株主総会の決議によって選任するものとする。
　② 取締役は，監査・監督委員会がある場合において，監査・監督委員である取締役の選任に関する議案を株主総会に提出するには，監査・監督委員会の同意を得なければならないものとする。

③　監査・監督委員会は，取締役に対し，監査・監督委員である取締役の選任を株主総会の目的とすること又は監査・監督委員である取締役の選任に関する議案を株主総会に提出することを請求することができるものとする。

④　監査・監督委員である取締役の解任は，株主総会の特別決議によるものとする。

⑤　各監査・監督委員は，株主総会において，監査・監督委員である取締役の選任若しくは解任又は辞任について意見を述べることができるものとする。

⑥　監査・監督委員である取締役を辞任した者は，辞任後最初に招集される株主総会に出席して，辞任した旨及びその理由を述べることができるものとする。

⑦　監査・監督委員である取締役の任期は，選任後2年以内に終了する事業年度のうち最終のものに関する定時株主総会の終結の時までとするものとし，定款又は株主総会の決議によって，その任期を短縮することはできないものとする。監査・監督委員以外の取締役の任期は，選任後1年以内に終了する事業年度のうち最終のものに関する定時株主総会の終結の時までとするものとし，定款又は株主総会の決議によって，その任期を短縮することは妨げないものとする。

⑧　監査・監督委員である取締役の報酬等は，それ以外の取締役の報酬等とは区別して，定款又は株主総会の決議によって定めるものとし，監査・監督委員である取締役の個人別の報酬等について定款の定め又は株主総会の決議がないときは，当該報酬等は，定款又は株主総会の決議によって定められた報酬等の総額の範囲内において，監査・監督委員である取締役の協議によって定めるものとする。また，各監査・監督委員は，株主総会において，監査・監督委員である取締役の報酬等について意見を述べることができるものとする。

(3)　**監査・監督委員会の構成**

①　監査・監督委員会は，監査・監督委員3人以上で組織するものとする。

② 監査・監督委員は，取締役でなければならず，かつ，その過半数は，社外取締役でなければならないものとする。

③ 監査・監督委員は，監査・監督委員会設置会社若しくはその子会社の業務執行取締役若しくは支配人その他の使用人又は当該子会社の会計参与若しくは執行役を兼ねることができないものとする。

(4) **監査・監督委員会の権限**

① 監査・監督委員会は，次に掲げる職務を行うものとする。
ア 取締役及び会計参与の職務の執行の監査及び監査報告の作成
イ 株主総会に提出する会計監査人の選任及び解任並びに会計監査人を再任しないことに関する議案の内容の決定

② 監査・監督委員会が選定する監査・監督委員は，いつでも，取締役及び会計参与並びに支配人その他の使用人に対し，その職務の執行に関する事項の報告を求め，又は監査・監督委員会設置会社の業務及び財産の状況の調査をすることができるものとする。当該監査・監督委員は，当該報告の徴収又は調査に関する事項についての監査・監督委員会の決議があるときは，これに従わなければならないものとする。

③ 監査・監督委員は，取締役による法令違反等があると認めるときは，遅滞なく，その旨を取締役会に報告しなければならないものとする。

④ 監査・監督委員は，取締役が株主総会に提出しようとする議案，書類その他法務省令で定めるものについて法令違反等があると認めるときは，その旨を株主総会に報告しなければならないものとする。

⑤ 監査・監督委員は，取締役が法令違反等の行為をする場合等において，当該行為によって当該監査・監督委員会設置会社に著しい損害が生ずるおそれがあるときは，当該取締役に対し，当該行為をやめることを請求することができるものとする。

⑥ ①から⑤までに掲げるもののほか，監査・監督委員会及び各監査・監督委員は，それぞれ，委員会設置会社の監査委員会及び各監査委員が有する権限と同様の権限を有するものとする。

⑦ 監査・監督委員会が選定する監査・監督委員は，株主総会において，監査・監督委員である取締役以外の取締役の選任若しくは解任又は辞

任について監査・監督委員会の意見を述べることができるものとする。
　⑧　監査・監督委員会が選定する監査・監督委員は，株主総会において，監査・監督委員である取締役以外の取締役の報酬等について監査・監督委員会の意見を述べることができるものとする。
　⑨　取締役（監査・監督委員である取締役を除く。）との利益相反取引について，監査・監督委員会が事前に承認した場合には，取締役の任務懈怠の推定規定（第423条第3項）を適用しないものとする。

(5)　**監査・監督委員会の運営等**
　①　監査・監督委員会は，各監査・監督委員が招集するものとする。
　②　監査・監督委員会の決議は，議決に加わることができる監査・監督委員の過半数が出席し，その過半数をもって行うものとする。
　③　②の決議について特別の利害関係を有する監査・監督委員は，議決に加わることができないものとする。
　④　取締役及び会計参与は，監査・監督委員会の要求があったときは，監査・監督委員会に出席し，監査・監督委員会が求めた事項について説明をしなければならないものとする。
　⑤　監査・監督委員会設置会社においては，第366条第1項ただし書の規定により取締役会を招集する取締役が定められた場合であっても，監査・監督委員会が選定する監査・監督委員は，取締役会を招集することができるものとする。
　　（注）　上記のほか，監査・監督委員会の運営等について，所要の規定を整備するものとする。

(6)　**監査・監督委員会設置会社の取締役会の権限**
　①　監査・監督委員会設置会社の取締役会は，第362条の規定にかかわらず，次に掲げる職務を行うものとする。
　　ア　次に掲げる事項その他監査・監督委員会設置会社の業務執行の決定
　　　(ｱ)　経営の基本方針
　　　(ｲ)　監査・監督委員会の職務の執行のため必要なものとして法務省令で定める事項

(ｳ)　取締役の職務の執行が法令及び定款に適合することを確保するための体制その他株式会社の業務の適正を確保するために必要なものとして法務省令で定める体制の整備
　　イ　取締役の職務の執行の監督
　　ウ　代表取締役の選定及び解職
② 監査・監督委員会設置会社の取締役会は，①ア(ｱ)から(ｳ)までに掲げる事項を決定しなければならないものとする。
③ 監査・監督委員会設置会社の取締役会は，取締役（監査・監督委員である取締役を除く。）の中から代表取締役を選定しなければならないものとする。
④ 監査・監督委員会設置会社の取締役会は，第362条第4項各号に掲げる事項その他の重要な業務執行の決定を取締役に委任することができないものとする。
⑤ ④にかかわらず，監査・監督委員会設置会社の取締役の過半数が社外取締役である場合には，当該監査・監督委員会設置会社の取締役会は，その決議によって，重要な業務執行（委員会設置会社において，執行役に決定の委任をすることができないものとされている事項を除く。）の決定を取締役に委任することができるものとする。
⑥ ④及び⑤にかかわらず，監査・監督委員会設置会社は，取締役会の決議によって重要な業務執行（委員会設置会社において，執行役に決定の委任をすることができないものとされている事項を除く。）の全部又は一部の決定を取締役に委任することができる旨を定款で定めることができるものとする。
(7)　監査・監督委員会設置会社の登記
　　監査・監督委員会設置会社は，次に掲げる事項を登記しなければならないものとする。
① 監査・監督委員会設置会社である旨
② 監査・監督委員である取締役及びそれ以外の取締役の氏名
③ 取締役のうち社外取締役であるものについて，社外取締役である旨
④ (6)⑥による重要な業務執行の決定の取締役への委任についての定款

の定めがあるときは、その旨

2 社外取締役及び社外監査役に関する規律

（前注） 監査役会設置会社（公開会社であり、かつ、大会社であるものに限る。）のうち、金融商品取引法第24条第１項の規定によりその発行する株式について有価証券報告書を提出しなければならない株式会社において、社外取締役が存しない場合には、社外取締役を置くことが相当でない理由を事業報告の内容とするものとする。

(1) 社外取締役等の要件における親会社等の関係者等の取扱い

① 親会社等の関係者の取扱い

ア 社外取締役の要件に、株式会社の親会社等又はその取締役若しくは執行役若しくは支配人その他の使用人でないことを追加するものとする。

イ 社外監査役の要件に、株式会社の親会社等又はその取締役、監査役若しくは執行役若しくは支配人その他の使用人でないことを追加するものとする。

（注） 本要綱において、「親会社等」とは、株式会社の親会社その他の当該株式会社の経営を支配している者として法務省令で定めるものをいうものとする。

② 兄弟会社の関係者の取扱い

社外取締役及び社外監査役の要件に、それぞれ、株式会社の親会社等の子会社等（当該株式会社及びその子会社を除く。）の業務執行取締役若しくは執行役又は支配人その他の使用人でないことを追加するものとする。

（注） 本要綱において、「子会社等」とは、ある者がその総株主の議決権の過半数を有する株式会社その他の当該者がその経営を支配している法人として法務省令で定めるものをいうものとする。

③ 株式会社の関係者の近親者の取扱い

ア 社外取締役の要件に、株式会社の取締役若しくは執行役若しくは支配人その他の重要な使用人又は親会社等（自然人であるものに限

る。）の配偶者又は２親等内の親族でないことを追加するものとする。

　　イ　社外監査役の要件に，株式会社の取締役若しくは支配人その他の重要な使用人又は親会社等（自然人であるものに限る。）の配偶者又は２親等内の親族でないことを追加するものとする。

(2) **社外取締役等の要件に係る対象期間の限定**

　① 社外取締役の要件に係る対象期間についての規律を，次のとおり改めるものとする。

　　ア　その就任の前10年間株式会社又はその子会社の業務執行取締役若しくは執行役又は支配人その他の使用人であったことがないことを要するものとする。

　　イ　その就任の前10年内のいずれかの時において，株式会社又はその子会社の取締役（業務執行取締役若しくは執行役又は支配人その他の使用人であるものを除く。），会計参与又は監査役であったことがあるものにあっては，当該取締役，会計参与又は監査役への就任の前10年間当該株式会社又はその子会社の業務執行取締役若しくは執行役又は支配人その他の使用人であったことがないことを要するものとする。

　② 社外監査役の要件に係る対象期間についての規律を，次のとおり改めるものとする。

　　ア　その就任の前10年間株式会社又はその子会社の取締役，会計参与若しくは執行役又は支配人その他の使用人であったことがないことを要するものとする。

　　イ　その就任の前10年内のいずれかの時において，株式会社又はその子会社の監査役であったことがあるものにあっては，当該監査役への就任の前10年間当該株式会社又はその子会社の取締役，会計参与若しくは執行役又は支配人その他の使用人であったことがないことを要するものとする。

(3) **取締役及び監査役の責任の一部免除**

　① 株式会社は，取締役（業務執行取締役若しくは執行役又は支配人そ

の他の使用人であるものを除く。)，会計参与，監査役又は会計監査人との間で，第427条第1項に定める契約（責任限定契約）を締結することができるものとする。
② 最低責任限度額（第425条第1項）の算定に際して，職務執行の対価として受ける財産上の利益の額に乗ずべき数は，次のアからウまでに掲げる役員等の区分に応じ，当該アからウまでに定める数とするものとする（同項第1号参照）。
　ア　代表取締役又は代表執行役　6
　イ　代表取締役以外の取締役（業務執行取締役若しくは執行役又は支配人その他の使用人であるものに限る。）又は代表執行役以外の執行役　4
　ウ　取締役（ア又はイに掲げるものを除く。)，会計参与，監査役又は会計監査人　2
③ 第911条第3項第25号及び第26号を削除するものとする。

（第1の後注）　株式会社の業務の適正を確保するために必要な体制について，監査を支える体制や監査役による使用人からの情報収集に関する体制に係る規定の充実・具体化を図るとともに，その運用状況の概要を事業報告の内容に追加するものとする。

第2　会計監査人の選解任等に関する議案の内容の決定

監査役（監査役会設置会社にあっては，監査役会）は，株主総会に提出する会計監査人の選任及び解任並びに会計監査人を再任しないことに関する議案の内容についての決定権を有するものとする。

第3 資金調達の場面における企業統治の在り方

1 支配株主の異動を伴う募集株式の発行等
(1) 公開会社における募集株式の割当て等の特則

① 公開会社は，募集株式の引受人について，アに掲げる数のイに掲げる数に対する割合が2分の1を超える場合には，第199条第1項第4号の期日（同号の期間を定めた場合にあっては，その期間の初日）の2週間前までに，株主に対し，当該引受人（以下(1)において「特定引受人」という。）の氏名又は名称及び住所，当該特定引受人についてのアに掲げる数その他の法務省令で定める事項を通知しなければならないものとする。ただし，当該特定引受人が当該公開会社の親会社等である場合又は第202条の規定により株主に株式の割当てを受ける権利を与えた場合は，この限りでないものとする。

ア 次に掲げる数の合計数
　(ア) 当該引受人がその引き受けた募集株式の株主となった場合に有することとなる議決権の数
　(イ) 当該引受人の子会社等が有する議決権の数

イ 当該募集株式の引受人の全員がその引き受けた募集株式の株主となった場合における総株主の議決権の数

② ①による通知は，公告をもってこれに代えることができるものとする。

③ ①にかかわらず，公開会社が①の事項について①の期日の2週間前までに金融商品取引法第4条第1項から第3項までの届出をしている場合その他の株主の保護に欠けるおそれがないものとして法務省令で定める場合には，①による通知は，することを要しないものとする。

④ 総株主（④の株主総会において議決権を行使することができない株主を除く。）の議決権の10分の1（これを下回る割合を定款で定めた場合にあっては，その割合）以上の議決権を有する株主が①による通知の日又は②の公告の日（③の場合にあっては，法務省令で定める日）から2週間以内に特定引受人による募集株式の引受けに反対する

旨を公開会社に対し通知したときは，当該公開会社は，①の期日の前日までに，株主総会の決議によって，当該特定引受人に対する募集株式の割当て又は当該特定引受人との間の第205条の契約の承認を受けなければならないものとする。ただし，当該公開会社の財産の状況が著しく悪化している場合において，当該公開会社の存立を維持するため緊急の必要があるときは，この限りでないものとする。
⑤　第309条第1項の規定にかかわらず，④の株主総会の決議は，議決権を行使することができる株主の議決権の過半数（3分の1以上の割合を定款で定めた場合にあっては，その割合以上）を有する株主が出席し，出席した当該株主の議決権の過半数（これを上回る割合を定款で定めた場合にあっては，その割合以上）をもって行わなければならないものとする。

(2)　**公開会社における募集新株予約権の割当て等の特則**
①　公開会社は，募集新株予約権の割当てを受けた申込者又は第244条第1項の契約により募集新株予約権の総数を引き受けた者（以下①において「引受人」という。）について，アに掲げる数のイに掲げる数に対する割合が2分の1を超える場合には，割当日の2週間前までに，株主に対し，当該引受人（以下(2)において「特定引受人」という。）の氏名又は名称及び住所，当該特定引受人についてのアに掲げる数その他の法務省令で定める事項を通知しなければならないものとする。ただし，当該特定引受人が当該公開会社の親会社等である場合又は第241条の規定により株主に新株予約権の割当てを受ける権利を与えた場合は，この限りでないものとする。
　　ア　次に掲げる数の合計数
　　　(ア)　当該引受人がその引き受けた募集新株予約権に係る交付株式の株主となった場合に有することとなる議決権の数のうち最も多い数
　　　(イ)　当該引受人の子会社等が有する議決権の数
　　イ　ア(ア)の場合における総株主の議決権の数のうち最も多い数
②　①の「交付株式」とは，募集新株予約権の目的である株式，募集新

株予約権の内容として第236条第1項第7号ニに掲げる事項についての定めがある場合における同号ニの株式その他募集新株予約権の新株予約権者が交付を受ける株式として法務省令で定める株式をいうものとする。

③ ①による通知は、公告をもってこれに代えることができるものとする。

④ ①にかかわらず、公開会社が①の事項について割当日の2週間前までに金融商品取引法第4条第1項から第3項までの届出をしている場合その他の株主の保護に欠けるおそれがないものとして法務省令で定める場合には、①による通知は、することを要しないものとする。

⑤ 総株主（⑤の株主総会において議決権を行使することができない株主を除く。）の議決権の10分の1（これを下回る割合を定款で定めた場合にあっては、その割合）以上の議決権を有する株主が①による通知の日又は③の公告の日（④の場合にあっては、法務省令で定める日）から2週間以内に特定引受人による募集新株予約権の引受けに反対する旨を公開会社に対し通知したときは、当該公開会社は、割当日の前日までに、株主総会の決議によって、当該特定引受人に対する募集新株予約権の割当て又は当該特定引受人との間の第244条第1項の契約の承認を受けなければならないものとする。ただし、当該公開会社の財産の状況が著しく悪化している場合において、当該公開会社の存立を維持するため緊急の必要があるときは、この限りでないものとする。

⑥ 第309条第1項の規定にかかわらず、⑤の株主総会の決議は、議決権を行使することができる株主の議決権の過半数（3分の1以上の割合を定款で定めた場合にあっては、その割合以上）を有する株主が出席し、出席した当該株主の議決権の過半数（これを上回る割合を定款で定めた場合にあっては、その割合以上）をもって行わなければならないものとする。

2 仮装払込みによる募集株式の発行等

① 募集株式の引受人は，次のア又はイに掲げる場合には，株式会社に対し，当該ア又はイに定める行為をしなければならないものとする。

　ア　募集株式の払込金額の払込みを仮装した場合　払込みを仮装した払込金額の全額の支払

　イ　現物出資財産の給付を仮装した場合　当該現物出資財産の給付（株式会社が当該給付に代えて当該現物出資財産の価額に相当する金銭の支払を請求した場合にあっては，当該金銭の全額の支払）

　（注）①の義務は，第847条第１項の責任追及等の訴えの対象とするものとする。

② ①により募集株式の引受人の負う義務は，総株主の同意がなければ，免除することができないものとする。

③ ①ア又はイに掲げる場合には，出資の履行を仮装することに関与した取締役（委員会設置会社にあっては，執行役を含む。）として法務省令で定める者は，株式会社に対し，①アの払込金額又は同イの金銭の全額に相当する金額を支払う義務を負うものとする。ただし，その者（当該出資の履行を仮装したものを除く。）がその職務を行うについて注意を怠らなかったことを証明した場合は，この限りでないものとする。

④ 募集株式の引受人は，①ア又はイに掲げる場合には，①の支払若しくは給付又は③による支払がされた後でなければ，出資の履行を仮装した募集株式について，株主の権利を行使することができないものとする。

⑤ ④の募集株式を譲り受けた者は，当該募集株式についての株主の権利を行使することができるものとする。ただし，その者に悪意又は重大な過失があるときは，この限りでないものとする。

　（注）発起人が設立時発行株式についての出資の履行を仮装した場合，設立時募集株式の引受人が払込金額の払込みを仮装した場合並びに募集新株予約権の払込金額の払込み（当該払込みに代えてする金銭以外の財産の給付を含む。）が仮装された場合及び新株予約権の行使に際してする金銭の払込み又は金銭以外の財産の給付が仮装された場合についても，同様

の規律を設けるものとする。

3　新株予約権無償割当てに関する割当通知

株式会社は，第278条第1項第3号の日後遅滞なく，かつ，同項第1号の新株予約権についての第236条第1項第4号の期間の末日の2週間前までに，株主（種類株式発行会社にあっては，第278条第1項第4号の種類の種類株主）及びその登録株式質権者に対し，当該株主が割当てを受けた新株予約権の内容及び数（第278条第1項第2号に規定する場合にあっては，当該株主が割当てを受けた社債の種類及び各社債の金額の合計額を含む。）を通知しなければならないものとする。

第2部　親子会社に関する規律

第1　親会社株主の保護等

1　多重代表訴訟

①　株式会社の最終完全親会社の総株主の議決権の100分の1以上の議決権又は当該最終完全親会社の発行済株式の100分の1以上の数の株式を有する株主は，当該株式会社に対し，発起人，設立時取締役，設立時監査役，取締役，会計参与，監査役，執行役，会計監査人又は清算人（以下「取締役等」という。）の責任を追及する訴えの提起を請求することができるものとする。ただし，次に掲げる場合は，この限りでないものとする。

　ア　当該訴えが当該株主若しくは第三者の不正な利益を図り又は当該株式会社若しくは当該最終完全親会社に損害を加えることを目的とする場合

　イ　当該訴えに係る責任の原因となった事実によって当該最終完全親会社に損害が生じていない場合

②　①の最終完全親会社とは，株式会社の完全親法人である株式会社であって，その完全親法人（株式会社であるものに限る。）がないもの

をいうものとする。

> （注）完全親法人には，株式会社の発行済株式の全部を直接有する法人のみならず，これを間接的に有する法人も含まれるものとする。

③ 最終完全親会社が公開会社である場合には，①による請求をすることができる当該最終完全親会社の株主は，6か月前から引き続き①に定める割合以上の当該最終完全親会社の議決権又は株式を有するものに限るものとする。

④ 株式会社の取締役等の責任は，その原因となった事実が生じた日において，当該株式会社の最終完全親会社が有する当該株式会社の株式の帳簿価額（当該最終完全親会社の完全子法人が有する当該株式会社の株式の帳簿価額を含む。）が当該最終完全親会社の総資産額の5分の1を超える場合に限り，①による請求の対象とすることができるものとする。

> （注）完全子法人には，最終完全親会社がその株式又は持分の全部を直接有する法人のみならず，これを間接的に有する法人も含まれるものとする。

⑤ 株式会社が①による請求の日から60日以内に①の訴えを提起しないときは，当該請求をしたその最終完全親会社の株主は，当該株式会社のために，①の訴えを提起することができるものとする。

⑥ 株式会社に最終完全親会社がある場合には，当該株式会社の取締役等の責任（①による請求の対象とすることができるものに限る。）は，当該最終完全親会社の総株主の同意がなければ，免除することができないものとする。

> （注）株式会社に最終完全親会社がある場合における当該株式会社の取締役等の責任（①による請求の対象とすることができるものに限る。）の一部免除に関する規律（第425条等参照）についても，所要の規定を整備するものとする。

⑦ 株式会社に最終完全親会社がある場合には，当該株式会社又はその株主のほか，当該最終完全親会社の株主は，共同訴訟人として，又は当事者の一方を補助するため，①の訴えに係る訴訟に参加することができるものとし，また，当該最終完全親会社は，当事者の一方を補助するため，当該訴訟に参加することができるものとする。また，その

機会を確保するため，次のような仕組みを設けるものとする。
　ア　株式会社の最終完全親会社の株主は，①の訴えを提起したときは，遅滞なく，当該株式会社に対し，訴訟告知をしなければならないものとする。
　イ　株式会社は，①の訴えを提起したとき，又はアの訴訟告知を受けたときは，遅滞なく，その旨をその最終完全親会社に通知しなければならないものとする。
　ウ　イによる通知を受けた最終完全親会社は，遅滞なく，その旨を公告し，又は当該最終完全親会社の株主に通知しなければならないものとする。
　　（注）　上記のほか，不提訴理由通知，担保提供，和解，費用等の請求，再審の訴え等の訴訟手続等に係る事項について，所要の規定を整備するものとする。

（1の後注）　株式会社の業務の適正を確保するために必要なものとして法務省令で定める体制（第362条第4項第6号等）の内容に，当該株式会社及びその子会社から成る企業集団における業務の適正を確保するための体制が含まれる旨を会社法に定めるものとする。

2　株式会社が株式交換等をした場合における株主代表訴訟
　①　株主は，株式会社の株主でなくなった場合であっても，次に掲げるときは，第847条第1項の責任追及等の訴えの提起を請求することができるものとする。
　　ア　当該株式会社の株式交換又は株式移転により当該株式会社の完全親会社の株式を取得し，引き続き当該株式を有するとき。
　　イ　当該株式会社が吸収合併により消滅する会社となる吸収合併により，吸収合併後存続する株式会社の完全親会社の株式を取得し，引き続き当該株式を有するとき。
　②　①による請求は，次に掲げる株式会社（以下「株式交換完全子会社等」という。）に対して行うものとする。
　　ア　①アの株式交換又は株式移転の場合　株式交換完全子会社又は株

　　　　式移転完全子会社

　　イ　①イの吸収合併の場合　吸収合併存続株式会社

③　①アの株式交換若しくは株式移転又は同イの吸収合併（以下「株式交換等」という。）の効力が生じた日において株式会社が公開会社である場合にあっては，①による請求をすることができる①の株主は，当該日の６か月前から当該日まで当該株式会社の株式を有するものに限るものとする。

④　①による請求は，株式交換等がその効力を生じた時までにその原因となった事実が生じたものに係る責任追及等の訴えに限り，その対象とすることができるものとする。

⑤　株式交換完全子会社等が①による請求の日から60日以内に①の責任追及等の訴えを提起しないときは，当該請求をした①の株主は，当該株式交換完全子会社等のために，当該訴えを提起することができるものとする。

⑥　①の株主がある場合には，①による請求の対象とすることができる責任（その免除について総株主の同意が必要とされているものに限る。）は，株式交換完全子会社等の総株主の同意に加えて，①の株主の全員の同意がなければ，免除することができないものとする。

⑦　①の株主は，共同訴訟人として，又は当事者の一方を補助するため，①の責任追及等の訴えに係る訴訟に参加することができるものとし，また，①ア及びイの完全親会社は，当事者の一方を補助するため，当該訴訟に参加することができるものとする。

　　（注）　上記のほか，不提訴理由通知，担保提供，訴訟告知（⑦による参加の機会を確保するための仕組みを含む。），和解，費用等の請求，再審の訴え等の訴訟手続等に係る事項について，所要の規定を整備するものとする。

3　親会社による子会社の株式等の譲渡

　株式会社は，その子会社の株式又は持分の全部又は一部の譲渡をする場合であって，次のいずれにも該当しないときは，当該譲渡がその効力を生ずる日（以下３において「効力発生日」という。）の前日までに，株主総

会の特別決議によって，当該譲渡に係る契約の承認を受けなければならないものとする。

① 当該譲渡により譲り渡す株式又は持分の帳簿価額が当該株式会社の総資産額として法務省令で定める方法により算定される額の5分の1（これを下回る割合を定款で定めた場合にあっては，その割合）を超えないとき。

② 当該株式会社が，効力発生日に，当該子会社の議決権の総数の過半数の議決権を有するとき。

(注) 本文の場合には，上記のほか，事業譲渡等に関する規律（第467条から第470条まで）の適用があるものとする。

(第1の後注) 子会社少数株主の保護の観点から，個別注記表等に表示された親会社等との利益相反取引に関し，株式会社の利益を害さないように留意した事項，当該取引が株式会社の利益を害さないかどうかについての取締役（会）の判断及びその理由等を事業報告の内容とし，これらについての意見を監査役（会）等の監査報告の内容とするものとする。

第2 キャッシュ・アウト

1 特別支配株主の株式等売渡請求

(1) 株式等売渡請求の内容

① 株式会社の特別支配株主は，当該株式会社の株主（当該株式会社及び当該特別支配株主を除く。）の全員に対し，その有する当該株式会社の株式の全部を当該特別支配株主に売り渡すことを請求することができるものとする。

(注) 本要綱において，「特別支配株主」とは，ある株式会社の総株主の議決権の10分の9（これを上回る割合を当該株式会社の定款で定めた場合にあっては，その割合）以上をある者及び当該者が発行済株式の全部を有する株式会社その他これに準ずるものとして法務省令で定める法人（以下「特別支配株主完全子法人」という。）が有している場合における当該

403

者をいうものとする。
② 特別支配株主は，①による請求（以下「株式売渡請求」という。）をするときは，併せて，①の株式会社（以下「対象会社」という。）の新株予約権の新株予約権者（対象会社及び当該特別支配株主を除く。）の全員に対し，その有する対象会社の新株予約権の全部を当該特別支配株主に売り渡すことを請求することができるものとする。
③ 特別支配株主は，新株予約権付社債に付された新株予約権について新株予約権売渡請求（②による請求をいう。以下同じ。）をするときは，併せて，新株予約権付社債についての社債の全部を当該特別支配株主に売り渡すことを請求しなければならないものとする。ただし，当該新株予約権付社債に付された新株予約権について別段の定めがある場合は，この限りでないものとする。

（注）特別支配株主は，特別支配株主完全子法人に対して株式売渡請求又は新株予約権売渡請求をしないこととすることができるものとする。

(2) 株式等売渡請求の手続等

① 株式売渡請求は，次に掲げる事項を明らかにしてしなければならないものとする。

ア 特別支配株主完全子法人に対して株式売渡請求をしないこととするときは，その旨及び当該特別支配株主完全子法人の名称

イ 対象会社の株主（対象会社，特別支配株主及びアの特別支配株主完全子法人を除く。以下「売渡株主」という。）に対して，その有する対象会社の株式（以下「売渡株式」という。）に代えて交付する金銭の額又はその算定方法

ウ 売渡株主に対するイの金銭の割当てに関する事項

エ 株式売渡請求に併せて新株予約権売渡請求（(1)③による請求を含む。以下同じ。）をするときは，その旨及び次に掲げる事項

(ア) 特別支配株主完全子法人に対して新株予約権売渡請求をしないこととするときは，その旨及び当該特別支配株主完全子法人の名称

(イ) 対象会社の新株予約権者（対象会社，特別支配株主及び(ア)の特

別支配株主完全子法人を除く。以下「売渡新株予約権者」という。）に対して，その有する対象会社の新株予約権（(1)③による請求をするときは，新株予約権付社債についての社債を含む。以下「売渡新株予約権」という。）に代えて交付する金銭の額又はその算定方法

　(ウ)　売渡新株予約権者に対する(イ)の金銭の割当てに関する事項

オ　特別支配株主が売渡株式及び売渡新株予約権を取得する日（以下１において「取得日」という。）

カ　アからオまでに掲げるもののほか，法務省令で定める事項

（注）　ウに掲げる事項についての定めは，売渡株主の有する売渡株式の数（売渡株式の種類ごとに異なる取扱いを行う旨の定めがある場合にあっては，各種類の売渡株式の数）に応じて金銭を交付することを内容とするものでなければならないものとする。

②　特別支配株主は，株式売渡請求（株式売渡請求に併せて新株予約権売渡請求をするときは，株式売渡請求及び新株予約権売渡請求。以下「株式等売渡請求」という。）をしようとするときは，対象会社に対し，その旨及び①アからカまでに掲げる事項を通知し，対象会社の承認を受けなければならないものとする。

（注１）　対象会社は，株式売渡請求に併せて新株予約権売渡請求がされたときは，新株予約権売渡請求のみを承認することはできないものとする。
（注２）　取締役会設置会社が②の承認をするか否かの決定をするには，取締役会の決議によらなければならないものとする。
（注３）　対象会社が②の承認をする場合において，ある種類の株式の種類株主に損害を及ぼすおそれがあるときは，②の承認は，当該種類の株式の種類株主を構成員とする種類株主総会の決議がなければ，その効力を生じないものとする（第322条第１項参照）。

③　対象会社は，②の承認をしたときは，取得日の20日前までに，次のア及びイに掲げる者に対し，当該ア及びイに定める事項を通知しなければならないものとする。

ア　売渡株主及び売渡新株予約権者（以下「売渡株主等」という。）
　　当該承認をした旨，特別支配株主の氏名又は名称及び住所，①アからオまでに掲げる事項その他法務省令で定める事項

イ　売渡株式の登録株式質権者及び売渡新株予約権の登録新株予約権

質権者　当該承認をした旨
　（注1）　③による通知（売渡株主に対してするものを除く。）は，公告をもってこれに代えることができるものとする。
　（注2）　振替株式を発行している対象会社は，振替株式である売渡株式の株主又はその登録株式質権者に対する③による通知に代えて，当該通知をすべき事項を公告しなければならないものとする（社債，株式等の振替に関する法律第161条第2項参照）。
　（注3）　上記の通知又は公告の費用は，特別支配株主の負担とするものとする。
④　対象会社が③の通知又は公告をしたときは，特別支配株主から売渡株主等に対し，株式等売渡請求がされたものとみなすものとする。
⑤　対象会社は，③の通知（売渡株主等に対するものに限る。）又は公告の日のいずれか早い日から取得日後6か月（対象会社が公開会社でない場合にあっては，取得日後1年）を経過する日までの間，次に掲げる事項を記載し，又は記録した書面又は電磁的記録をその本店に備え置かなければならないものとする。売渡株主等は，対象会社に対して，その営業時間内は，いつでも，当該書面等の閲覧等の請求をすることができるものとする。
　ア　②の承認をした旨
　イ　特別支配株主の氏名又は名称及び住所
　ウ　①アからカまでに掲げる事項
　エ　アからウまでに掲げるもののほか，法務省令で定める事項
⑥　特別支配株主は，②の承認を受けた後は，取得日の前日までに対象会社の承諾を得た場合に限り，株式等売渡請求を撤回することができるものとする。
　（注1）　取締役会設置会社が⑥の承諾をするか否かの決定をするには，取締役会の決議によらなければならないものとする。
　（注2）　対象会社は，⑥の承諾をしたときは，遅滞なく，当該承諾をした旨を売渡株主等に対して通知し，又は公告しなければならないものとする。当該通知又は公告の費用は，特別支配株主の負担とするものとする。
　（注3）　株式売渡請求に併せて新株予約権売渡請求がされた場合には，株式売渡請求のみを撤回することはできないものとする。また，新株予約権売渡請求のみを撤回する場合については，上記と同様の規律を設けるものとする。
⑦　株式等売渡請求をした特別支配株主は，取得日に，売渡株式等の全

部を取得するものとする。
⑧　対象会社は，取得日後遅滞なく，株式等売渡請求により特別支配株主が取得した売渡株式等の数その他の株式等売渡請求による売渡株式等の取得に関する事項として法務省令で定める事項を記載し，又は記録した書面又は電磁的記録を作成し，取得日から6か月間（対象会社が公開会社でない場合にあっては，取得日から1年間），当該書面等をその本店に備え置かなければならないものとする。取得日に売渡株主等であった者は，対象会社に対して，その営業時間内は，いつでも，当該書面等の閲覧等の請求をすることができるものとする。

　（注）　上記のほか，株式の質入れの効果（第151条等），株券の提出に関する手続（第219条等）その他株式等売渡請求に関する手続等について，所要の規定を整備するものとする。

(3) 売渡株主等による差止請求等

①　次に掲げる場合において，売渡株主が不利益を受けるおそれがあるときは，売渡株主は，特別支配株主に対し，株式等売渡請求による売渡株式等の全部の取得をやめることを請求することができるものとする。

　ア　株式売渡請求が法令に違反する場合
　イ　対象会社が(2)③（売渡株主に対する通知に係る部分に限る。）又は同⑤に違反した場合
　ウ　(2)①イ又はウに掲げる事項が対象会社の財産の状況その他の事情に照らして著しく不当である場合

　（注）　売渡新株予約権者についても，同様の規律を設けるものとする。

②　株式等売渡請求があった場合には，売渡株主等は，取得日の20日前の日から取得日の前日までの間に，裁判所に対し，その有する売渡株式等（(2)①エ(イ)又は(ウ)に掲げる事項についての定めが新株予約権の内容として定められた条件に合致する売渡新株予約権を除く。）の売買価格の決定の申立てをすることができるものとする。

　（注1）　特別支配株主は，裁判所の決定した売買価格に対する取得日後の年6分の利率により算定した利息をも支払わなければならないものとする。

(注2) 特別支配株主は，売渡株主等に対し，売渡株式等の売買価格の決定がされる前に，当該特別支配株主が公正な売買価格と認める額を支払うことができるものとする。

③ 株式等売渡請求による売渡株式等の全部の取得の無効は，取得日から6か月以内（対象会社が公開会社でない場合にあっては，取得日から1年以内）に，訴えをもってのみ主張することができるものとする。

④ ③の訴え（以下「売渡株式等の取得の無効の訴え」という。）は，次に掲げる者に限り，提起することができるものとする。
　ア　取得日において売渡株主又は売渡新株予約権者であった者
　イ　取得日において対象会社の取締役，監査役若しくは執行役であった者又は対象会社の取締役，監査役，執行役若しくは清算人

⑤ 売渡株式等の取得の無効の訴えについては，特別支配株主を被告とするものとする。

⑥ 売渡株式等の取得の無効の訴えは，対象会社の本店の所在地を管轄する地方裁判所の管轄に専属するものとする。

⑦ 売渡株式等の取得の無効の訴えに係る請求を認容する判決が確定したときは，株式等売渡請求による売渡株式等の全部の取得は，将来に向かってその効力を失うものとする。当該判決は，第三者に対してもその効力を有するものとする。

　　　（注）　上記のほか，売渡株式等の売買価格の決定の申立て及び売渡株式等の取得の無効の訴えの手続等について，所要の規定を整備するものとする。

2　全部取得条項付種類株式の取得

① 全部取得条項付種類株式を取得する株式会社は，次に掲げる日のいずれか早い日から取得日後6か月を経過する日までの間，第171条第1項各号に掲げる事項その他法務省令で定める事項を記載し，又は記録した書面又は電磁的記録をその本店に備え置かなければならないものとする。当該株式会社の株主は，当該株式会社に対して，その営業時間内は，いつでも，当該書面等の閲覧等の請求をすることができるものとする。

ア　第171条第１項の株主総会の日の２週間前の日
　　イ　③の通知又は公告の日のいずれか早い日
②　全部取得条項付種類株式の取得が法令又は定款に違反する場合において，株主が不利益を受けるおそれがあるときは，株主は，株式会社に対し，当該全部取得条項付種類株式の取得をやめることを請求することができるものとする。
③　株式会社は，取得日の20日前までに，全部取得条項付種類株式の株主に対し，当該全部取得条項付種類株式の全部を取得する旨を通知しなければならないものとする。当該通知は，公告をもってこれに代えることができるものとする。
④　全部取得条項付種類株式の取得の価格の決定の申立ては，取得日の20日前の日から取得日の前日までの間にしなければならないものとする。
⑤　④の申立てをした株主は，第171条第１項の株主総会の決議により定められた取得対価の交付を受けないものとする。
　　（注）　株式会社は，株主に対し，全部取得条項付種類株式の取得の価格の決定がされる前に，当該株式会社が公正な価格と認める額を支払うことができるものとする。

⑥　株式会社は，取得日後遅滞なく，株式会社が取得した全部取得条項付種類株式の数その他の全部取得条項付種類株式の取得に関する事項として法務省令で定める事項を記載し，又は記録した書面又は電磁的記録を作成し，取得日から６か月間，当該書面等をその本店に備え置かなければならないものとする。当該株式会社の株主又は取得日に全部取得条項付種類株式の株主であった者は，当該株式会社に対して，その営業時間内は，いつでも，当該書面等の閲覧等の請求をすることができるものとする。

3　株式の併合により端数となる株式の買取請求

①　株式の併合（単元株式数を定款で定めている場合にあっては，当該単元株式数に併合の割合を乗じて得た数が整数となるものを除く。以

下第2部において同じ。）をする株式会社は，次に掲げる日のいずれか早い日から株式の併合がその効力を生ずる日（以下3において「効力発生日」という。）後6か月を経過する日までの間，第180条第2項各号に掲げる事項その他法務省令で定める事項を記載し，又は記録した書面又は電磁的記録をその本店に備え置かなければならないものとする。当該株式会社の株主は，当該株式会社に対して，その営業時間内は，いつでも，当該書面等の閲覧等の請求をすることができるものとする。

　　ア　第180条第2項の株主総会の日の2週間前の日
　　イ　④の通知又は公告の日のいずれか早い日
②　株式の併合が法令又は定款に違反する場合において，株主が不利益を受けるおそれがあるときは，株主は，株式会社に対し，当該株式の併合をやめることを請求することができるものとする。
③　株式会社が株式の併合をすることにより株式の数に一株に満たない端数が生ずる場合には，反対株主は，当該株式会社に対し，自己の有する株式のうち一株に満たない端数となるものの全部を公正な価格で買い取ることを請求することができるものとする。

　　（注）「反対株主」とは，次に掲げる株主をいうものとする。
　　　　ア　第180条第2項の株主総会に先立って当該株式の併合に反対する旨を当該株式会社に対し通知し，かつ，当該株主総会において当該株式の併合に反対した株主（当該株主総会において議決権を行使することができるものに限る。）
　　　　イ　当該株主総会において議決権を行使することができない株主

④　株式の併合をしようとする株式会社は，効力発生日の20日前までに，その株主に対し，株式の併合をする旨を通知しなければならないものとする。当該通知は，公告をもってこれに代えることができるものとする。
⑤　③による請求（以下3において「株式買取請求」という。）は，効力発生日の20日前の日から効力発生日の前日までの間に，その株式買取請求に係る株式の数を明らかにしてしなければならないものとする。
⑥　株式買取請求をした株主は，株式会社の承諾を得た場合に限り，そ

の株式買取請求を撤回することができるものとする。
⑦　株式買取請求があった場合において，株式の価格の決定について，株主と株式会社との間に協議が調ったときは，株式会社は，効力発生日から60日以内にその支払をしなければならないものとする。
⑧　株式の価格の決定について，効力発生日から30日以内に協議が調わないときは，株主又は株式会社は，その期間の満了の日後30日以内に，裁判所に対し，価格の決定の申立てをすることができるものとする。

(注1)　株式会社は，裁判所の決定した価格に対する⑦の期間の満了の日後の年6分の利率により算定した利息をも支払わなければならないものとする。
(注2)　株式会社は，株主に対し，株式の価格の決定がされる前に，当該株式会社が公正な価格と認める額を支払うことができるものとする。

⑨　株式買取請求に係る株式の買取りは，効力発生日に，その効力を生ずるものとする。
⑩　株式の併合をした株式会社は，効力発生日後遅滞なく，株式の併合が効力を生じた時における発行済株式の総数その他の株式の併合に関する事項として法務省令で定める事項を記載し，又は記録した書面又は電磁的記録を作成し，効力発生日から6か月間，当該書面又は電磁的記録をその本店に備え置かなければならないものとする。当該株式会社の株主及び効力発生日に当該株式会社の株主であった者は，当該株式会社に対して，その営業時間内は，いつでも，当該書面等の閲覧等の請求をすることができるものとする。
⑪　株式会社が株式買取請求に応じて株式を取得する場合には，自己株式の取得財源に関する規制（第461条第1項）は適用されないものとする。この場合において，当該請求をした株主に対して支払った金銭の額が当該支払の日における分配可能額を超えるときは，当該株式の取得に関する職務を行った業務執行者は，当該株式会社に対し，連帯して，その超過額を支払う義務を負うものとする。ただし，その者がその職務を行うについて注意を怠らなかったことを証明した場合は，この限りでないものとする。

(注)　上記のほか，株式の併合に関する手続等について，所要の規定を整備

するものとする。

4 株主総会等の決議の取消しの訴えの原告適格

株主総会等の決議の取消しにより株主となる者も，訴えをもって当該決議の取消しを請求することができるものとする。

第3 組織再編における株式買取請求等

1 買取口座の創設

① 振替株式の発行者は，第116条第1項各号の行為，株式の併合，事業譲渡等又は組織再編（吸収合併等又は新設合併等をいう。以下同じ。）をしようとする場合には，振替機関等に対して，株式買取請求に係る振替株式の振替を行うための口座（以下「買取口座」という。）の開設の申出をしなければならないものとする。

② 発行者が，社債，株式等の振替に関する法律第161条第2項の規定による公告をするときは，併せて，買取口座を公告しなければならないものとする。

③ 振替株式の株主が株式買取請求をしようとする場合には，当該株主は，当該振替株式について買取口座を振替先口座とする振替の申請をしなければならないものとする。

④ 発行者は，第116条第1項各号の行為，株式の併合，事業譲渡等又は組織再編がその効力を生ずる日までは，③の申請により買取口座に記載され，又は記録された振替株式について，自己の口座を振替先口座とする振替の申請をすることができないものとする。

⑤ 発行者は，③の申請をした株主による株式買取請求の撤回を承諾したときは，遅滞なく，③の申請により買取口座に記載され，又は記録された振替株式について，当該株主の口座を振替先口座とする振替の申請をしなければならないものとする。

（注1） 上記のほか，買取口座に係る事項等について，所要の規定を整備するものとする。

（注2）　新株予約権買取請求についても，同様の規律を設けるものとする。

2　株式等の買取りの効力が生ずる時

① 第116条第1項各号の行為をする株式会社，事業譲渡等をする株式会社，存続株式会社等，吸収分割株式会社又は新設分割株式会社に対する株式買取請求についても，当該請求に係る株式の買取りは，これらの行為がその効力を生ずる日に，その効力を生ずるものとする。

② 株券が発行されている株式について株式買取請求をしようとするときは，株主は，株券発行会社に対し，当該株式に係る株券の提出をしなければならないものとする。

③ 第133条の規定は，株式買取請求に係る株式については，適用しないものとする。

（注）　新株予約権買取請求についても，同様の規律を設けるものとする。

3　株式買取請求に係る株式等に係る価格決定前の支払制度

第116条第1項各号の行為をする株式会社，全部取得条項付種類株式を取得する株式会社，株式売渡請求をする特別支配株主，株式の併合をする株式会社，事業譲渡等をする株式会社，消滅株式会社等又は存続株式会社等は，株式買取請求又は価格決定の申立てをした株主に対し，株式の価格の決定がされる前に，公正な価格と認める額を支払うことができるものとする。

（注）　新株予約権買取請求等についても，同様の規律を設けるものとする。

4　簡易組織再編，略式組織再編等における株式買取請求

① 存続株式会社等において簡易組織再編の要件を満たす場合及び譲受会社において簡易事業譲渡の要件を満たす場合には，反対株主は，株式買取請求権を有しないものとする。

② 略式組織再編又は略式事業譲渡の要件を満たす場合には，特別支配会社は，株式買取請求権を有しないものとし，株式買取請求に関する通知の対象である株主から特別支配会社を除くものとする。

第4　組織再編等の差止請求

　次に掲げる行為が法令又は定款に違反する場合において，株主が不利益を受けるおそれがあるときは，株主は，株式会社に対し，当該行為をやめることを請求することができるものとする。

　① 全部取得条項付種類株式の取得
　② 株式の併合
　③ 略式組織再編以外の組織再編（簡易組織再編の要件を満たす場合を除く。）

　　（注）略式組織再編の差止請求（第784条第2項及び第796条第2項）については，現行法の規律を維持するものとする。

第5　会社分割等における債権者の保護

1　詐害的な会社分割等における債権者の保護

　① 吸収分割会社又は新設分割会社（以下「分割会社」という。）が吸収分割承継会社又は新設分割設立会社（以下「承継会社等」という。）に承継されない債務の債権者（以下「残存債権者」という。）を害することを知って会社分割をした場合には，残存債権者は，承継会社等に対して，承継した財産の価額を限度として，当該債務の履行を請求することができるものとする。ただし，吸収分割の場合であって，吸収分割承継会社が吸収分割の効力が生じた時において残存債権者を害すべき事実を知らなかったときは，この限りでないものとする。

　　（注）株式会社である分割会社が吸収分割の効力が生ずる日又は新設分割設立会社の成立の日に全部取得条項付種類株式の取得又は剰余金の配当（取得対価又は配当財産が承継会社等の株式又は持分のみであるものに限る。）をする場合（第758条第8号等）には，上記の規律を適用しないものとする。

　② ①の債務を履行する責任は，分割会社が残存債権者を害することを知って会社分割をしたことを知った時から2年以内に請求又は請求の

予告をしない残存債権者に対しては，その期間を経過した時に消滅するものとする。会社分割の効力が生じた日から20年を経過したときも，同様とするものとする。

(注１) ①の請求権は，分割会社について破産手続開始の決定，再生手続開始の決定又は更生手続開始の決定がされたときは，行使することができないものとする。
(注２) 事業譲渡及び営業譲渡（商法第16条以下参照）についても，上記と同様の規律を設けるものとする。

2 分割会社に知れていない債権者の保護

① 会社分割に異議を述べることができる分割会社の債権者であって，各別の催告（第789条第２項等）を受けなかったもの（分割会社が官報公告に加え日刊新聞紙に掲載する方法又は電子公告による公告を行う場合（第789条第３項等）にあっては，不法行為によって生じた債務の債権者であるものに限る。②において同じ。）は，吸収分割契約又は新設分割計画において会社分割後に分割会社に対して債務の履行を請求することができないものとされているときであっても，分割会社に対して，分割会社が会社分割の効力が生じた日に有していた財産の価額を限度として，当該債務の履行を請求することができるものとする。

② 会社分割に異議を述べることができる分割会社の債権者であって，各別の催告を受けなかったものは，吸収分割契約又は新設分割計画において会社分割後に承継会社等に対して債務の履行を請求することができないものとされているときであっても，承継会社等に対して，承継した財産の価額を限度として，当該債務の履行を請求することができるものとする。

第3部 その他

第1 金融商品取引法上の規制に違反した者による議決権行使の差止請求

① 株主は，他の株主が次に掲げる規制に違反した場合において，その違反する事実が重大であるときは，当該他の株主に対し，これにより取得した株式について議決権の行使をやめることを請求することができるものとする。

　ア　公開買付けを強制する規制（金融商品取引法第27条の2第1項）のうち株券等所有割合が3分の1を超えることとなる株券等の買付け等に係るもの

　イ　公開買付者に全部買付義務（応募株券等の全部について買付け等に係る受渡しその他の決済を行う義務）を課す規制（同法第27条の13第4項）

　ウ　公開買付者に強制的全部勧誘義務（買付け等をする株券等の発行者が発行する全ての株券等について買付け等の申込み又は売付け等の申込みの勧誘を行う義務）を課す規制（同法第27条の2第5項，金融商品取引法施行令第8条第5項第3号参照）

② ①による請求は，①の事実が生じた日から1年以内に，その理由を明らかにしてしなければならないものとする。

③ 株主は，①による請求をするときは，併せて，株式会社に対してその旨及びその理由を通知しなければならないものとする。

④ ①の他の株主は，①による請求を受けたときは，①の株式について議決権を行使することができないものとする。

⑤ ④にかかわらず，株式会社は，①の他の株主が③による通知の日から2週間以内の日を株主総会の日とする株主総会において議決権を行使することを認めることができるものとする。

　（注）種類株主総会における議決権の行使についても，上記と同様の差止請

求を認めるものとする。

第2　株主名簿等の閲覧等の請求の拒絶事由

第125条第3項第3号及び第252条第3項第3号を削るものとする。

第3　その他

1　募集株式が譲渡制限株式である場合等の総数引受契約

募集株式を引き受けようとする者がその総数の引受けを行う契約を締結する場合（第205条）であって，当該募集株式が譲渡制限株式であるときは，株式会社は，株主総会の特別決議（取締役会設置会社にあっては，取締役会の決議）によって，当該契約の承認を受けなければならないものとする。ただし，定款に別段の定めがある場合は，この限りでないものとする。

（注）募集新株予約権を引き受けようとする者がその総数の引受けを行う契約を締結する場合（第244条第1項）であって，当該募集新株予約権が譲渡制限新株予約権であるとき等についても，同様の規律を設けるものとする。

2　監査役の監査の範囲に関する登記

監査役の監査の範囲を会計に関するものに限定する旨の定款の定めがある株式会社について，当該定款の定めを登記事項に追加するものとする。

3　いわゆる人的分割における準備金の計上

吸収分割株式会社又は新設分割株式会社が吸収分割の効力が生ずる日又は新設分割設立会社の成立の日に剰余金の配当（配当財産が吸収分割承継会社又は新設分割設立会社の株式又は持分のみであるものに限る。）をする場合には，第445条第4項の規定による準備金の計上は要しないものとする。

4 発行可能株式総数に関する規律
　① 株式の併合をする場合における発行可能株式総数についての規律を，次のとおり改めるものとする。
　　ア 株式会社が株式の併合をしようとするときに株主総会の決議によって定めなければならない事項（第180条第2項）に，株式の併合がその効力を生ずる日（以下「効力発生日」という。）における発行可能株式総数を追加するものとする。
　　イ アの発行可能株式総数は，効力発生日における発行済株式の総数の4倍を超えることができないものとする。ただし，株式会社が公開会社でない場合は，この限りでないものとする。
　　ウ 株式の併合をする株式会社は，効力発生日に，アによる定めに従い，発行可能株式総数に係る定款の変更をしたものとみなすものとする。
　② 公開会社でない株式会社が定款を変更して公開会社となる場合には，当該定款の変更後の発行可能株式総数は，当該定款の変更が効力を生じた時における発行済株式の総数の4倍を超えることができないものとする。
　③ 新設合併等における設立株式会社（第814条第1項）の設立時発行株式の総数は，発行可能株式総数の4分の1を下ることができないものとする。ただし，設立株式会社が公開会社でない場合は，この限りでないものとする。

5 特別口座の移管
　① 特別口座に記載又は記録がされた振替株式について，当該振替株式の発行者は，一括して，当該特別口座を開設した振替機関等以外の振替機関等に当該特別口座の加入者のために開設された当該振替株式の振替を行うための口座（以下「移管先特別口座」という。）を振替先口座とする振替の申請をすることができるものとする。
　② ①の申請をした発行者は，特別口座の加入者に対し，移管先特別口座を開設した振替機関等の氏名又は名称及び住所を通知しなければな

らないものとする。
(注1) 上記のほか，移管先特別口座に係る事項等について，所要の規定を整備するものとする。
(注2) 振替社債，振替新株予約権及び振替新株予約権付社債についても，同様の規律を設けるものとする。

附 帯 決 議

1 社外取締役に関する規律については，これまでの議論及び社外取締役の選任に係る現状等に照らし，現時点における対応として，本要綱に定めるもののほか，金融商品取引所の規則において，上場会社は取締役である独立役員を一人以上確保するよう努める旨の規律を設ける必要がある。
2 1の規律の円滑かつ迅速な制定のための金融商品取引所での手続において，関係各界の真摯な協力がされることを要望する。

編者との契約により検印省略

平成25年9月20日　初版第1刷発行

知っておきたい 会計実務に携わる人のための
会社法と会社実務

編　　者	日本公認会計士協会東京会
発 行 者	大　坪　嘉　春
印 刷 所	税経印刷株式会社
製 本 所	牧製本印刷株式会社

発行所　〒161-0033　東京都新宿区下落合2丁目5番13号　株式会社 税務経理協会

振　替　00190-2-187408
ＦＡＸ　(03)3565-3391
電話　(03)3953-3301（編集部）
　　　(03)3953-3325（営業部）
URL http://www.zeikei.co.jp/

乱丁・落丁の場合は，お取替えいたします。

© 日本公認会計士協会東京会　2013　　　　　Printed in Japan

本書を無断で複写複製(コピー)することは，著作権法上の例外を除き，禁じられています。
本書をコピーされる場合は，事前に日本複製権センター（ＪＲＲＣ）の許諾を受けてください。
JRRC〈http://www.jrrc.or.jp　eメール：info@jrrc.or.jp　電話：03-3401-2382〉

ISBN978-4-419-05956-9　C3032